高等职业教育汽车类专业规划教材

Qiche Shiyong yu Jishu Guanli

汽车使用与技术管理

（第 3 版）

雷琼红　主　编

人民交通出版社股份有限公司
China Communications Press Co.,Ltd.

内 容 提 要

本书是高等职业教育汽车类专业规划教材,系统地介绍了汽车使用与技术管理的相关知识。内容包括汽车运用条件,车辆选配,汽车登记、检验和保险,新车的使用,汽车运输效果和运输成本,汽车特殊运用条件,汽车运行材料与使用,汽车公害的控制,汽车行驶安全,汽车技术管理,汽车配件管理和汽车维修设备管理。

本书可作为高等职业院校汽车类专业的教学用书,也可供汽车维修服务企业的工作人员参考。

图书在版编目(CIP)数据

汽车使用与技术管理 / 雷琼红主编. —3 版. —北京:人民交通出版社股份有限公司, 2019.8
ISBN 978-7-114-15701-1

Ⅰ.①汽… Ⅱ.①雷… Ⅲ.①汽车—使用方法—高等职业教育—教材 ②汽车管理—技术管理—高等职业教育—教材 Ⅳ.①U472

中国版本图书馆 CIP 数据核字(2019)第 147740 号

书　　名:	汽车使用与技术管理(第 3 版)
著 作 者:	雷琼红
责任编辑:	时　旭
责任校对:	孙国靖
责任印制:	张　凯
出版发行:	人民交通出版社股份有限公司
地　　址:	(100011)北京市朝阳区安定门外外馆斜街 3 号
网　　址:	http://www.ccpress.com.cn
销售电话:	(010)59757973
总 经 销:	人民交通出版社股份有限公司发行部
经　　销:	各地新华书店
印　　刷:	北京市密东印刷有限公司
开　　本:	787×1092　1/16
印　　张:	15.5
字　　数:	347 千
版　　次:	2009 年 8 月　第 1 版
	2014 年 7 月　第 2 版
	2019 年 8 月　第 3 版
印　　次:	2019 年 8 月　第 3 版　第 1 次印刷　总第 8 次印刷
书　　号:	ISBN 978-7-114-15701-1
定　　价:	38.00 元

(有印刷、装订质量问题的图书由本公司负责调换)

第3版前言

本教材第2版自2014年7月出版以来,承蒙广大高职院校教师和学生的厚爱,已连续印刷3次。随着汽车使用技术的发展和节能减排要求的日益提高,人们对汽车的使用以及技术管理等各方面都提出了更高的要求,因此教材中的有些内容有必要进行适时的更新和完善。

本教材涉及标准较多,本次修订全部按照最新标准更新相关内容,包括车辆年检、车用汽柴油牌号、汽车排放标准、汽车噪声标准、机动车强制报废标准规定、汽车技术管理的最新规定和相关法律法规、条例等。

本教材修订工作由浙江交通职业技术学院编写组完成,分工如下:孙伟(第一、六、九章)、李华(第二、三、四章)、雷琼红(第五、八、十章)、刘美灵(第七章)和吕凤军(第十一、十二章)。全书由浙江交通职业技术学院雷琼红担任主编,并负责全书统稿工作。

本书在编写过程中参考了大量有关汽车使用和技术管理的书籍与资料,在此,谨向原作者表示衷心的感谢。本书还得到了浙江交通职业技术学院部分教师和企业一线同志的支持和帮助,也向他们表示谢意。

由于编写时间仓促和编者水平所限,书中难免存在缺点和错误,诚请使用本教材的高职院校师生、广大读者给予批评指正。

编 者
2019年2月

目　录

第一章　汽车运用条件

学习目标

1. 掌握汽车使用的道路条件、运输条件、气候条件；
2. 掌握汽车使用的运行技术条件。

汽车运用条件是指影响汽车使用的道路条件、运输条件、气候条件和汽车运行技术条件等各种因素的总称。汽车运用条件贯穿于汽车使用的整个寿命周期，在时间和空间上不断变化，影响着汽车的使用效果。

第一节　道路条件

道路条件是影响汽车燃料消耗、大修里程、使用寿命和行驶安全的直接因素，是汽车运用最主要的条件，直接影响汽车技术性能的发挥。

汽车运输对道路条件的基本要求是：充分发挥汽车的速度性能；保证汽车的安全行驶；满足最大通行能力要求；方便驾驶操作，乘客有舒适感；汽车运行材料消耗最低，零件的损坏最少。

汽车运行速度和道路通行能力是确定道路等级、车道宽度、车道数、路面强度以及道路技术特征的依据，是道路条件主要的特征指标。

道路条件包括：道路种类、技术等级、路面质量（平整度、坚固程度）、道路的线形设计（水平、垂直面内的坡道、弯度、曲率半径）等。

决定道路条件好坏的两个重要方面是道路等级和道路养护水平，它们对汽车运行速度、行驶平顺性及装载质量利用程度起决定性作用。例如，汽车在良好路面上行驶，可达到较高车速并具有良好的燃料经济性；汽车在崎岖不平的道路上行驶，平均技术速度低，换挡和制动频繁，会加剧零件的磨损，并增加油耗和驾驶人工作强度；路面不平也会使汽车零部件受到的冲击载荷增加，加剧汽车行驶系统的损伤和轮胎磨损。

一、道路等级

道路等级是影响汽车运用的一切道路因素的基础，是起决定性作用的道路条件。汽车的使用效果在很大程度上取决于道路的等级。

道路是供各种汽车（无轨）和行人通行的工程设施。按其使用特点分为城市道路、公路、厂矿道路、林区道路及乡村道路等。其中，公路是指连接城市、乡村和工矿基地之间，主要供汽车行驶并具备一定技术标准和设施的道路。根据《公路工程技术标准》（JTG B01—2014）的规定，依据公路交通量及公路交通所承担的任务和性质，公路分为五个技术等级：高速公路、一级公路、二级公路、三级公路和四级公路。

1. 高速公路

高速公路为专供汽车分向、分车道行驶，全部控制出入的多车道公路。高速公路的年平均日设计交通量宜在 15000 辆小客车以上。其中，定义中所说"全部控制出入"是指高速公路是全封闭、全立交的公路，高速公路立交桥见图 1-1。

图 1-1　高速公路立交桥

2. 一级公路

一级公路为供汽车分方向、分车道行驶，可根据需要控制出入的多车道公路。一级公路的年平均日设计交通量宜在 15000 辆小客车以上。一般为连接高速公路、大城市接合部、开发区的经济带以及边远地区的干线公路。

3. 二级公路

二级公路为供汽车行驶的双车道公路。二级公路的年平均日设计交通量宜为 5000 ~ 15000 辆小客车。一般为连接中等城市的干线公路或通往大工矿区、港口的公路，或交通运输繁忙的城郊公路。

4. 三级公路

三级公路为供汽车、非汽车交通混合行驶的双车道公路。三级公路的年平均日设计交通量宜为 2000 ~ 6000 辆小客车。一般为沟通县及城镇的集散公路。

5. 四级公路

四级公路为供汽车、非汽车交通混合行驶的双车道或单车道公路，一般为沟通乡、村等地的地方支线公路。双车道四级公路年平均日设计交通量宜在 2000 辆小客车以下；单车道年平均日设计交通量宜在 400 辆小客车以下。

二、公路技术状况

根据《公路技术状况评定标准》（JTG 5210—2018），公路技术状况包含路面、路基、桥隧构造物和沿线设施四部分评价内容，其中路面包括路面损坏、平整度、车辙、抗滑性能和结构强度五项指标。公路技术状况用公路技术状况指数 MQI（Maintenance Quality Indicator）和相应分项指标表示，MQI 和相应分项指标的值域为 0 ~ 100。公路技术状况分为优、良、中、次、差五个等级。其等级按表 1-1 规定的标准确定。

公路技术状况评定标准　　　　　　　　　　　　表 1-1

评价等级	优	良	中	次	差
MQI 及各项分项指标	≥90	≥80，<90	≥70，<80	≥60，<70	<60

三、汽车高速公路使用条件

自 1988 年实现高速公路零的突破以来,我国内地高等级公路建设进入高速发展期,高速公路的设计车速一般为 100 ~ 120km/h。高速公路与高速运输是密切相关的。高速运输的最显著特点就是运输车辆的持续高速运行。高速运输对汽车的动力性、制动性、操纵稳定性、加速性、舒适性的要求更加严格,许多在普通公路上运行不存在的问题,在高速公路行驶中却变得至关重要。高速公路一般能适应按各种汽车(包括摩托车)折合成小客车的年平均昼夜交通量为 25000 辆以上,具有特别重要的政治、经济意义。

高速公路使用条件与事故因素分析见表 1-2。

高速公路使用条件与事故因素分析 表 1-2

使 用 条 件	事 故 因 素 分 析
人的因素	驾驶人法制观念淡薄,对高速公路行车安全缺乏深刻理解; 驾驶人缺乏高速行驶经验,违章操作行驶; 驾驶人不适应高速公路管理环境
汽车的因素	缺乏对驶入高速公路汽车技术性能的检测与管理; 汽车的安全性和舒适性不足; 汽车的制动性能差; 汽车轮胎质量标准低
道路条件	道路规划、设计不合理; 标志标线设置不完善; 路面养护不及时
气候条件	缺乏恶劣天气预警; 未对积雪、浓雾易发路段进行专项防治; 异常天气救援措施不完善
管理因素	高速公路运输法规不健全; 高速公路交通安全知识普及率低; 高速公路交通管理科技含量低

高速公路行驶对车速也有限制,见图 1-2 和图 1-3。因我国汽车总体技术水平与国外相比有一定的差距,在连续高速行驶条件下容易发生交通事故,故《中华人民共和国道路交通安全法》规定,行人、非机动车、拖拉机、轮式专用机械车、铰接式客车、全挂拖斗车以及其他设计最高时速低于 70km 的机动车,不得进入高速公路。高速公路限速标志标明的最高时速不得超过 120km。此外,高速公路行车,驾驶人容易疲劳,长途行车(行程超过 300km)应配备 2 名以上驾驶人,轮流驾驶,避免驾驶疲劳。同时,驾驶人应注意休息,一旦发觉疲劳,必须进服务区停车休息,切勿疲劳行车。

超速、疲劳驾驶是影响高速公路行车安全的主要因素,汽车追尾是高速公路交通事故的典型类型之一。因此,高速公路行车速度必须按照《中华人民共和国道路交通安全法》的规定,控制在 60 ~ 120km/h 范围之内,从汽车进入匝道开始,驾驶人就要按照道路右侧的测距标志读秒,例如汽车用10s行驶100m,则车速为36km/h;用5s行驶100m,则车速为72km/h,即可以进入高速公路主车道行驶。

图1-2 高速公路对中型以上客车、货车和危险品运输车的限速标准 　　　图1-3 高速公路对小型客车的限速标准

　　汽车进入主车道后,就要控制车速,保持与前面行驶的汽车有足够的纵向安全行车间距。行车安全间距与车速有关,车速越高行车间距应越长。行车间距是为了防止追尾事故的发生,因此行车间距与汽车制动距离有关,而汽车制动距离是由汽车制动曲线和制动距离计算公式来确定,具体见图1-4。

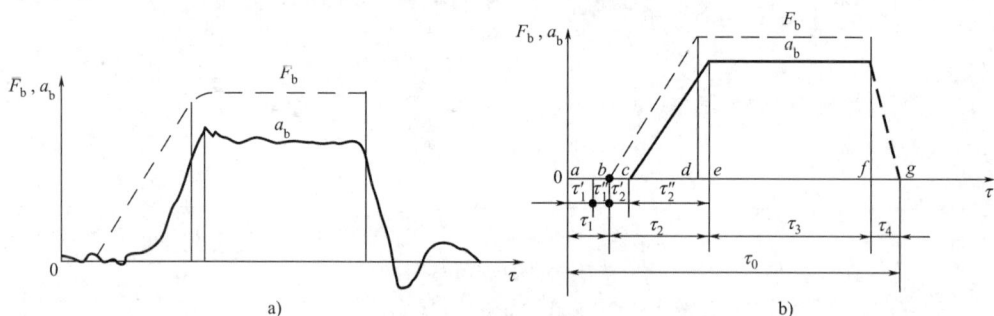

图1-4 汽车的制动过程
a)实测曲线;b)简化后的曲线

F_b-制动踏板力;a_b-制动减速度;τ_1'-驾驶人发现、识别障碍并作出决定的反应时间;τ_1''-脚从加速踏板换到制动踏板上的时间;τ_1-汽车反应时间;τ_2'-随驾驶人踩制动踏板的动作,踏板力增加到最大时所需时间;τ_2''-制动器制动力增长过程所需的时间;τ_2-从出现制动力(减速度)到上升至最大值所需要的时间;τ_3-持续制动时间;τ_4-解除制动时间;τ_0-制动全过程持续时间;τ-时间

　　根据制动过程计算制动距离,可得出常用的制动距离公式为:

$$S = \frac{1}{3.6}\left(\tau_2' + \frac{\tau_2''}{2}\right)u_{a0} + \frac{u_{a0}^2}{25.92a_{bmax}}$$

式中:S——制动距离;

　　　τ_2'——随驾驶人踩制动踏板的动作,踏板力增加到最大时所需时间;

　　　τ_2''——制动器制动力增长过程所需的时间;

　　　u_{a0}——起始制动车速;

　　　a_{bmax}——最大制动减速度。

在实际应用中,驾驶人不可能按公式计算安全行车间距,为此运用上述公式计算得出行车安全间距与车速的关系,驾驶人可以很方便地确认各种车速时的安全行车间距,见表1-3。例如当车速高于70 km/h时,安全行车间距值与车速值相等或略大于车速值。在潮湿的路面上行驶时,应保持上述行车安全间距的2倍以上。当遇有大风、雨、雾天或路面积雪、结冰时,应以更低的速度行驶,以保证行驶安全。

行车安全间距与车速的关系　　　　　　　　　　　　　　　表1-3

车速(km/h)	30	40	50	60	70	80	90	100
行车安全间距(m)	20	30	40	50	70	80	90	100
计算方法	车速值 - 10				间距值≥车速值			

在实际应用中,驾驶人还可根据3s法确定安全行车间距。选定路边固定目标,前车通过时开始读秒,3s时自己车到达目标,说明与前车保持3s行车间距;3s前到达说明与前车行车间距不足,应减速调整;3s后到达说明与前车行车间距充分。

此外,汽车在高速公路上行驶,还应注意:

(1)严格遵守交通法规,按限速规定行驶;

(2)进入高速公路前,应进行汽车维护,确保车辆处于最佳状态;

(3)按道行驶,不准在超车道长时间行驶或骑、压车道分界线行驶;

(4)不得随意停车,不得在路肩行驶,不许掉头、倒车或穿越中央分隔带,不许试车,不许在匝道上超车和停车;

(5)遵守管理部门采取的管制措施。

另外,合理选用轮胎对汽车在高速公路上的行车安全有很大作用。在高速公路行驶条件下,应选用子午线轮胎,并且最好选用无内胎轮胎;应注意轮胎的花纹、速度级别、磨耗、牵引、温度标志;区别轿车轮胎和轻型载重胎;注意载重轮胎的层级和负荷;注意权威机构的认证标志。

第二节　运输条件

运输条件是指由运送对象的特性和运输任务的要求所决定的影响车辆使用的各种因素的总称。它包括货物种类和特性,客货流向、流量或运量,客货运送距离和送达期限等,对车辆的正常使用也有重要影响。

一、货车运输条件

1. 货物的种类和特性

货物的特性,是指其物理属性,包括密度、存在状态等。货物包装的类型和形状也要考虑。货物特性不同,应选用不同形式的车身,如选用栏板式货车、罐式车、厢式车、冷藏车、平板挂车或轴式挂车等。根据货物的种类和特性还要选用合适的车型,使车厢容量得到充分利用。此外,配置的装卸机械要与货物和车辆相适应。

2. 货物运量

货物运量决定了运输用车辆的组织方法,也是装卸工作机械化程度、车辆容量及专用车辆采用等问题的决策依据。

3. 货物到达期限和运距

货物到达期限和运距是汽车运输必须完成的时间与空间指标。一般市内运输的特点是:运输距离较短,货物种类繁多,道路条件较好,到达期限很短;在区间运输中,多为农村货物的流转服务,因此季节性强,时间要求紧迫;城市间运输常为完成紧急的运输任务,或与铁路接运、分流,完成"门到门"运输任务。城市间运输特点是:定期性、运距长、行驶速度快。不同的货运任务对车辆的要求不同。市内运输多要求车辆专业化,并要求车辆的机动性好;农村运输中,道路情况对车辆通过性能提出了更高要求;在城市间运输应采用大载质量的车型并实行拖载运输;涉外货运则应配备集装箱货车。

二、客车运输条件

在客运方面,应分别为市内客运和公路客运配备不同结构形式的汽车。市区公共汽车适合采用车厢式的多站位车身,座位与站立位置之比为 1:2,通道要宽,车门数目要多,车厢地板位置要低。为适应乘客高峰时满载的需要,客车要有较高的动力性。为适应市区道路特点,还要操纵轻便。城市间公路客车,要有较高的行驶速度和旅客乘坐舒适性,有的还需要配备长途卧铺;同时,座位要宽大舒适,椅背可调成半仰位置,车门数目比较少,其他辅助设备要齐全。出租车则与乘客的消费水平有关,应有一定比例的低、中、高档车满足不同消费层次乘客的需要,这些都与当时的社会环境条件有关。

三、特殊用途车运输条件

特殊用途汽车包括:公共事业用车、环境卫生车、消防车、救护车、流动修理车、流动售货车、冷藏运送车和建筑工程用车(如沥青摊铺车、平地车、压缩空气车和混凝土搅拌车)等,这些特殊用途汽车的结构都是根据工作需要和工作现场的条件确定的。

第三节 气候条件

气候条件是指由气温、降水量、湿度、风力和风向所决定的影响汽车使用因素的总称。气候条件对汽车的结构提出不同的要求,对汽车的使用有很大的影响。在适宜的气候条件下,汽车使用性能得以正常发挥,而在严寒和炎热季节,则应采取必要的技术措施,保证汽车使用性能正常。

一、气温

我国气候的突出特点是:夏季炎热,冬季严寒,南北温差大。在夏季,如 7 月份的平均气温,除青藏高原和大、小兴安岭外,大部分地区在 20℃ 以上,南方许多地区还超过 35℃。在炎热的夏季行车,发动机容易过热;供油系统易产生气阻;发动机动力下降;轮胎升温快,易爆裂;在没有空调的驾驶室内,驾驶人极易疲劳困倦,影响行车安全。而在冬季,黑龙江省北部1月份平均气温在−30℃以下,而南海诸岛却在20℃以上,南北气温相差超过50℃。0℃等温线大致沿青藏高原的东南边缘,向东经秦岭、淮河一带,以该线为界,越向北气温越低,甚至地冻冰封,而该线以南全年不结冰。汽车在寒冷和严寒地区运行,发动机起动困难,冷却液温度偏低,油耗和磨损增加;低温下塑料、橡胶制品容易变脆变硬;雪天行车视线不清,冰雪路面车轮容易打滑;驾驶操纵条件恶化,极易发生事故。

二、降水量和湿度

降水量按季节分配明显。全国多数地区降水量集中在5~10月份,其中以七八两月最多。东南沿海和长江中、下游地区,常年温暖潮湿,梅雨季节阴雨连绵,行车视线不清,高速行驶容易发生水滑,还常常遇到塌方、滑坡和泥石流等危险;潮湿使车身和裸露的金属零件迅速腐蚀损坏,并使电气设备工作不良。雨中的行车安全,需采取一些必要的措施来保证。

三、风力和风向

风力和风向影响行驶阻力和油耗。侧向风还影响行驶稳定性。在干旱地区,风大、沙尘多,各总成因侵入沙尘而加剧零件磨损。

除气候不同外,还因地形(如山岭、重丘、微丘和平原)、地势(海拔高度)不同影响汽车运用。在高原地区,当海拔高度达1000m以上时,明显出现空气稀薄现象,气压降低,发动机充气系数下降,冷却液易沸腾,发动机易过热,导致功率下降、油耗增加;气压制动系统气压不足,制动效能降低,以至驾驶人体力消耗大,易出现头晕和四肢无力等现象,加上山区、高原气候变化剧烈,易发生行车事故。

影响汽车运行、道路条件和交通环境的气象因素见表1-4。

气象因素对汽车运行和交通环境的影响 表1-4

气 象 因 素	对汽车运行的影响	对道路条件的影响	对交通环境的影响
风速	增加汽车侧向受力	吹落物成为路面障碍	通行能力降低
降水量	制动距离增加; 汽车甩尾增加	路面摩擦力下降; 覆盖道路标线	速度差异性增加; 车速降低
能见度	制动距离不足; 车速控制困难; 增加超车危险	影响标志标线认读; 影响线形、出入口辨别	交通堵塞

不同的气候条件和地理位置对汽车的结构和使用提出了不同的要求,因此,应针对具体的气候和季节条件,使用相应的变型汽车或对标准型汽车进行改造,以提高汽车对气候的适应性。汽车运输企业还应针对当地的气候特点,合理选用汽车类型,制订相应的技术措施,克服

和减少气候条件造成的各种困难。只有这样，才能合理使用汽车，并取得最佳的经济效果。

第四节　汽车运行技术条件

一、汽车运行安全技术条件

汽车在道路上运行，安全是第一位的，为此必须遵照国家标准《机动车运行安全技术条件》（GB 7258—2017）的规定。其中主要的安全运行技术条件有：

（1）车辆外观整洁、装备齐全、紧固可靠、各部件应完好，并具有正常的技术性能。

（2）发动机动力性能良好，运行平稳，燃料、润滑材料消耗正常，无漏油、漏水、漏气、漏电现象。纯电动汽车的电机系统应运转平稳。柴油机停机装置应有效。

（3）转向轻便灵活，转向节及臂、转向横直拉杆及球销应连接可靠，且不应有裂纹和损伤，前轮定位符合要求。

（4）车辆制动性能符合规定，挂车与牵引车意外脱离后，挂车应能自行制动，牵引车的制动仍然有效。

（5）轮胎的速度等级、负荷、气压以及花纹深度符合规定，悬架、车架和车桥不应有裂纹和变形。

（6）离合器工作正常，踏板自由行程符合规定，变速器换挡顺畅、无异响，传动轴和驱动桥工作正常无异响。

（7）客车车厢、货车驾驶室内不进尘土、不漏雨；门窗关闭严密、开启灵活；风窗玻璃视线清晰；客车座椅齐全整洁、牢固；货车车厢无漏洞、栏板销钩牢固、可靠。

（8）车辆的噪声及废气排放应符合有关规定。

（9）灯光、信号、仪表和其他电气设备应配备齐全，工作正常、可靠。

（10）安全带的配备应符合规定，且可靠有效；后视镜应易于调节并能有效保持其位置，刮水器应能正常工作；燃料箱及燃料管路应坚固并可靠固定。

二、汽车危险货物运输规则

当专门从事油料运输的汽车运载易燃的燃油，或者其他的危险品运输车运送易爆、有毒、放射性等危险货物时，必须符合《危险货物道路运输规则　第1部分：通则》（JT/T 617.1—2018）和《道路危险货物运输管理规定》的规定。其主要技术条件有：

（1）汽车的车厢、底板平坦良好，栏板牢固，衬垫不得使用松软易燃材料。

（2）运载危险货物的车辆左前方悬挂黄底黑字"危险"字样的信号标志。

（3）根据车内装运危险货物的性质，车辆必须配备相应的应急处理器材和安全防护设备。

（4）车辆行驶和停车必须严格遵守交通、消防、治安等法规要求。

（5）必须指派熟悉车内危险物性质的人员担任押运人员，严禁搭乘无关人员。

（6）严禁超范围运输。严禁超载、超限。

三、特种货物运输运行技术条件

车辆装载散装、粉尘、污秽货物时,应使用密闭车厢或加盖篷布,以免洒漏、污染环境。

四、特殊条件下汽车运行技术条件

汽车在危险渡口和桥梁上通过时,在遇有临时开沟、改线、水毁、塌方、冰坎、翻浆等情况时,必须采取切实有效的技术措施,以保障行车安全。

汽车驾驶操作水平明显地影响汽车零件磨损、燃料经济性和污染物排放率。熟练的驾驶人在平路、下缓坡等有利条件下,能够经常保持车速稳定或滑行状态,很少采取紧急制动措施。这样,不仅能保证汽车安全运行,而且能提高汽车行驶的技术速度,延长汽车大修里程,在相同的交通和道路条件下可节约燃料。

第五节 汽车使用水平

汽车的使用水平主要取决于驾驶人的驾驶操作技术水平、汽车维修水平和汽车运行材料供应水平和汽车运输的组织管理水平等。

一、汽车驾驶操作技术水平

驾驶操作技术是一项综合性技术,是由操作技能和支持技术构成。操作技能包括机件组合技能、情况观察技能、情况判断技能和要素综合技能等。支持技术包括理论基础、维护知识、法规知识、勤务知识和安全知识等。

二、汽车维修水平

提高汽车运用水平,不仅要提高驾驶人的驾驶技术水平,更重要的是汽车的技术状况也要达到良好的水平。

尽管汽车维修企业发展较快,但目前对汽车维修业管理的规章还不十分健全,在提高汽车维修质量方面存在一些漏洞,致使一些汽车维修企业一味地追求修车数量,不注重修车质量,也严重影响到行车安全,给人民生命财产带来巨大的威胁。要想提高汽车维修质量,应该做到以下几点:加强法制建设,强化管理力度;做好技术培训,提高维修水平;建立科学的现代化维修管理体制;充分利用先进的检测手段等。

三、汽车运行材料供应水平

汽车使用的燃料(汽油、柴油、代石油燃料)、润滑剂(发动机油、齿轮油、自动变速器油、润滑脂)、特种液(制动液、冷却液、空调制冷剂)等统称为汽车运行材料。若汽车运行材料供应水平低、质量差或使用不当,汽车会出现早期损坏,并且会造成资源浪费、环境污染。汽车运行材料关系到汽车的动力性、经济性、制动安全性、操纵稳定性、舒适性(平顺性)、通过性、环保性(排放性)等。汽车运行材料已成为汽车技术的重要组成部分,也是汽车技术管理的重要内容。汽车运行材料必须与汽车同步发展以及升级换代。我国汽车运行材料正按照国际有关标准，迅速与国际接轨，步入标准化、系列化、高档化的发展轨道。未来燃料将呈现出汽油、柴油、天然气、液化石油气、氢气、醇类、二甲醚以及生物柴油等多种燃料活跃的多极模式。润滑剂和特种液将向安全、环保、节能、长效等方向发展。

四、汽车运输组织、管理水平

汽车运输组织、管理水平用载质量利用系数和里程利用率评价。汽车运输组织、管理水平越高，汽车载质量利用和行程利用率就越高。

复习思考题

1. 试分析温度对汽车性能的影响。
2. 试分析在不同的道路条件下，驾驶人的应对措施。
3. 我国公路的等级是如何划分的？各级公路应如何区分？
4. 试分析高速公路行车的特点及安全注意事项。

第二章 车辆选配

学习目标

1.掌握车辆的选购原则和合理配置方法；
2.掌握车辆选购的主要技术指标。

第一节 车辆的选购和合理配置

车辆是现代化汽车运输企业运营的物质技术基础,是运输企业的主要生产设备。组织运输生产首先要有合适的运输车辆。因此,应根据运输市场情况,以及当地的社会运力,油料供应、运量、运距和道路、气候等社会和自然条件,制订车辆发展规划,择优选购,合理配置车辆,并做好车辆的分配和投用前的技术准备工作,充分发挥车辆的效能,提高运输单位的经济效益。

一、车辆的选购原则

对于运输企业,择优选购是根据运输生产需要和运行条件,按照对车辆的适应性、可靠性、动力性、经济性、维修方便性和产品质量等因素,进行择优选型购置车辆。择优选购车辆是关系到运输单位和个人主要生产设备优劣的关键问题,应进行技术经济论证,避免盲目购置。要从实际出发,量力而行、按需选购,讲究实用可靠,尽可能达到少投入多产出,综合经济效益好的目的。车辆能适应当地道路、气候等条件,就说明车辆的适应性好;缩短维修时间,减少维修费用说明维修方便性好;同类型车辆的燃油经济性差异尽管很小,但长期积累,节约数量也相当可观,应对燃油经济性进行比较选择;车辆使用寿命长,显然是产品质量好的重要标志之一。因此,在选购车辆时,应从车辆的售价、适应性、可靠性、维修方便性、使用寿命和燃油经济性等因素综合考虑。

(一)生产适用原则

生产适用原则包含三层含义:一是选购的车辆要符合经营的需求,即"用得着",为此选购车辆之前应首先考虑具体的运输任务和经营要求,避免盲目购置造成闲置,同时制订企业车辆发展规划,做到有计划购置,努力保持运力与运量的基本平衡,避免盲目增加运力;二是要充分考虑到车辆的使用条件,如营运区域内的道路、桥梁、渡口、地形、环境条件和自然气候条件等,避免购置的车辆"用不上",或者不能充分发挥其效能,造成不必要的浪费;三是根据市场运营情况,适时调整车辆配置构成,合理选配不同类型和不同档次的车辆,以达到最佳配比关系,适应市场需求。

1. 依据用途选型

汽车是一种应用范围非常广泛的现代化交通运输工具,而我国地域辽阔,各地区的条件千差万别,各行各业为了适应其运输使用条件,对所需汽车的结构和形式的要求也就各不相同。总体上讲,汽车运输可分为人员运输和货物运输。

从人员运输的角度看,对应需要的车型有客车、轿车和越野车等。而不同的乘坐人员,不同的运输需要,又可把车型细分为微型客车、小型客车、中型客车、大型客车和特大型客车。

从货物运输的角度看,对应所需要的车型就更为广泛。基本分类有普通货车、越野货车、自卸车和牵引车等。

2. 根据地理、道路和气候条件选型

自然条件对车辆行驶性能的发挥有很大的制约作用,甚至有些自然环境会使车辆完全失去使用条件。不同的车型、同一车型配备不同的装置或选用不同的参数指标,在同一自然环境下其行驶能力和使用效果会有很大的差别。

1)根据使用的地理和道路条件选型

(1)高原地区。在正常海拔高度(一般低于3000m)范围内,汽车的发动机能正常工作。但在海拔高度上升到一定高度时,由于气压和空气密度的下降,造成发动机汽缸充气不足,汽缸压力下降,发动机功率随之下降。同时,由于充气不足,混合气变浓,燃油燃烧不充分,油耗增加。由于大气压力降低,发动机冷却液的温度在远低于100℃时就会沸腾,引起散热器中冷却液的蒸发损耗量增大,冷却效果减弱。汽车厂家为适应高原地区对车辆发动机性能的要求,对汽车发动机系统进行相应的改进,或者制造高原型汽车。

(2)道路条件复杂地区。良好的道路条件会使车辆的运行效率大增,而复杂的道路条件会对汽车的使用性能提出更高的要求。

矿山、建筑工地和农林地区一般都是低等级临时路面,特点是道路泥泞、路面起伏高低不平、坡度变化也较大。汽车在这种路面上行驶,驱动轮与路面的附着力变小,车轮的滚动阻力增大、燃油消耗增加;在下坡时对制动系统也提出更高的要求。汽车通过性的好坏与驱动轮数、车速、轮胎的气压和花纹等有直接关系。适当地增加驱动轮数、增加驱动轮的载荷和降低车速可增大驱动力,提高汽车的通过能力。而汽车驱动力的大小又取决于驱动轮的附着重力和车轮与地面的附着系数。采用自锁式差速器、减小轮胎气压、装用越野花纹轮胎均可以提高附着系数,增大驱动力。

因此,对于经常在上述道路条件下使用车辆的用户,在选型时,应注意选择具有高通过性的车辆。如果结合矿山和建筑工地的使用要求,就应选用自卸车,见图2-1。

2)根据气候条件选用车型

(1)多雨地区。对于货物运输,如果没有有效的避雨措施,会对某些物品造成极大的损害,进而使财产受损。所以,经常在多雨地区行车的客户,应选择密封性好、具有防雨功能的厢式车或高栏板带篷布载货汽车。

图 2-1 自卸车

（2）高温地区。气候条件决定着汽车所选用发动机和蓄电池等的性能指标和选装件的取舍。高温条件会对汽车各系统的工作状况有很大的影响。

在高温条件下,外界气温高,发动机工作温度与大气温差小,导致冷却系统散热困难,发动机容易过热,降低了汽缸的充气系数,使压缩行程汽缸内平均有效压力下降,燃油燃烧不良,发动机功率下降;润滑油黏度降低使相对运动机件间润滑油压力下降、润滑性能变差,从而加剧零件磨损,且使机体变热;高温下,液体挥发加快易使供油系统产生气阻,使发动机油耗量增大。另外,在高温和通风条件不好的情况下长时间驾车,驾驶人容易疲劳。因此,常在高温地区使用的车型,应注意选用通风性好、带晶体管汽油泵、散热器容积大和可选装空调装置的汽车。客运公司在选购客车时,要充分考虑乘客的舒适性,选购空调客车,虽然投资增加,但日后可以得到回报。

（3）高寒地区。高寒地区低温条件对汽车各系统的工作状况也有很大的影响。

在低温条件下,润滑油黏度增大,各相对运动机件的阻力增大;蓄电池电解能力降低使蓄电池工作能力降低;燃料的蒸发性变差使发动机起动困难,燃油消耗量增加;润滑系统工作不良还会使各相对运动机件磨损加剧。另外,高寒气候会使道路被冰雪覆盖,对汽车的制动性能和防滑性能提出更高的要求。所以,在高寒地区选择车型时,应注意选用保暖性好、蓄电池容量大、带暖风装置、带辅助起动装置和预热装置的汽车,同时加装防滑链。

（二）经济合理原则

合理的选型,就是为了使汽车有一个较长的经济使用寿命,且在运行期内有最好的经济回报。上述目的的实现,既要考虑到车辆的购置费用低,又要考虑到车辆在日后使用过程中维持运转的费用低,即寿命周期总费用最低。运输经营的利润的高低、投资回收周期的长短,都是需要考虑的。

国家报废标准规定的汽车使用年限只是为企业提取固定的资产折旧提供依据,运输企业由于其更新投资能力、从事运营的利润率高低和投资回收周期的不同,确定汽车的经济使用寿命也不会相同。如投资回收能力强、周期短,可选用大型高效的进口车辆,且适当缩短车辆的经济使用周期,做到大投入、多产出、高效益。如基建工程的大型自卸车、城市高速公路运营的大型豪华客车,在选型时都应遵循高标准、高效率和高利润原则,使车辆的经济寿命周期与产品的更新换代同步。而对于更新投资能力差、投资回收时间长的企业,在汽车选型时应考虑选用性能适中、有较好的可维护性的车辆,并通过精心使用和维护,延长汽车的经济使用寿命。

（三）维修方便性原则

1. 使用、管理和维修的水平

汽车使用、管理和维修能力的强弱，对所选车型的性能有重大影响。一辆性能再好的汽车，随行驶里程的增加，技术状况也会逐渐变差。为了延长汽车的使用寿命，并使之经常处于良好技术状况，就要合理地使用、正确地维修。汽车本身性能好、有适宜的运行条件，汽车的维修工作量就会小一些、维修费用就少一些，反之就会多一些。而此目标的实现，依赖于高水平的使用、管理和维修技术，先进的维修设备和充足的零配件供应。

现代汽车的发展，对汽车的使用、管理，维修人员的技术与管理水平的要求越来越高，特别是对高级轿车和结构复杂的特种专用车辆的使用与维修水平要求更高。

在我国，汽车的维护与修理制度强调检测诊断设备使用的重要性。虽然在汽车实际使用中汽车维护与修理手段和水平千差万别，但是，采用的检测诊断和修理设备不同、维修人员水平的高低，对于汽车维护与修理质量的影响非常大，尤其对于那些高级轿车和一些特种专用车辆影响就更大。

所以，在选购车辆时，除考虑满足性能和使用要求外，还应结合本企业的使用、管理水平，本企业和本地区配套的维护与修理企业的设备和技术水平，参考确定所选车型。

车辆技术水平越先进，设备越复杂，需维护和修理的设备、人员的水平越高，特别是一些进口高级轿车，需专门的检测诊断设备才能进行维护与修理，维修的方便性较差，所以购车应和本企业和地区的维修水平相适应。

2. 配件的供应

在用汽车的完好率和配件的供应情况，同样对选型至关重要。在用汽车的完好率高低，除与本车质量和使用水平等有关外，还与配件供应和配件质量有直接关系。国产汽车配件供应充足，配件质量容易识别，价格也较合理。一些进口汽车，由于批量少、进货渠道多种多样，配件的供应不够充足，质量和价格的差异也很大，所以购车时应注意选择配件供应充足的车型。对进口汽车，还应注意车辆的进货渠道和售后服务。

（四）技术先进原则

技术先进原则是指车辆在当前和今后一段时期，主要的使用性能指标和技术性能指标是先进的或比较先进的，能够体现出车辆优越的动力性、安全性、可靠性、乘坐舒适性、操作方便性和节能环保性。

二、合理配置车辆

1. 合理配置车辆的标志

合理配置车辆是指运输单位根据其所承担运输任务的性质、运量、运距、道路、气候以及油料供应情况等条件，合理配置车辆结构，如大、中、小型车辆比例，汽油车、柴油车比例，通用车、专用车比例等。通过合理规划、优化车辆构成，充分发挥车辆吨（座）位和货（客）量的利用率，满足运输市场的需要。其标志是：

（1）车型先进、安全可靠、货物装卸（或旅客上下）方便；

（2）车辆规格齐全，能与当地货（客）源相适应，且配比合理（吨位大小、座位多少、高中低档比例等），吨位利用率和客位利用率高；

（3）车辆的油耗、维修费用和运输成本低、利润高；

（4）应变能力强，既能完成正常的生产任务，又能突出重点，完成特殊任务。

2.合理配置车辆应考虑的因素

配置车辆时，除需要考虑当地运输市场状况，弄清现有在用运输车辆的基本技术情况外，还应考虑下列因素。

（1）车辆经常行驶的道路条件。道路的通过能力、承载质量、坡度大小、路面质量和转弯半径等，均影响车辆的运行。因此，要注意所配置的车辆的技术参数是否适应所要行驶的道路条件，否则，会影响运输效率。

（2）气候和海拔条件。气候和海拔情况不同，对车辆要求也不同，配置车辆时应加以充分考虑。

（3）油料供应情况。车辆在使用中要消耗多种油料，如果油料来源困难，就会影响生产。所以选用新车时，尤其是进口车时应注意到这一问题。

（4）车辆使用的经验。在性能先进的前提下，选择新车时，应尽量选用本单位熟悉的车型，这样在管理、使用、维修上，有较为完整且行之有效的规章制度、技术措施，从而可以避免重新组织技术培训和摸索管理方法。

（5）本单位或当地车辆构成情况和维修能力。配置车辆时应考虑当地车辆构成情况，要避免一个地区或一个车队所拥有的车型过于复杂，以免给配件的供应、储备与维修工作带来困难。

总之，合理配置车辆对避免运力过剩，提高运输效率，节约能源，保障安全生产，降低运输成本，争取更多的客、货源都起到较大的作用。

三、家庭用车的选配

随着人们生活水平的不断提高和汽车价格的逐步下降，汽车已渐渐进入普通百姓家庭。面对琳琅满目的车市，如何购买到称心如意的汽车，成为大家关注的热点。

（一）汽车价格筛选车型

经济实力决定了车型选择的价格范围。家用轿车从档次上可分为微型轿车、普通级轿车、中级轿车、中高级轿车和高级轿车等，其对应的排量和参考价格见表2-1。

轿车档次和参考价格　　　　　　　　　　　　　　　　　　　　　表2-1

轿车档次	发动机排量（L）	参考价格（万元）	性能	用　　途	适用经济条件
微型	≤1.0	≤10	一般	代步	一般
普通	1.0~1.6	10~15	较好	代步、公务	中等
中级	1.6~2.5	15~20	好	公务、代步	较好
中高级	2.5~4.0	20~30	豪华	公务、代步	好
高级	≥4.0	≥30	超豪华	公务、享乐	很好

在考虑汽车售价的同时,还应综合考虑附加费(包括车辆购置税、牌证费、保险费、车船使用税和日常的使用费等),如高档轿车在各方面收费都较高。对于相同排量和配置的进口车,由于关税、价格一般比国产车高,各种其他税费和日后的配件、使用费等都较高,应全面考虑。现在世界主要汽车大公司都与我国汽车厂家合资,根据我国实际情况设计、生产出来的汽车质量都比较好。

(二)汽车性能比较

汽车性能的好坏可以从制造厂商提供的使用说明书中初步了解。

1.发动机

发动机是汽车的动力源,其性能决定了汽车整车的动力性、经济性和排放性能的好坏,应着重进行比较。发动机排量越大,额定功率和驱动力越大,车速也越高,但百公里燃油消耗量也越高,上述指标都可以直接从汽车使用说明书上看到。

2.底盘

汽车的底盘包括传动系统、行驶系统、制动系统和转向系统等,直接影响到车辆的行驶安全、稳定性、舒适性和操作方便性,也影响汽车的动力性和经济性。

传动系统的变速器有手动和自动两种类型,自动变速器汽车取消了离合器,左脚完全解放出来,驾驶时不用操心换挡,注意力集中,行车事故相对减少。对于驾驶经验不足者、女性和老年人等,适合采用自动变速器汽车。但自动变速器的价格要比手动变速器高,百公里油耗也高一些,加速性能稍微差一些。

3.车身

车身款式多样,主要从外观、颜色、尺寸以及车内空间等方面选择。车身总体尺寸在汽车使用说明书上都有标注。相同外形尺寸的车辆,轴距和轮距越大,稳定性越好,车内空间越大;但占地面积大、转弯半径大、质量大、油耗高。车身的外观设计影响油耗量,车身流线型越好,空气阻力越小,越省油。从汽车使用说明书上可以查到该车的空气阻力系数值,该值越小越好。

(三)汽车款式选择

现代汽车品种繁多,用户可以根据自己喜好,随意选择。不同车款特点简介如下。

1.三厢车

三厢车"有头有尾",是中国人的传统选择,见图2-2。车尾密封的行李舱把行李与人分隔开。其缺点是扁宽的行李舱放不下较大件的行李,行车时乘客照顾不到放在行李舱的东西。

图2-2 三厢车

2.两厢车

两厢车的结构见图2-3,其车尾没有行李舱,所以摆放简单行李的位置是在后座位靠背的后面,使车身的长度缩短了很多,转向更加灵活;此外,在停车时不用考虑行李舱的长度,所以容易预估位置。一般来说,同级别的两厢车燃油消耗量比三厢车低。

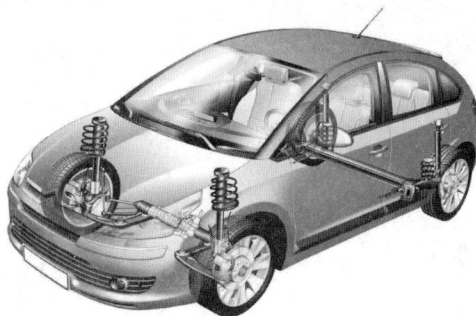

图 2-3　两厢车

3. MPV 汽车

MPV(Multi-purpose Vehicle,多用途汽车)兼具了轿车的舒适性和小型客车的较大空间,可以作乘用车、商务车、休闲旅行车和小货车,见图 2-4。

图 2-4　MPV 汽车

4. SUV 汽车

SUV(Sports Utility Vehicle,运动型多功能车)不仅具有 MPV 的多功能性,还具有一定的越野性,见图 2-5。

图 2-5　SUV 汽车

MPV 和 SUV 汽车的车身较高,视野较广阔,长途行车不易感觉疲倦。

(四)汽车颜色选择

汽车的颜色不同,给人的感觉不同。银灰色给人的整体感很强,也最具运动感。白色给人以明快、活泼、清洁和朴实大方的感觉,容易与外界环境相协调;在雨天或夜晚,白色较容易识别，而且是膨胀色，行车安全性好。黑色给人以庄重、尊贵和严肃的感觉，也容易与外界环境相协调；黑色一直是公务车最青睐的颜色，黑色高档车气派十足。红色给人以跳跃、兴奋和欢乐的感觉，非常适合跑车和运动型车；红色也是膨胀色，安全性好。蓝色给人以清爽、舒适、豪华和气派的感觉。黄色给人以欢快、温暖和活泼的感觉；黄色是膨胀色，在环境视野中很显眼，非常适合跑车和小型车；出租车和工程抢险车采用黄色，一是便于管理，二是便于与其他汽车区别。绿色有较好的可视性，小车选绿色很有个性。

汽车生产企业一般都准备了多种颜色供客户选择，可以向销售商索取该车的色彩样本，选择合适的颜色。

除以上各种因素外，车辆的售后服务也是购车考虑的一个重要的环节，因为日后车辆的维护、零配件的供应和技术资讯都是售后服务的内容。良好的售后服务会给你带来许多方便。

第二节　车辆选购主要技术指标

了解和掌握汽车的使用性能技术指标不仅是择优选购车辆重点研究的内容，也是科学管理和合理运用汽车的基础。汽车的主要技术指标有：动力性、燃油经济性、制动性、操纵稳定性、行驶平顺性和通过性等。

一、汽车的动力性

汽车的动力性是指汽车在水平良好路面上直线行驶所能达到的平均行驶速度。它表征汽车以最大可能的平均速度运送货物或乘客的能力。

汽车的动力性通常用最高车速、加速时间和最大爬坡度三个指标来评价。最高车速越高，加速时间越短，最大爬坡度越大，汽车的动力性就越好。

1. 汽车的最高车速

最高车速是指汽车在水平良好路面（混凝土或沥青路面）上能够达到的最高行驶速度（km/h）。货车的最高车速一般为80～110km/h，轿车的最高车速多在200km/h以上。

2. 汽车的加速时间

加速时间是指汽车在各种行驶条件下迅速提高行驶速度的能力，通常用原地起步加速时间和超车加速时间表示。加速时间短，表示汽车的加速能力好、平均车速高。原地起步加速时间，是指汽车由1挡或2挡起步，并以最大的加速强度（包括选择恰当的换挡时机）逐步换至最高挡后，达到某一预定距离或车速所需的时间。常用从0～400m距离所用的秒数或用0加速至100km/h所需的时间来表明汽车原地起步的加速能力。超车加速时间，是指用最高挡或次高挡由某一较低车速全力加速至某一高速所需的时间。超车加速能力还没有一致的规定，采用较多的是用最高挡或次高挡由80km/h或40km/h全力加速行驶至某一高速（一般为最高车速的80%）所需的时间。

3. 汽车的最大爬坡度

最大爬坡度是指汽车满载时，在良好路面上用1挡行驶时的最大爬坡度。爬坡度是指坡道的垂直高度与坡道的水平长度之比值,一般用百分数表示。最大爬坡度表示汽车的爬坡能力。货车的最大爬坡度为30%,表示坡度角约为16.5°。越野汽车要在各种坏路或无路条件下行驶,对爬坡能力要求更高,它的最大爬坡度可达60%或更高。乘用车最高车速大,加速时间短,经常在良好路面行驶,一般不强调其爬坡能力。

　　汽车的动力性与发动机性能参数、汽车结构参数和使用条件密切相关。发动机的最大功率、最大转矩和外特性曲线的形状对汽车的动力性影响最大;汽车传动系统的传动效率、主减速器的传动比、汽车的总质量、轮胎的尺寸与结构等,对汽车的动力性都有较大的影响;使用条件对汽车动力性也有重要影响,一辆动力性良好的汽车,若长期不当使用、维修或调整,就可能降低发动机输出的有效功率和传动系统的传动效率,使汽车的动力性变差。

二、汽车的燃油经济性

　　汽车的燃油经济性,是指汽车以最小的燃油消耗量完成单位运输工作的能力。燃油经济性常用一定运行工况下,汽车行驶的百公里燃油消耗量,或一定的燃油量能使汽车行驶的里程来衡量。我国汽车的燃油经济性指标为百公里燃油消耗量(单位为L/100km)或百吨公里油耗量(单位为L/100t·km),国外汽车的燃油经济性指标为每加仑燃油行驶里程(单位为 mile/gallon)。

　　由于汽车在使用过程中载荷和道路条件对汽车燃料的消耗影响很大,可用平均燃料运行消耗特性来评价其燃料经济性。平均运行燃料消耗特性是指在不同的道路条件下,燃料消耗量与有效荷载之间的关系,见图2-6。

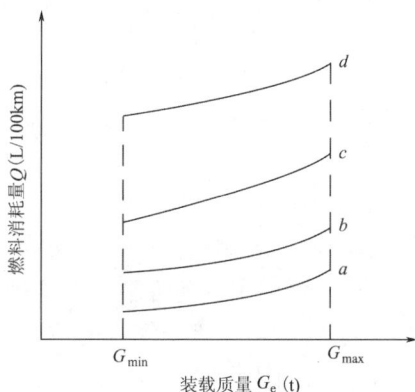

图2-6　汽车平均运行燃料消耗特性

a-最好的道路条件;*b*-较好的道路条件;*c*-较差的道路条件;*d*-最坏的道路条件

　　由此可见,平均燃料运行消耗特性反映了车辆类型、道路条件、交通量、装载质量以及气候等因素对燃料消耗的影响,可用来比较全面地评价汽车使用中的燃料经济性。

三、汽车的制动性

　　汽车的制动性是指汽车行驶时,能在短距离内减速甚至停车,且维持行驶方向稳定性,以及在下长坡时能维持一定车速的能力。

　　汽车的制动性主要与制动系统的性能、轮胎的机械特性、道路条件、汽车行驶状况和制动操作有密切的关系,通常用以下几个指标来评价。

1. 制动效能

制动效能是制动性最基本的评价指标,是指汽车迅速降低行驶速度直至停车的能力,用一定初速度下的制动距离、制动减速度或制动时间来评定。制动距离最直观,与行车安全有直接关系,驾驶人可根据预估停车地点的距离来控制制动强度,故制动系统技术参数中通常用汽车制动距离来表示制动效能。有关职能部门通常也按制动距离制定安全法规。制动减速度和制动时间在分析研究制动过程中是不可缺少的参数。为便于车辆检测,也用制动力来评价汽车制动效能。

2. 制动效能的恒定性

制动效能的恒定性是指抵抗制动效能的热衰退和水衰退的能力,即汽车在高速行驶、下长坡以及涉水连续制动时制动效能的稳定程度。制动效能的恒定性主要是指制动器的抗热衰退能力。汽车在下长坡或高速制动的情况下,制动器的工作温度常在300℃以上,有时高达600~700℃,使制动器的摩擦力矩显著下降,汽车的制动效能显著降低,该现象称为制动效能的热衰退。抵抗热衰退的能力,常用一系列连续制动后(按规定的次数和应达到的减速度),制动效能较冷态制动时下降的程度表示。国际标准草案 ISO/DIS 6597 推荐,以一定车速连续制动 15 次,每次的制动减速度为 $3m/s^2$,最后的制动效能应不低于规定的冷试验制动效能($5.8m/s^2$)的60%(在制动踏板力相同的前提下)。

汽车涉水后,由于制动器被水浸湿,制动效能就会降低,这种现象称为制动效能的水衰退现象。为了保证安全,汽车涉水后应踩几脚制动踏板,使制动器迅速恢复干燥,恢复正常。

3. 制动时方向稳定性

制动时方向稳定性是指汽车在制动过程中维持直线行驶,或按预定弯道行驶的能力。制动方向稳定性好的汽车,在制动时能维持直线行驶或按预定弯道行驶,不会发生跑偏、侧滑或丧失转向能力。

(1)制动跑偏。制动跑偏是指汽车直线行驶制动时,自动向左或向右偏驶的现象。这主要是由于左、右车轮(特别是转向轮)制动器制动力不等造成的,一般经过调整、维修可以消除。《机动车运行安全技术条件》中对在用车制动力平衡要求规定:在制动力增长全过程中同时测得的左右轮制动力差的最大值,与全过程中测得的该轴左右轮最大制动力中大者之比,对前轴不应大于20%,对后轴(和其他轴)在轴制动力不小于该轴轴荷的60%时不应大于24%;当后轴(和其他轴)制动力小于该轴轴荷的60%时,在制动力增长全过程中同时测得的左右轮制动力差的最大值不应大于该轴轴荷的8%。其目的就是在于防止发生制动跑偏现象。

(2)侧滑。侧滑是指汽车制动时,某一轴的车轮或两轴的车轮发生横向移动的现象。汽车侧滑特别是后轮侧滑,对安全行车威胁较大,常造成碰撞、翻车、掉沟等恶性交通事故。据我国某省对驾驶人负主要责任的交通死亡事故的统计,因后轮侧滑而引发的事故占40%,其中,有50%是在驾驶人使用制动和转弯时发生的。其主要原因是在较高车速下制动时,前、后轮发生抱死拖滑(特别是前、后轮抱死的时间不一致时,危险性更大),或左右轮制动力不等、各轮附着系数不等,引起车辆方向失控,甚至引起甩尾或失去转向能力而引发事故。现代汽车安装了防抱死制动系统和防侧滑系统,使这种危险发生的可能性大大降低。

四、汽车的操纵稳定性

汽车的操纵稳定性,是指在驾驶人不感觉过分紧张、疲劳的条件下,汽车能按照驾驶人通过转向系统和转向车轮给定的方向(直线或转弯)行驶;且当受到外界干扰(路面不平、侧风、货物或乘客偏载)时,汽车能抵抗干扰而保持稳定行驶的性能。

汽车的操纵稳定性包括两部分,即操纵性和稳定性。操纵性,是指汽车快速、准确地响应驾驶人发出的转向指令的能力;稳定性是指汽车受到外界干扰时,能抵抗干扰而保持稳定行驶的能力。汽车的操纵稳定性既取决于汽车结构参数,也取决于驾驶人和道路环境等多方面因素。如果稳定性能丧失,汽车会侧滑、倾覆;操纵性能丧失,汽车会失控。因此,它也是现代汽车的主要性能。

汽车操纵稳定性的评价方法有主观评价和客观评价两种。所谓主观评价就是感觉评价,其方法就是让试验评价人员,根据试验时自己的感觉来进行评价,并按规定的项目和评价办法进行评分。客观评价则是通过测试仪器测出来表现操纵性能的物理量,如横摆角速度、侧向加速度、侧倾角和转向力等,来评价操纵稳定性的方法。

五、汽车的行驶平顺性

汽车的行驶平顺性是汽车主要性能之一,是指汽车在一般使用速度范围内行驶时,能保证乘坐者不致因车身振动而引起不舒适和疲乏感觉,以及保持所运货物完整无损的性能。只有保持振动环境的舒适性,才能保证驾驶人在复杂的行驶和操纵条件下具有良好的心理状态和准确灵敏的反应,才能保证乘员在乘坐中和到达目的地后具有良好的身体和心理状态。

汽车行驶的平顺性涉及路面不平度的统计规律、汽车悬架、座椅等的振动特性和人体对振动的反应。平顺性的优劣会影响汽车动力性、操纵稳定性和通过性,也会影响汽车机件的可靠性和零部件的疲劳寿命。平顺性通常利用振动频率和振动加速度加权计算后评定。

1. 汽车的振动频率

平顺性较好的汽车,其车身固有的振动频率应在 65~85 次/min 的范围内。高于 85 次/min 时,对乘客的生理反应和货物的完好性都会产生不利影响,低于 65 次/min 时,乘客易出现晕车等现象。人对振动最敏感的频率,在垂直方向是 4~8Hz,在水平方向(纵向、横向)是 2Hz 以下。

2. 汽车振动加速度

振动加速度较大时,人的肌肉和器官难以适应,会引起乘客剧烈头疼和极不舒适的感觉。目前许多国家都是参照 ISO2631《人体承受全身振动评价 第一部分:一般要求》来对汽车振动环境,也就是汽车平顺性进行评价的,核心内容是用加速度的均方根值给出了在 1~80Hz 振动频率范围内人体对各不同方向振动的三个不同的界限。它们分别是舒适—降低界限、疲劳—工效降低界限和暴露界限。

舒适—降低界限与保持舒适有关。在此极限内,人体对所暴露的振动环境主观感觉良好，并能顺利完成吃、读、写等动作。

疲劳—工效降低界限与保持工作效率有关。当驾驶人承受振动在此极限内时，能保持正常地进行驾驶。

暴露界限通常作为人体可以承受振动量的上限。当人体承受的振动强度在这个极限之内，能保持健康或安全。

六、汽车的通过性

汽车的通过性是指汽车在一定装载质量下，能以足够高的平均车速通过各种坏路和无路地带（如松软地面、坎坷不平地段），以及克服各种障碍（陡坡、台阶、壕沟）的能力。

由于汽车与越野地面间的间隙不足而被地面托住，无法通过的情况称为间隙失效。当车辆中间底部的零部件碰到地面而被顶住时称为顶起失效；当车辆前端或尾部触及地面而不能通过时则分别称为触头失效和托尾失效。

评价汽车通过性的参数有几何参数和支承与牵引参数。汽车的通过性与其结构因素、使用因素以及其他使用性能有关。

1.汽车通过性的几何参数

通过性的几何参数有最小离地间隙、接近角、离去角、纵向通过角和最小转弯直径等，见图2-7。

（1）最小离地间隙［图2-7a）］：指汽车满载时，其最低部位与地面间的距离（mm）。最小离地间隙越大，通过性越好。

（2）接近角［图2-7a）］：指自汽车前端突出点向前轮引切线，切线与路之间的夹角。它表示汽车接近小丘、沟洼等障碍物时，不发生碰撞的性能。接近角越大，通过性越好。

（3）离去角［图2-7a）］：指自汽车后端突出点向后轮引的切线，切线与路面之间的夹角。离去角越大，通过性越好。

（4）纵向通过角［图2-7b）］：汽车满载、静止时，分别通过前后车轮外缘作垂直于汽车纵向对称面的切平面，当两切平面交于车体下部较低部位时所夹的最小锐角。纵向通过角越大，通过性越好。

（5）最小转弯直径［图2-7c）］：当转向盘转至极限位置时，汽车从最低稳定车速转向行驶时，外侧转向轮的中心平面在支承平面上滚过的轨迹圆直径。最小转弯直径越小，通过性越好。

接近角：21.7° 最小离地间隙：195mm 离去角：21.7°

a)

图 2-7

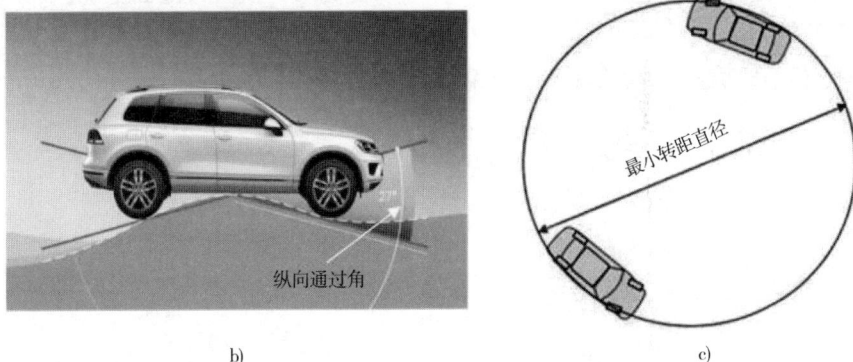

图 2-7　汽车通过性的几何参数

a)最小离地间隙、接近角、离去角；b)纵向通过角；c)最小转弯直径

几种车型的通过性几何参数见表 2-2。

汽车通过性的几何参数　　　　　　　　　表 2-2

汽车类型	最小离地间隙(mm)	接近角(°)	离去角(°)	最小转弯半径(m)
4×2 轿车	120~200	20~30	15~22	7~13
4×4 轿车、越野车	210~370	45~50	35~40	10~15
4×2 货车	250~300	25~60	25~45	8~14
4×4 货车、6×6 货车	260~350	45~60	35~45	11~21
6×4 客车、4×2 客车	220~370	10~40	6~20	14~22

2.汽车通过性的支承与牵引参数

汽车通过性的支承与牵引参数主要有轮胎接地比压、附着质量、附着质量系数、牵引系数、牵引效率和燃料利用指数等。此外，滚动阻力系数和附着系数也可作为评价指标，均与车轮接地比压密切相关。

(1)车轮接地比压。也称为车轮对地面的单位压力，是指作用在车轮上的垂直载荷与轮胎接触地面的面积之比。汽车在松软路面上行驶时，为提高通过性，可适当减小轮胎气压，使车轮对地面的单位压力降低，减小轮辙深度，降低汽车的行驶阻力；同时，因轮胎与地面的接触面积增大，使附着系数得到提高。

(2)附着质量。是指驱动轴的载质量。

(3)附着质量系数。也称为相对附着质量，是指汽车附着质量与总质量之比。为提高汽车的通过性，使驱动力能得到最大限度的发挥，必须增大汽车的相对附着质量和提高附着系数。不同类型汽车的附着质量系数，见表 2-3。

不同类型汽车的附着质量系数　　　　　　　　　表 2-3

汽车类型	附着质量系数	汽车类型	附着质量系数
4×2 轿车	0.45~0.50	4×4、6×6 货车或越野车	1.0
4×2、6×4 货车	0.65~0.75		

（4）牵引系数。是指单位车重的挂钩牵引力。表明汽车在松软地面上加速、爬坡以及牵引其他汽车的能力。

（5）牵引效率。是指驱动轮输出功率与输入功率之比。它反映了车轮功率传递过程中的能量损失。

（6）燃料利用指数。是指单位燃料消耗所输出的功。

复习思考题

1. 汽车选购的基本原则有哪些？

2. 家庭用车如何进行选配？

3. 汽车的性能指标主要有哪些？

4. 什么叫汽车的动力性？其评价指标有哪些？

5. 制动性的评价指标有哪些？

6. 什么叫汽车的操纵稳定性？

7. 汽车的通过性参数有哪些？

第三章 汽车的登记、检验和保险

学习目标

1. 掌握汽车注册登记的程序；
2. 掌握汽车的检验类型；
3. 掌握汽车保险的投保程序和理赔的程序。

第一节 汽车的登记

《中华人民共和国道路交通安全法》规定：国家对机动车实行登记制度。《机动车登记规定》要求：省级公安机关交通管理部门负责本省（自治区、直辖市）机动车登记工作的指导、检查和监督。直辖市公安机关交通管理部门车辆管理所、设区的市或者相当于同级的公安机关交通管理部门车辆管理所负责办理本行政辖区内机动车登记业务。

县级公安机关交通管理部门车辆管理所可以办理本行政辖区内摩托车、三轮汽车、低速载货汽车的登记业务。条件具备的，可以办理除进口机动车、危险化学品运输车、校车、中型以上载客汽车以外的其他机动车登记业务。

警用车辆登记业务按照有关规定办理。

车辆管理所在受理机动车登记申请时，对申请材料齐全并符合法律、行政法规和本规定的，应当在规定的时限内办结并遵循公开、公正、便民的原则。

车管所应当使用计算机系统办理机动车登记，并建立数据库。不使用计算机系统登记的，登记无效。计算机系统应当与交通违法信息系统和交通事故信息系统实行联网。

一、汽车的注册登记

《中华人民共和国道路交通安全法》规定：机动车经公安机关交通管理部门登记后，方可上道路行驶，尚未登记的机动车，需要临时上道路行驶的，应当取得临时通行牌证；准予登记的机动车应当符合机动车国家安全技术标准；申请机动车登记时，应当接受对该机动车的安全技术检验；驾驶机动车上道路行驶，应当悬挂机动车号牌，放置检验合格标志、保险标志，并随车携带机动车行驶证。由此可见，购买了机动车要上路行驶，必须遵守相关法律、法规，到相关部门办理相应的合法手续，才能使机动车行驶合法化。

初次申领机动车号牌、行驶证的机动车所有人应当向住所地的车辆管理所申请注册登记。但经海关进口的机动车和由国务院机动车产品主管部门认定免予安全技术检验的机动车除外。

各地公安局车辆管理所因办公场地、业务量、自身岗位设置的不同，在具体办理汽车注册登记的业务流程上有所不同，但总体上都包括安全技术检验、技术参数核对、注册登记、选号和领证五个程序。

1. 安全技术检验

根据《机动车登记规定》，机动车所有人应当到机动车安全技术检验机构对机动车进行安全技术检验，取得机动车安全技术检验合格证明后才能申请注册登记。安全技术检验按照内容的不同分为外观检验、环保检验和安全性能检验等。

（1）外观检验。主要是查看车架号、发动机号、车辆外观有无明显外伤破损、改装等。汽车注册前最好不要进行改变其外观的活动，如贴膜、加尾翼等。

（2）环保检验。检验汽车排气污染物排放量和噪声。

（3）安全性能检验。一般通过检测线进行检验，检验内容主要有转向轮前束、制动系统、灯光和喇叭等。检验人员在操纵汽车时，还要检验转向盘的自由行程和灵敏度。

经海关进口的机动车和由国务院机动车产品主管部门认定免予安全技术检验的机动车，可以不进行安全技术检验。但免予安全技术检验的机动车有下列情形之一的，应当进行安全技术检验：国产机动车出厂后两年内未申请注册登记的；经海关进口的机动车进口后两年内未申请注册登记的；申请注册登记前发生交通事故的。

目前，一般中小城市的汽车登记检验都在车管所内的检测站进行，通常在核对技术参数和登记受理之后进行。有些大城市因为车辆多，检验工作放在社会单位检测站进行，检验合格后，该站须出具检验合格证明。

2. 技术参数核对

技术参数核对是指根据汽车合格证注明的车型，按照国家公布的上牌车辆技术参数光盘目录与车辆进行核对，重点是车辆的外形尺寸、主要部件（如发动机、轮胎等）的型号数量、整车整备质量和总质量等。

3. 注册登记

申请注册登记的，机动车所有人应当填写《车辆注册/转入登记申请表》，见表3-1，交验机动车，并提交以下证明、凭证。

（1）机动车所有人的身份证明。居民的身份证明是《居民身份证》或临时居民身份证；机关、企业、事业单位和社会团体的身份证明，是《组织机构代码证书》；军人的身份证明是军人身份证件和团以上单位出具的本人住所地址的证明；港、澳、台居民和外国人的身份证明是公安机关核发的居留证件；各国驻华使领馆和外国驻华办事机构的身份证明是该使馆或者外国驻华办事机构出具的证明。

（2）车辆的来历凭证。车辆的来历包括以下方面：

①在国内购买的机动车，其来历证明是全国统一的机动车销售发票或者二手车交易发票；

②在国外购买的机动车，其来历证明是该车销售单位开具的销售发票及其翻译文本，但

海关监管的机动车不需提供来历证明；

③人民法院调解、裁定或者判决转移的机动车,其来历证明是人民法院出具的已经生效的《调解书》《裁定书》或者《判决书》,以及相应的《协助执行通知书》；

车辆注册/转入登记申请表

表3-1

申请事项					□注册登记　□转入		
机动车所有人	姓名/名称				联系电话		
	住所地址				邮政编码		
	身份证明名称		号码		□常住人口 □暂住人口		
	居住/暂住证明名称		号码				
机动车	机动车使用性质	□公路客运　□公交客运　□出租客运　□旅游客运　□租赁客运　□货运 □非营运　□警用　□消防　□救护　□工程抢险　□营转非　□出租营转非					
	机动车获得方式	□购买　□仲裁裁决　□继承　□赠予　□协议抵偿债务　□中奖　□资产重组 □资产整体买卖　□调拨　□境外自带　□法院调解、裁定、判决					
	机动车品牌型号						
	车辆识别代号/车架号						
	发动机号码						
相关资料	来历证明	□销售/交易发票　□（调解书）　□（裁定书）　□（判决书） □相关文件　□批准文件　□调拨证明　□（仲裁裁决书）			机动车所有人签章： （个人签章、单位盖章）		
	进口凭证	□（货物进口证明书）　□（没收走私汽车、摩托车证明书） □《中华人民共和国海关监督车辆进（出）境领（销）牌证证明书》					
	其他	□国产机动车的整车出厂合格证　□机动车档案 □身份证明　□（协助执行通知书）　□（公证书）					
申请方式	由机动车所有人申请 机动车所有人委托_____代理申请				年　月　日		
代理人	姓名/名称				联系电话		
	住所地址						
	身份证明名称		号码		代理人签章： （个人签字、单位盖章）		
	经办人	姓名					
		身份证明名称		号码			
		住所地址					
		签字			年　月　日	年　月　日	

④仲裁机构仲裁裁决转移的机动车,其来历证明是《仲裁裁决书》和人民法院出具的《协助执行通知书》；

⑤继承、赠予、中奖、协议离婚和协议抵偿债务的机动车,其来历证明是继承、赠予、中奖、协议离婚、协议抵偿债务的相关文书和公证机关出具的《公证书》；

⑥资产重组或者资产整体买卖中包含的机动车,其来历证明是资产主管部门的批准文件;

⑦机关、企业、事业单位和社会团体统一采购并调拨到下属单位未注册登记的机动车,其来历证明是全国统一的机动车销售发票和该部门出具的调拨证明;

⑧机关、企业、事业单位和社会团体已注册登记并调拨到下属单位的机动车,其来历证明是该单位出具的调拨证明;

⑨被上级单位调回或者调拨到其他下属单位的机动车,其来历证明是上级单位出具的调拨证明;

⑩经公安机关破案发还的被盗抢且已向原机动车所有人理赔完毕的机动车,其来历证明是《权益转让证明书》。

(3)机动车的整车出厂合格证明或者进口机动车进口凭证。机动车出厂合格证,是证明该车为正规汽车厂家生产的、在国家汽车目录中注册的合格产品。

①国产机动车整车出厂合格证明,是指按照《车辆生产企业及产品公告》发布的,国产机动车整车出厂时随车的机动车产品合格证。

②国家限定口岸进口机动车的进口凭证是指国家限定口岸海关签发的《货物进口证明书》;其他进口机动车的进口凭证,是各口岸海关签发的《货物进口证明书》;海关监管的机动车的进口凭证,是监管地海关出具的《中华人民共和国海关监管车辆进(出)境领(销)牌照通知书》;国家授权的执法部门没收的走私、无进口证明和利用进口关键件非法拼(组)装的机动车的进口凭证,是该部门签发的《没收走私汽车、摩托车证明书》。

(4)车辆购置税免税凭证或完税证明。车辆购置税的免税范围为:外国驻华使馆、领事馆和国际组织驻华机构及其外交人员自用的车辆;中国人民解放军和中国人民武装警察部队列入军队武器装备订货计划的车辆;设有固定装置的非运输车辆;由国务院规定免税或者减税的其他情形。不属于免税范围的机动车,其所有人应当在办理车辆登记前,缴纳车辆购置税。没有完税证明或者免税凭证,公安机关交通管理部门不得办理车辆登记手续。车辆购置税的征收标准如下:

国产车购置税 = 车辆计税价格 × 10%

进口车购置税 = (到岸价 + 关税 + 消费税 + 增值税) × 10%

完税之后会领到一张"代征车辆购置税收据"和一张"车辆购置税完税证明"。

(5)机动车交通事故责任强制保险凭证。

(6)车船税纳税或免税证明。

(7)法律、行政法规规定应当在机动车注册登记时提交的其他证明、凭证。

不属于经海关进口的机动车和国务院机动车产品主管部门规定免予安全技术检验的机动车,还应当提交机动车安全技术检验合格证明。

4.选号

选号也称为拍号,有两种方法,一种是通过计算机自动选取,并可以至少从 5 个号牌号码中选取 1 个;另一种是由机动车所有人按照机动车号牌标准规定自行编排确定,只要选定的号牌号码先前没有人使用,即可由本人使用。

5.领证

车辆管理所应当自受理申请之日起二日内,确认机动车,核对车辆识别代号拓印膜,审查提交的证明和凭证,核发机动车登记证书、号牌、行驶证和检验合格标志。对申请材料不齐全或者其他不符合法定形式的,应当一次告知申请人需要补全的全部内容。对不符合规定的,应当书面告知不予受理、登记的理由。

有的汽车经销商提供免费代办号牌(即登记注册)的服务。所以车主如果时间紧,且对牌照无特殊要求的,可委托经销商办理。

机动车号牌,每车一副。号牌编号由省、自治区或直辖市的简称、发牌机关代号和机动车登记代号注册编号(英文字母和阿拉伯数字)组成。其分类、规格、颜色、适用范围和每副号牌的数量见表3-2,小型车的号牌式样见图3-1。

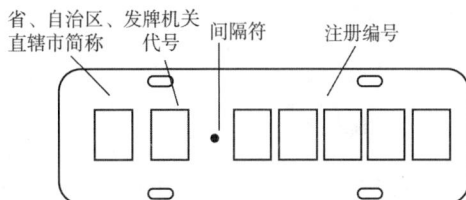

图 3-1 小型车号牌式样

号牌的分类、规格、颜色和适用范围 表 3-2

序号	分 类	外廓尺寸(mm/mm)	颜 色	每副面数	适 用 范 围
1	大型汽车	前 440×140 后 440×220	黄底黑字黑框线	2	总质量 4.5t(含),乘坐人数 20 人(含)和车长 6m(含)以上的汽车、无轨电车和有轨电车
2	小型汽车	440×140	蓝底白字白框线		除大型汽车以外的各种汽车
3	使馆汽车		黑底白字红"使""领"字白字框		驻华使馆汽车
4	领馆汽车				驻华领事馆汽车
5	境外汽车		黑底白字白框线		入出境的境外汽车
			黑底红字白框线		入出境限制行驶区域的境外汽车
6	外籍汽车		黑底白字白框线		除使、领馆外,其他驻华机构、商社、外资企业和外籍人员的汽车
7	两轮、三轮摩托车	前 220×95 后 220×140	黄底白字黑框线		两轮摩托车和三轮摩托车
8	轻便摩托车		蓝底白字白框线		轻便摩托车
9	使馆摩托车		黑底白字红"使""领"字白框线		驻华使馆的摩托车和轻便摩托车
10	领馆摩托车				驻华领馆的摩托车和轻便摩托车
11	境外摩托车		黑底白字白框线		入出境的境外摩托车和轻便摩托车
12	外籍摩托车				除使、领馆外,其他驻华机构、商社、外资企业和外籍人员的摩托车和轻便摩托车
13	农用运输车	300×165	黄底黑字黑框线		三轮、四轮农用运输车,轮式自行专用机械和蓄电池车等
14	拖拉机		黄底黑字		各种在道路上行驶的拖拉机
15	挂车	同大型汽车号牌		1	全挂车和不与牵引车固定使用的半挂车

续上表

序号	分　类	外廓尺寸 （mm/mm）	颜　色	每副 面数	适 用 范 围
16	教练汽车	440×140	黄底黑字黑框线	2	教练用的汽车和其他机动车,不含摩托车和轻便摩托车
17	教练摩托车	同摩托车号牌			教练用的摩托车和轻便摩托车
18	试验汽车	440×140			试验用的汽车和其他机动车,不含摩托车和轻便摩托车
19	试验摩托车	同摩托车号牌			试验用的摩托车和轻便摩托车
20	领事入境车	200×165	白底红字"临时入境"黑字红框线(字有金色廓线)	1	临时入境参加旅游、比赛等活动的摩托车
21	领事入境摩托车	220×120			临时入境参加旅游、比赛等活动的摩托车
22	领事行驶汽车	220×140	白底(有蓝色暗纹)黑字黑框线		无牌证需要临时行驶的机动车

汽车号牌需按照指定位置安装,并保持清晰。汽车的号牌和行驶证不准转借、涂改和伪造。汽车号牌的作用如下:

(1)保证合法上道路行驶。汽车属于机动车,它要作为交通工具上道路行驶,就必须注册登记。

(2)防止汽车被盗失窃。汽车注册登记后,公安机关交通管理部门将汽车的相关信息予以注册,录入全国的机动车管理信息系统,这样该车信息就能够在全国查证。汽车失窃后,只要报案,公安机关受理部门就会将该车的有关信息录入全国的被盗抢机动车信息系统,给侦查破案带来方便,也有利于公安交通管理部门在正常的路面检查时发现被窃汽车线索,从而让车主失而复得。

(3)便于车辆管理。国家实行机动车登记制度是为了对机动车实施管理,维护道路交通秩序,保障交通安全。对车辆进行分类编号,登记"车籍",确定车辆与车主的关系,掌握机动车保有量,为交通管理、规划提供依据;验明违章车辆的依据,根据录像数据(号牌、颜色)查找违章逃逸或被盗车辆。

二、汽车的变更登记

已注册登记的机动车有下列情形之一的,机动车所有人应当向登记地车辆管理所申请变更登记:

(1)改变车身颜色的;

(2)更换发动机的;

(3)更换车身或者车架的;

(4)因质量问题更换整车的;

(5)营运机动车改为非营运机动车或者非营运机动车改为营运机动车等使用性质改变的;

(6)机动车所有人的住所迁出或者迁入车辆管理所管辖区域的。

机动车所有人为两人以上,需要将登记的所有人姓名变更为其他所有人姓名的,可以向登记地车辆管理所申请变更登记。

对属于第(1)项、第(2)项和第(3)项规定的变更事项的,机动车所有人应当在变更后十日内向车辆管理所申请变更登记;属于第(6)项规定的变更事项的,机动车所有人申请转出前,应当将涉及该车的道路交通安全违法行为和交通事故处理完毕。

车辆管理所办理机动车变更登记时,若需要改变机动车号牌号码,应收回号牌和行驶证,确定新的机动车号牌号码,重新核发号牌、行驶证和检验合格标志。

三、汽车的转移登记

已注册登记的机动车所有权发生转移的,现机动车所有人应当自机动车交付之日起三十日内向登记地车辆管理所申请转移登记。

机动车所有人申请转移登记前,应当将涉及该车的道路交通安全违法行为和交通事故处理完毕。

申请转移登记时,现机动车所有人应当填写申请表,交验机动车,并提交以下证明、凭证:

(1)现机动车所有人的身份证明;

(2)机动车所有权转移的证明、凭证;

(3)机动车登记证书;

(4)机动车行驶证;

(5)属于海关监管的机动车,还应当提交《中华人民共和国海关监管车辆解除监管证明书》或者海关批准的转让证明;

(6)属于超过检验有效期的机动车,还应当提交机动车安全技术检验合格证明和交通事故责任强制保险凭证。

机动车所有人住所在车辆管理所管辖区域内的,车辆管理所应当自受理申请之日起一日内,确认机动车,核对车辆识别代号拓印膜,审查提交的证明、凭证,收回号牌、行驶证,确定新的机动车号牌号码,在机动车登记证书上签注转移事项,重新核发号牌、行驶证和检验合格标志。

四、汽车的抵押登记

机动车所有人将机动车作为抵押物抵押的,应当向登记地车辆管理所申请抵押登记;抵押权消灭的,应当向登记地车辆管理所申请解除抵押登记。

1. 申请抵押登记

申请抵押登记时,机动车所有人应当填写申请表,由机动车所有人和抵押权人共同申请,并提交下列证明、凭证:

(1)机动车所有人和抵押权人的身份证明;

(2)机动车登记证书;

(3)机动车所有人和抵押权人依法订立的主合同和抵押合同。

2. 申请解除抵押登记

申请解除抵押登记时,机动车所有人应当填写申请表,由机动车所有人和抵押权人共同申请,并提交下列证明、凭证:

(1)机动车所有人和抵押权人的身份证明;

(2)机动车登记证书。

人民法院调解、裁定、判决解除抵押的,机动车所有人或者抵押权人应当填写申请表,提交机动车登记证书、人民法院出具的已经生效的《调解书》《裁定书》或者《判决书》,以及相应的《协助执行通知书》。

车辆管理所应当自受理之日起一日内,审查提交的证明和凭证,在机动车登记证书上签注解除抵押登记的内容和日期。机动车抵押登记日期和解除抵押登记日期可以供公众查询。

五、汽车的注销登记

1. 本地报废汽车的注销登记

已达到国家强制报废标准的机动车,机动车所有人向机动车回收企业交售机动车时,应当填写申请表,提交机动车登记证书、号牌和行驶证。机动车回收企业应当确认机动车并解体,向机动车所有人出具《报废机动车回收证明》。报废的大型客、货车和其他营运车辆应当在车辆管理所的监督下解体。

机动车回收企业应当在机动车解体后七日内将申请表、机动车登记证书、号牌、行驶证和《报废机动车回收证明》副本提交车辆管理所,申请注销登记。

车辆管理所应当自受理之日起一日内,审查提交的证明和凭证,收回机动车登记证书、号牌和行驶证,并出具注销证明。

2. 异地报废汽车的注销登记

车辆因损坏无法驶回登记地时,机动车所有人可以向车辆所在地机动车回收企业交售报废机动车。交售机动车时应当填写申请表,提交机动车登记证书、号牌和行驶证。机动车回收企业应当确认机动车并解体,向机动车所有人出具《报废机动车回收证明》。报废的大型客、货车和其他营运车辆应当在报废地车辆管理所的监督下解体。

机动车回收企业应当在机动车解体后七日内将申请表、机动车登记证书、号牌、行驶证和《报废机动车回收证明》副本提交报废地车辆管理所,申请注销登记。

报废地车辆管理所应当自受理之日起一日内,审查提交的证明和凭证,收回机动车登记证书、号牌和行驶证,并通过计算机登记系统将机动车报废信息传递给登记地车辆管理所。

登记地车辆管理所应当自接到机动车报废信息之日起一日内办理注销登记,并出具注销证明。

3. 其他情形汽车的注销登记

机动车有下列情形之一的,机动车所有人应当向登记地车辆管理所申请注销登记:

(1)机动车灭失的;

(2)机动车因故不在我国境内使用的;

（3）因质量问题退车的。

对于第（2）项和第（3）项规定情形之一的，机动车所有人申请注销登记前，应当将涉及该车的道路交通安全违法行为和交通事故处理完毕。

已注册登记的机动车有下列情形之一的，登记地车辆管理所应当办理注销登记：

（1）机动车登记被依法撤销的；

（2）达到国家强制报废标准的机动车被依法收缴并强制报废的。

机动车所有人申请注销登记的，应当填写申请表，并提交以下证明、凭证：

（1）机动车登记证书；

（2）机动车行驶证；

（3）属于机动车灭失的，还应当提交机动车所有人的身份证明和机动车灭失证明；

（4）属于机动车因故不在我国境内使用的，还应当提交机动车所有人的身份证明和出境证明，其中属于海关监管的机动车，还应当提交海关出具的《中华人民共和国海关监管车辆进（出）境领（销）牌照通知书》；

（5）属于因质量问题退车的，还应当提交机动车所有人的身份证明和机动车制造厂或者经销商出具的退车证明。

4.汽车注销登记公告

已注册登记的机动车有下列情形之一的，车辆管理所应当公告机动车登记证书、号牌和行驶证作废：

（1）达到国家强制报废标准，机动车所有人逾期不办理注销登记的；

（2）机动车登记被依法撤销后，未收缴机动车登记证书、号牌和行驶证的；

（3）达到国家强制报废标准的机动车被依法收缴并强制报废的；

（4）机动车所有人办理注销登记时未交回机动车登记证书、号牌和行驶证的。

六、补、换领号牌和行驶证

车辆号牌遗失或损坏时，机动车所有人应持车主证明，说明丢失和损失的原因和经过；若号牌损坏，应连同损坏的号牌一起到车辆管理机关填写《补领牌照申请表》申请补换。经审核，先领取与原牌照相同的"补牌证"，按预约时间凭"补牌证"领取补制的号牌。

遗失行驶证时，应持车主证明，到车辆管理机关填写《补领牌照申请表》申请补领，公告挂失后，经审核开具一个月待理证，到期凭待理证领取补发的行驶证。行驶证损坏或记录填写满后，可凭损坏的或原行驶证直接换领新证。

因违法、肇事被扣行驶证而假冒遗失补证的，将酌情予以教育和处罚。

第二节　汽车的检测和审验

一、车辆检测和审验的规定

为确保车辆运行安全和技术状况良好，必须对在用车辆进行技术检测。在用车辆的技术检测分为自检和强制性检测两种。车辆所属单位进行自检,以确保车辆具有良好的动力性、经济性和安全性为主要目的;车辆管理部门对在用车辆进行强制性检验,是通过检查其是否符合国家规定的技术条件,以确定被检车辆的技术状况是否满足运行安全和营运的基本要求。

《中华人民共和国道路交通安全法实施条例》规定:机动车应当从注册登记之日起,按照下列期限进行安全技术检验:

(1)营运载客汽车5年以内每年检验1次;超过5年的,每6个月检验1次。

(2)载货汽车、大型和中型非营运载客汽车10年以内每年检验1次;超过10年的,每6个月检验1次。

(3)小型、微型非营运载客汽车6年以内每2年检验1次;超过6年的,每年检验1次;超过15年的,每6个月检验1次。

营运机动车在规定检验期限内经安全技术检验合格的,不再重复进行安全技术检验。

二、车辆检测和审验的分类

根据参加检验的时间和目的要求,车辆的检测和审验可分为年度检验、临时性检验安全检测、综合性能检测、维修检测和特殊检测等项目。

1. 年度检验

年度检验简称年检,是指按照车辆管理部门规定的期限对在用车辆进行的定期检验,或根据交通运输管理部门制定的车辆检测制度对营运车辆进行的定期检测。

车辆年检的目的是检验车辆的主要技术性能是否满足国家标准《机动车运行安全技术条件》(GB 7258—2017)的规定,督促车属单位对车辆进行维修和更新,确保车辆具有良好的技术状况,消除事故隐患,确保行车安全;同时,使车辆管理部门全面掌握车辆分类和技术状况的变化情况,以便加强管理。

2. 临时性检验

临时性检验是指除车辆年检和正常检验外的车辆检验。车辆临时检验的内容和年检基本相同,其目的是评价车辆性能是否满足《机动车运行安全技术条件》的要求,以确定其能否在道路上行驶,或车辆技术状况是否满足参加营运的基本要求。

1)在用车辆参加临时性检验的范围

在用车辆在下述情况下,应按交通运输管理部门的规定,参加临时性检测:

(1)申请领取临时号牌(如新车出厂、改装车出厂)的车辆;

(2)放置很长时间,要求复驶的车辆;

(3)遭受严重损坏,修复后准备投入使用的车辆;

(4)挂有国外、港澳地区号牌,经我国政府允许,可进入我国境内短期行驶的车辆;

(5)车辆管理部门认为有必要进行临时检验的车辆(如春运期间、交通安全大检查期间)。

2)营运车辆参加临时性检测的范围

营运车辆在下述情况下,应按交通运输管理部门的规定,参加临时性检测:

(1)申请领取营运证的车辆;

（2）经批准停驶的车辆恢复行驶时；

（3）经批准封存的车辆启封使用时；

（4）改装和主要总成改造后的车辆；

（5）申请报废的车辆。

3. 安全检测

安全检测以涉及汽车安全与环保的项目为主要检测内容，其目的是确定汽车性能是否满足有关汽车运行安全和公害等法规的规定，是对全社会民用汽车的安全性检查。

4. 综合性能检测

综合性能检测是指对汽车的安全性、动力性、经济性、可靠性、噪声和废气排放状况等进行的全面检测；其目的是对在用运输车辆的技术状况进行检测诊断，对汽车维修行业的维修车辆进行质量检测，以确保运输车辆安全运行，提高运输效率和降低运行消耗。

5. 维修检测

维修检测以汽车性能检测和故障诊断为主要内容，其目的是对汽车维修前进行技术状况检测和故障诊断，据此确定附加作业和小修项目以及是否需要大修，同时对汽车维修后的质量进行检测。

6. 特殊检测

特殊检测是指为了不同的目的和要求对在用车辆进行的检验，在检验的内容和重点上与上述各类检验有如下不同。

（1）改装或改造车辆的检测。为了不同的使用目的，在原车型底盘的基础上改制成其他用途的车辆后，因其结构或使用性能变更较大，车辆管理部门在核发号牌和行车执照时，应对其进行特殊检验。包括：汽车主要总成改造后的车辆的检验；有关新工艺、新技术、新产品，以及节能、科研项目等的检测、鉴定。

（2）事故车辆的检测。对发生交通事故并有损伤的车辆进行检测，一是为了分析事故原因，分清事故责任；另一方面是为了查找车辆的故障，确定汽车的技术状况，以保证行车安全。

（3）外事车辆的检测。为保证参加外事活动车辆的技术状况，防止意外事故发生，必须对车辆的安全性能和其他有关性能进行检测。

（4）其他项目的检测。接受公安、商检、计量、保险等部门的委托，进行有关项目的检测。

第三节　汽车的保险和理赔

汽车保险分为机动车交通事故强制责任险（简称"交强险"）和机动车商业保险（简称"商业车险"）两类。

一、交强险的基本内容和赔偿原则

交强险是通过国家立法予以强制实施的险种，机动车必须全部投保交强险。交强险是一个社会公益性较强的险种，车主投保之后，一旦发生交通事故，将由保险公司向受害第三方及时地提供赔偿。这对保障公民合法权益、维护社会稳定具有重要意义。但是,交强险的经济保障能力有限,仅能构成社会最基础的事故经济保障。

(一) 交强险赔偿的原则

1. 无责也要赔偿

根据《中华人民共和国道路交通安全法》确立的无责赔偿的原则,交强险实行无责赔偿,在事故发生后将实行交强险先行、商业车险补充的原则。事故中的车辆也将互为责任,进行赔偿。

2. 参考修理成本赔偿财产损失

因保险事故损坏的受害人财产需要修理的,被保险人应当在修理前会同保险人检验,协商确定修理或者更换的项目、方式、费用。

3. 不赔偿本人

交强险条款的第五条规定,交强险的受害人是指因被保险机动车发生交通事故遭受人身伤亡或者财产损失的人,但不包括被保险机动车本车车上人员、被保险人。因此,交强险只对第三者进行赔偿,而本车车上人员和被保险人并不在第三者的责任范围内,所以交强险不负责赔偿。

(二) 交强险赔偿标准和分项限额

交强险现行的单次有责任赔偿限额标准总计为12.2万元人民币,见表3-3。在12.2万元总责任限额下,实行分项限额,分别为死亡最大赔偿额11万元,医疗最大赔偿1万元,财产损失最大赔偿0.2万元。同时,投保的车主在道路交通事故中无责任时,保险公司也必须支付赔偿,各项限额详见表3-3。

交强险责任限额使用一览表   表3-3

责 任 限 额	有责任方额度 （元）	无责任方额度 （元）	赔 偿 内 容
死亡伤残赔偿限额（保险公司对每次保险事故所有受害人的死亡伤残费用所承担的最高赔偿金额）	110000	11000	丧葬费、死亡补偿费、受害人亲属办理丧葬事宜支出费用的交通费用、残疾赔偿金、残疾辅助器具费、护理费、康复费、交通费、被抚养人生活费、住宿费、误工费、投保险人依照法院判决或调解承担的精神损害抚慰金
医疗费用赔偿限额（保险公司对每次保险事故所有受害人的医疗费用所承担的最高赔偿金额）	10000	1000	医药费、诊疗费,住院费,住院伙食补助费,必要的、合理的后续治疗费、整容费、营养费
财产损失赔偿限额（保险公司对每次保险事故所有受害人的财产损失承担的最高赔偿金额）	2000	100	财产损失费

交强险属社会公益险种,其保额并不是一成不变的,而会随着社会经济情况进行调整。

（三）交强险垫付与拒付的条件

1. 保险公司先垫付理赔费用的条件

实行交强险发生交通事故后，由保险公司先垫付费用。以下四种情况由保险公司先予垫付：

（1）驾驶人未取得驾驶资格的；

（2）驾驶人醉酒驾车的；

（3）被保险机动车在被盗抢期间肇事的；

（4）投保的车主故意制造交通事故的。

对于先予垫付的费用，保险公司有权向致害人追偿。

2. 交强险拒赔与不垫付的条件

（1）受害人故意造成的交通事故的损失；

（2）车主所有的财产和被保险机动车上的财产遭受的损失；

（3）被保险机动车发生交通事故，致使受害人停业、停驶、停电、停水、停气、停产、通信或者网络中断、数据丢失、电压变化等造成的损失以及受害人财产因市场价格变动造成的贬值、修理后因价值降低造成的损失等其他各种间接损失；

（4）因交通事故产生的仲裁或者诉讼费用以及其他相关费用。

二、商业车险的种类和内容

交强险是法律规定的最低保险义务，其用于应对交通事故的经济风险的能力太小。而商业车险是对交强险的有力补充，投保商业车险才能够有效应对交通事故的经济风险。

商业车险是指对机动车辆由于自然灾害或意外事故所造成的人身伤亡或财产损失负赔偿责任的一种商业保险。商业车险为不定值保险，由基本险和附加险构成，其中附加险不能独立参保。基本险和附加险的种类和数量会随着法律法规和市场而变化。

1. 商业车险的基本险

商业车险的基本险（也称为主险），包括第三者责任险、机动车损失险、车上人员责任险和全车盗抢险四个独立的险种。投保人可以选择投保全部或部分险种。其具体内容如下。

（1）第三者责任险。第三者责任险负责赔偿保险车辆因意外事故，致使第三者遭受人身伤亡或财产的直接损失，保险公司依照保险合同的规定给予赔偿。

该险种是对交强险的补充，投保这个险种是非常必要的。发生撞车或撞人的事故，自己的车受损不算，还要花大笔的钱来赔偿他人的损失。现行交强险的赔偿额度几乎不能应对一般程度以上交通事故的损失，因此，投保此险种，就能获得较高的保障。

（2）机动车损失险。机动车损失险是指保险车辆遭受保险责任范围内的自然灾害（不包括地震）或意外事故，造成保险车辆本身损失，保险公司依据保险合同的规定给予赔偿。

该险种是车险中最主要的险种。该险种是车主为自己的车投保的，花钱不多，但能获得很大的保障。若不保该险种，事故后自己车的修理费用则全部由自己承担。

（3）车上人员责任险。车上人员责任险负责赔偿车辆发生意外事故造成车上人员的人身伤亡（包括驾驶人和乘客）和所载货物直接损毁的损失。

如果车主经常自己开车,该险种可不必投保。建议以人寿保险的产品来替代,人寿险种的保障范围和保险费一般都更低更好。如果汽车经常乘载朋友和他人,一旦发生事故,从法律的角度讲,与车主同车的亲戚和朋友即使投保了意外伤害寿险也不能相应减少车主应承担的赔偿责任。这时,最好投保车上责任险。

(4)全车盗抢险。全车盗抢险负责赔偿车辆因被盗窃、抢劫、抢夺造成车辆的全部损失,以及其间由于车辆损坏或车上零部件、附属设备丢失所造成的损失。

车辆投保该险种,丢失后可从保险公司得到车辆实际价值的80%的赔偿。若车主不能提供原车钥匙,则只能得到75%的赔偿。

2. 商业车险的附加险

附加险包括车上货物责任险、玻璃单独破碎险、自燃损失险、新增加设备损失险、车身划痕损失险、发动机涉水损失险、修理期间费用补偿险、精神损害抚慰金责任险,机动车损失保险无法找到第三方特约险,指定修理厂险和不计免赔率特约险等。

(1)车上货物责任险。保险期间,发生意外致使被保险机动车所载货物遭受直接损毁,依法应由被保险人承担的损害赔偿责任,保险公司予以赔偿。

赔偿责任在保险单所载明的保险赔偿限额内计算。每次赔偿均实行20%的绝对免赔率。

(2)玻璃单独破碎险。保险期间,被保险机动车风窗玻璃车窗玻璃单独破碎,由保险公司按实际损失金额赔偿。

该险种指使用过程中发生本车玻璃单独破碎,强调"单独"两字,而如果是其他事故引起的,会在机动车损失险中一并赔偿。

(3)自燃损失险。自燃损失险是负责赔偿保险车辆因本车电器、线路、供油系统、供气系统等被保险机动车自身原因或所载货物因自身原因起火燃烧,造成本车的损失。发生保险事故时,被保险人为防止或减少被保险机动车的损失所支付的必要的、合理的施救费用,由保险人承担。由于外界火灾导致车辆着火,不属于自燃损失险责任范围。

虽然车辆发生自燃的概率相对较小,但自燃往往导致较严重的经济损失,因此,三年以上的车可以考虑投保自燃损失险。

(4)新增加设备损失险。车辆发生车辆损失险范围内的保险事故,造成车上新增设备的直接损毁,由保险公司按实际损失计算赔偿。未投保本险种,新增加的设备的损失保险公司不负赔偿责任。

(5)车身划痕损失险。保险期间内,投保了本附加险的机动车在被保险人或其允许的驾驶人使用过程中,发生无明显碰撞擦痕的车身划痕损失,保险人按照保险合同约定负责赔偿。

本保险的保险金额为2000元、5000元、10000元或20000元,由投保人和保险人在投保时协商确定。在保险金额内,按实际修理费用计算赔偿,每次赔偿实行15%的绝对免赔率,即只赔偿损失总金额的85%。在保险期间内,累计赔款金额达到保险金额,本附加保险责任终止。

(6)发动机涉水损失险。保险期间内,投保了本附加险的被保险机动车在使用过程中,因发动机进水后导致的发动机的直接损失,保险人负责赔偿。

发生保险事故时,被保险人为防止或减少被保险机动车的损失所支付的必要的、合理的施救费用,由保险人承担;施救费用数额在被保险机动车损失赔偿金额以外另行计算,最高不超过保险金额的数额。

本附加险每次赔偿均实行15%的绝对免赔率。

(7)修理期间费用补偿险。保险期间内,投保了本条款的机动车在使用过程中,发生机动车损失保险责任范围内的事故,造成车身损毁,致使被保险机动车停驶,保险人按保险合同约定,在保险金额内向被保险人补偿修理期间费用,作为代步车费用或弥补停驶损失。

保险金额＝补偿天数×日补偿金额。补偿天数和日补偿金额由投保人和保险人在投保时协商确定并在保险合同中载明,约定的补偿天数最高不超过90天。在保险期间内,累计赔款金额达到保险金额,本附加保险责任终止。

(8)精神损失抚慰金责任险。只有在投保了机动车第三者责任险或机动车车上人员责任险的基础上方可投保本附加险。

在投保人仅投保第三者责任险的基础上附加本附加险时,保险人只负责赔偿第三者的精神损害抚慰金;在投保人仅投保车上人员责任险的基础上附加本附加险时,保险人只负责赔偿车上人员的精神损害抚慰金。本附加险每次赔偿实行20%的绝对免赔率。

(9)机动车损失保险无法找到第三方特约险。投保了本附加险后,对于被保险机动车损失应当由第三方负责赔偿,但因无法找到第三方而增加的由被保险人自行承担的免赔金额,保险人负责赔偿。

(10)指定修理厂险。投保了本附加险后,机动车损失保险事故发生后,被保险人可指定修理厂进行修理。

(11)不计免赔率险。投保了任一基本险及其他设置了免赔率的附加险后,均可投保本附加险。

保险事故发生后,按照对应投保的险种约定的免赔率计算的、应当由被保险人自行承担的免赔金额部分,保险人负责赔偿。但在下列情况下,应当由被保险人自行承担的免赔金额,保险人不负责赔偿:

①机动车损失险中应当由第三方负责赔偿而无法找到第三方的;

②因违反安全装载规定而增加的;

③发生机动车全车盗抢险约定的全车损失事故时,被保险人未能提供机动车登记证书、机动车来历凭证的,每缺少一项而增加的;

④机动车损失险中约定的每次事故绝对免赔额;

⑤可附加本条款但未选择本条款的险种约定的;

⑥不可附加本条款的险种约定的。

三、车险投保的基本要求和赔付原则

1.车险投保的基本要求
车险是非常严谨的业务,其法律规定的内容非常细致完善,车主必须明确以下内容。

（1）保险车辆须有合法的行驶证和号牌，并经检验合格，否则保险单无效。

（2）在办理完毕保险手续拿到保险单正本后，应立即核对保险单上列明项目如车牌号、发动机号，查看承保档案是否有错漏，如有错漏应立即提出并更正。

（3）保险卡应随车携带，在保险车辆发生保险事故后，投保的车主应立即通知保险公司；投保的车主索赔时不得有隐瞒事实、伪造材料和制造假案等欺诈行为，否则保险公司会拒绝赔偿。

（4）记住保险的截止日期，提前办理续保可以使投保的车主得到连续的保障。

（5）在交清保险费的同时要得到保险公司统一格式的保险单正本、保险卡和保险费收据；保险卡上要列明出险后需立即拨打的报案电话。

2. 影响车险保费额的因素

车险费用的计算关联到很多方面，主要包括以下内容。

（1）车型、车价等因素影响保费额度。保险公司对车辆的型号、车价都赋予不同的风险数值。汽车价值越高，保险费自然就越高，反之保险费就越低。

（2）受保的项目决定保险费的高低。受保的险种数目不同，最低垫底保险费不同，也会影响保险费高低。

（3）使用汽车的方式导致保险费的差别。使用汽车越多，就意味着发生事故的概率越大。所以，营运车辆与非营运车辆在保险费上有较大的差别。

（4）车主安全驾驶记录影响保险费的优惠幅度。在过去三年内是否有违法驾驶或过去五年内是否在交通事故中有过失，决定了驾驶记录的等级。总之安全行车，没有事故和违法记录，保险费就会降低。

（5）驾驶人的年龄和数量决定保费标准。越是年轻或新上路的驾驶人，发生事故的概率可能越大，因此他们的保费会高一些。而投保车驾驶人的数目增加也影响到保险费。

3. 商业车险投保应遵循的原则

（1）第三者责任险赔付范围。在机动车第三者责任险中，保险公司是"第一者"，原则上把肇事车辆看成第二者，第二者包括投保的车主、其雇用的驾驶人、其允许的驾驶人员以及车上的人员和财产等，同时也包括本车发生事故时的驾驶人及其家庭成员、投保的车主的家庭成员。在此之外的人和物才为第三者。因此，车上的人员如果在事故中受到伤害，或者驾车撞伤自己的亲属，都不属于第三者责任险赔付的范围。车险中保险公司、投保车主和第三者的关系见图3-2。

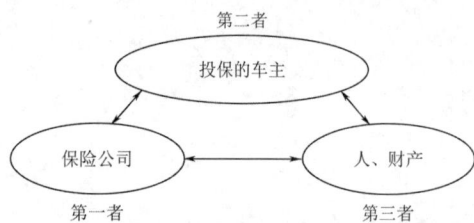

图3-2 车险中保险公司、投保人和第三者的关系

（2）车价决定车辆损失的赔偿额度。车价是计算保险费的基本条件，车价的高低决定保险费的多少，车主不要以为报价高多花保险费，就会获得多赔。其实车价无论报多少，都是按现时该车购置的价格标准按年份折旧赔偿的，所以报高了多交保险费，报低了会赔偿额不足。

《中华人民共和国保险法》规定：保险金额不得超过保险价值，超过保险价值的，超过的部分无效。保险金额低于保险价值的,除合同另有约定外,保险公司按照保险金额与保险价值的比例承担赔偿责任。所以超额投保、不足额投保都不能获得额外的利益。

保险公司车险保额一般是根据新车购置价确定的,而新车的市场价格随市场需求而变化,所以,在每年投保的时候查询一下你所驾驶车型的市场价格,根据当前市场价格投保是节省保险费的合理办法。

(3)保险补偿原则。保险补偿原则是财产保险合同理赔时最明显的原则之一。补偿原则是指投保的车主所获得的赔偿不得超过其所受到的损失,投保的车主不能因保险关系而取得额外利益。因此,如果投保的车主因他人过错遭到损失,在获得保险公司的赔偿后,就不能再向第三者索赔,而应当将向第三者的索赔权转让给保险公司。

但是,法律规定对人身保险可以重复投保,也允许权利人得到多份保险金,而且如果投保的车主因他人过错遭到损失,在获得保险公司的赔偿后,并不影响其再向第三者行使索赔的权利,反之亦是如此。

(4)盗抢险只按折旧价赔偿。由于保险公司在赔偿的时候是根据保险车辆的折旧价、购车发票票面价格以及投保金额的最低价确定赔偿金额的,所以盗抢险的保额,新车和旧车是不同的。新车的保额要按照新车的购置价投保,而旧车的保额要按照车辆的折旧价和购车发票金额的最低金额确定。

四、车险投保的程序

在未领取正式号牌前,车主凭购车发票可购买保险期限为 20 天的《机动车辆提车暂保单》。在领取正式号牌后,购买正式保险。投保程序如下。

1. 合理选择投保险种

车主在办理车险时,应先投保可提供赔偿他人的险种,除交强险外,可考虑商业第三者责任险;其次,再考虑补偿自己损失的险种,按重要性依次考虑机动车损失险、车上人员责任险、盗抢险、玻璃单独破碎险和车身划痕险等。

2. 确认保险单内容

现在的保险公司业务员会代车主填写投保单,车主一定要仔细阅读保险单有关内容,不懂的项目,要仔细询问,待全部弄清之后正确填写。保险单内主要有以下项目。

(1)投保人。投保人指投保单位或个人的名称。单位填写全称,应与公章名称一致;个人填写姓名。投保人名称应与车辆行驶证相符,如因承包等原因,投保人名称与行驶证上的名称不相符时,在投保单上应将两者明确,投保人的名称写在前,行驶证上的名称加括号写在后面。

(2)使用性质。使用性质按营业运输或非营业运输划分并如实填写。营业运输指从事社会运输并收取运费的车辆;非营业运输指机关、团体、企事业单位和家庭自用车辆。如果两者兼有,则按营业运输填写。

(3)车辆损失险保险金额。车辆损失险保险金额是指车主投保车辆的价值。一般按投保车辆在投保当地的市场价格确定,即保险公司根据市场确定的价目承保。

(4)保险期限。保险期限一般为一年,即从签订保单的次日零时起至期满日 24 时止。

也可根据实际情况投保短期保险,费率按短期费率计算。

(5)特别约定。特别约定除投保单内容之外,车主还有其他要求,在车主和保险公司协商后,可在此栏目中注明。

3. 交费并领取保险单和保险证

填完投保单后,车主凭保险费收据办理交费手续,交费后即可领取保险单和保险证,这些单证要随车保存。

五、车险的理赔

保险车辆发生交通责任事故后,如何办理索赔是参保车主最为关心的事情。出现交通事故后首先应及时报案,除了向交通管理部门报案外,还要及时向保险公司报案。一方面让保险公司知道车辆发生了交通事故,另一方面也可以向保险公司咨询如何处理,保险公司会告知车主准备事故证明的各种材料。

1. 车险理赔的一般程序

车险理赔的一般程序是:报案→出险→定损→修理→提交材料→赔付。各环节内容如下:

(1)报案。保险车辆发生交通事故后,车主在向事故发生地交通管理部门报案的同时,应在48h内通知保险公司;对于保险车辆发生单方事故或两辆同在一家保险公司投保足额综合险的车辆发生相互碰撞的事故,参加保险的车主可立即向保险公司报案,由保险公司查勘现场。

如果保险车辆被盗窃、被抢劫或被抢夺后,应在24h内(除不可抗力因素外)向当地公安部门报案,同时在48h内通知保险公司并按保险公司要求履行其他义务。

报案的方式有:电话报案或直接到保险公司或有理赔权的保险代办点报案;本地车辆在外地出险,可以向该公司在当地的保险分公司或支公司报案。

报案需提交的材料内容为保险材料号码、投保的车主名称、车牌号码、事故发生的时间、地点、原因以及造成的损失情况。

(2)填写出险通知书。在保险公司人员指导下,如实填写出险通知书(索赔申请书),投保的车主本人须签字。

(3)定损(核定损失)。因保险事故受损或造成第三者财产损失,在受损车辆或财物修复前,车主切记要与保险公司共同检验受损财物。保险车辆因保险事故受损或致第三者财产损失,修复前投保的车主须会同保险公司共同检验,确定修理项目、方式和费用,否则,保险公司可能会拒绝赔偿或赔偿较少。查勘时,须提交投保的车主身份证原件、保险单原件、行驶证和肇事驾驶人驾驶证原件。

(4)办理索赔所需的手续。非独立的交通事故赔偿必须等交通管理部门的事故认定结束,才能到保险公司办理理赔。保险车辆和受损财物修复后,或交通事故中伤者出院后,投保的车主应带齐车辆或受损财物的《损失评估报告》《定损修理合同》或死伤者的治疗抢救费用凭证、其他费用凭证和有关证明材料,尽快到交通管理部门进行损害赔偿调解,办理交通事故的结案手续。

待上述工作就绪后,应向保险公司提交索赔所必需的材料,办理正式索赔手续。投保的车主在办理正式索赔时,必须向保险公司提交以下几类材料。

①保险单、投保的车主身份证、在审验合格期内的行驶证和肇事驾驶人的驾驶证复印件。

②经保险公司查勘人员确认、投保的车主签字的出险通知书。

③道路交通事故应提供交通管理部门出具的事故责任认定书或简易事故处理书、事故损害赔偿调解书和损失赔偿相关票据。

④非道路交通事故应提供其他有效事故证明。

⑤车辆修理发票/清单和施救发票。

⑥有投保的车主签字(盖章)的赔款收据和委托书(查勘时,由保险公司提供)。

(5)领取保险赔款。按照保险公司的工作流程和工作理赔处理时限,保险公司将赔款理算后知会办理理赔的车主,该车主应在确认赔款后一年内领取赔款。

2. 车险理赔的金额计算

保险车辆在保险期内发生事故,造成本车损失或他人人身或财产损失时,分别按不同情况,根据保险条款中的有关公式计算保险赔偿金额。

(1)保险车辆发生全部损失或推定全损。全部损失是指被保险车辆的整体损毁,或者严重受损,失去了修复价值,保险公司将其推定为全损情况。推定全损是指实际全损已不可避免,或受损货物残值,如果加上施救、整理、修复和续运至目的地的费用之和超过其抵达目的地的价值时,视为推定全损。

①保险金额等于或低于出险时的实际价值,按保险金额计算赔偿,即:

赔款 = (保险金额 – 残值×保险金额/实际价值 – 应由机动车交通事故责任强制保险赔偿金额) × 事故责任比例×(1 – 事故责任免赔率)×(1 – 绝对免赔率)

②保险金额高于出险时的实际价值,按出险时的实际价值计算赔偿,即:

赔款 = (实际价值 – 残值 – 应由机动车交通事故责任强制保险赔偿金额)×事故责任比例× (1 – 事故责任免赔率)×(1 – 绝对免赔率)

实际价值是指新车购置价减去折旧金额后的价格。折旧金额按月计算,不足一个月,不计折旧,最高折旧金额不超过投保时机动车新车购置价格的80%。

折旧金额 = 投保时机动车新车购置价×保险机动车已使用月数×月折旧率

(2)保险车辆发生部分损失。部分损失是指保险车辆受损后,未达到整体损毁或推定全损程度,而只是局部损失的情形。

赔款 = (实际修复费用 – 残值 – 应由机动车交通事故责任强制保险赔偿金额)×保险金额/ 新车购置价×事故责任比例×(1 – 事故责任免赔率)×(1 – 绝对免赔率)

(3)保险车辆发生第三者责任险事故。保险车辆发生事故致使第三者遭受人身伤亡或财产直接损失,依法应由被保险人承担的损害赔偿责任,保险公司根据保险单载明的赔偿限额,对于超过交强险分项赔偿限额以上的部分负责赔偿。

①当被保险人交强险以上应负赔偿金额超过赔偿限额时,则:

赔款 = 赔偿限额×(1 – 免赔率)

②当被保险人交强险以上应负赔偿金额低于赔偿限额时,则:

$$赔款 = 交强险以上应负赔偿金额 \times (1 - 免赔率)$$

六、保险理赔纠纷的处理

保险合同在履行过程中,双方当事人经常会因保险责任归属、赔偿金额的多少而发生争议。应采用适当方式,公平合理地处理。常用方式有协商和解、仲裁和司法诉讼三种。

1. 协商和解

在争议发生后,双方应实事求是、有诚意地进行磋商,彼此作出适当的让步,达成双方都能接受的和解协议。

2. 仲裁

仲裁是由合同双方当事人在争议发生之前或之后达成书面协议,愿意把他们之间的争议交给双方同意的第三者进行裁决,仲裁员以裁判者的身份而不是以调解员的身份对双方争议作出裁决。仲裁组织作为民间机构,是以第三者或中间人的身份,对双方当事人之间的纠纷作出公断,因而没有采取强制措施的权利,对仲裁裁决的强制执行权,属于人民法院。如果仲裁裁决后,保险人拒不履行裁决,可以向保险人所在地的人民法院申请强制执行。

3. 诉讼

诉讼解决保险纠纷,指的是人民法院依法定诉讼程序对于保险纠纷予以审查,在查明事实、分清责任的基础上作出判决或裁定。诉讼解决保险纠纷是人民法院的司法活动,其所作出的法律裁判具有国家强制力,当事人必须予以执行。

复习思考题

1. 简述机动车号牌和行驶证的作用。
2. 简述新车登记注册的程序。
3. 车辆年度检测和审验的类别有哪些?
4. 什么叫汽车保险? 其险种有哪些?
5. 简述汽车保险投保和办理理赔业务的程序。

第四章 新车的使用

学习目标

1. 了解新车的检查内容和启用注意事项;
2. 掌握汽车磨合期的特点、规定和维护要点。

汽车尤其是新车能否做到合理使用,会直接影响其使用寿命。

第一节 新车的检查和启用

一、新车的检查和验收

汽车在出厂时,虽然已按规定进行了检查、验收,但是在运输过程中也有可能造成意外的损伤。为了分清责任,确保汽车安全可靠地行驶,在新车购置后应进行严格的检查和验收。检查和验收的主要内容有以下几个方面。

1.检查随车资料

按照车辆购置合同和车辆使用说明书的规定,对照车辆清单或装箱单进行验收,清点随车工具和附件(如车轮罩和灭火器)等。进口汽车的随车资料主要有进口商检证、说明书和货检单等;国产汽车的随车资料包括出厂证、合格证和说明书等。

检查汽车的发动机号、车架号、产品合格证上的车辆识别代码和出厂日期是否和原车一致,钢印号是否整齐无修改痕迹。

从出厂日期上判别其是否为积压车,了解车辆从产到销的时间。出厂日期是标志该车从生产线上完成装配的日期,如果这个日期和买车的日期比较接近,说明该车较新。

另外,车型、发动机功率和座椅数量等均要求说明书和实物一致。

2.查看轮胎

新车的里程表上显示行驶了 10～20km 是正常的,可以认定是零公里的新车。因为汽车厂家在试车、进出库、装载时要消耗掉一定的里程。

零公里新车的轮胎,即便是轮胎制造过程中产生的细小痕迹以及刺状的突起,也是完全没有磨损的。通过观察轮胎的磨损、底盘的清洁程度和脚踏板可以知道该车是否做过样车。

3. 观察是否漏水漏油

打开发动机罩,观察发动机汽缸体、汽缸盖和油底壳有无润滑油渗漏,散热器周围有无水渍,蓄电池接线柱附近有无污染和锈蚀,空调管路的接口处有无尘土沾黏。

观察转向节附近有无渗油,万向节的防尘套是否完好,减振器周围有无尘粒粘连,减振的橡胶零件有无变形,变速器和驱动桥的外壳是否有渗漏的油迹,或观察地面是否有滴油的痕迹。

4. 检查车门

车门关闭时,若发出沉闷的"砰砰"声,说明车门工艺精湛,密封性良好;若关门时,发出清脆的"啪啪"声,说明车门工艺不好,密封性差。

5. 观察车身

应首先注意发动机罩、行李舱盖以及车门的缝隙是否均匀;边角有无漆瘤或鼓包;线条是否清晰明快。从侧面迎着光线观察,了解车身的弧线是否圆滑,棱线是否笔直。外观有无脱焊、掉漆、锈蚀或剐碰痕迹。

6. 检查车窗、转向盘和仪表板

坐进驾驶室,试试车窗升降是否平顺,角落边缘有无锈迹,座位有无污垢。用手上下晃动转向盘,不应有窜动现象,左右转动转向盘,应有一定自由行程,这个自由行程要符合使用说明书的要求。查看仪表板和仪表装配是否工整,有无歪斜现象。试试工具箱、烟灰缸以及车内其他小装置的开合是否顺畅。

7. 检查脚踏板

静止状态下,检查加速踏板是否反应灵敏;离合器踏板是否过硬过沉;离合器踏板和制动踏板是否有一定的自由行程;踩下制动踏板到极限,有无继续向下的感觉,若有,说明制动油路有问题。三个踏板均应复位迅速,无卡滞现象。

8. 检查电气设备

检查蓄电池的液面高度是否符合规定,蓄电池的正负极接线柱是否洁净。打开起动钥匙的第一挡,仪表板上所有的指示灯应该全亮。油量指针应该有上升的变化。检查灯光时,先打开故障报警开关,此时,所有的灯光均应有节奏地闪动,扳动转向灯开关和雾灯开关,检查灯光是否完好;挂倒挡,倒挡灯应该亮起,踩下制动踏板,制动灯应该亮。

检查刮水器,在中、低、高各速度上应工作正常,喷水器出水畅通。按动喇叭,声音应柔和动听。打开收录机,听音响效果。先开到最小声音,听音响对细小声音的分辨能力;然后,开到最大声音,听听喇叭是否失真。

9. 试车

(1)检查发动机工作情况。重点检查发动机怠速是否平稳、转速表转速是否符合说明书要求,增大节气门开度,听声音是否为由小到大,比较柔和;检查加速性能好坏。

(2)检查底盘工作情况。重点检查转向盘的转向灵敏性和操纵轻便性;检查制动系统的制动效果,紧急制动时是否仍能维持方向的稳定性;检查悬架及其减振器的缓冲减振效果,感觉乘坐是否舒适。

若接收的是在用汽车,应注意检查其装备是否齐全,技术状况是否良好,要注意查收车辆的技术档案和有关技术资料。

二、新车的启用

新购进的汽车,为了能够尽快投入正常的运行,使用前应做好以下几项工作。

(1)对驾驶人和维修工进行技术培训,使驾驶人掌握车辆的使用性能,维修工掌握新车的维修技术要点。

(2)按照制造厂的规定对车辆进行清洁、润滑、紧固、补给和必要的调整。

(3)建立车辆的技术档案。

(4)严格按照技术要求,做好磨合前的维护工作。

(5)在索赔期内,车辆发生损坏,应及时向制造厂提出索赔。为便于因质量问题需要提出索赔,最好不要在索赔期内对车辆进行改装或加装其他附加装置,并做好使用记录,以备查阅。

三、新车的开蜡

汽车制造厂的新车尤其是进口新车,要运输到各地的经销商处进行销售,下线时在新车油漆表面喷涂了一层封漆蜡,以防止运输过程中或露天存放时受到风吹、日晒、雨淋和粉尘、烟雾等的侵蚀而破坏漆面,确保新车达到用户手中时漆膜完好如新。封漆蜡主要含有石蜡、树脂和特氟隆等成分,能对新车表面油漆起到近1年时间的保护作用。但封漆蜡没有光泽,严重影响汽车美观,且易黏附灰尘,因此在新车交付正常使用时要对其进行除蜡处理,称为新车的开蜡。

1.新车开蜡的步骤

(1)车身表面高压清洗。新车开蜡时必须清洗车身表面,否则会影响开蜡水的溶解效果。可用冷水高压清洗机冲洗,除去车身表面的尘土和其他附着物。

(2)喷施开蜡水。车身表面清洗干净后,按照自上而下的顺序在表面均匀地喷上开蜡水,确保每个部位都被溶液覆盖,不要忽视边角缝隙处。等待5~8min,使开蜡水完全渗透进蜡层,快速溶解封漆蜡保护层。

(3)擦除残蜡。当车蜡完全溶解后,用海绵、棉布、毛巾或无纺布擦除车身表面的残蜡。然后用新车专用香波彻底清洗开蜡残液和各种残留污垢。

(4)清洗和擦干车身。使用冷水高压清洗机冲洗车身表面,然后喷上洗车液清洁车身,再用高压水冲净车身,并擦干。

(5)镀膜。车身擦干后,再用新车专用高级水晶镀膜蜡给车身镀上一层抗静电、防老化、防酸雨和防紫外线等的保护膜。

2.新车开蜡应注意的事项

(1)必须使用新车开蜡水进行开蜡,不可使用其他溶剂。

(2)喷施开蜡水时要尽量均匀,确保每个部位都能被覆盖。

(3)仔细检查车身各部,尤其是厂牌、车标内空隙、车门车窗密封橡胶的边条缝等处,如有残留未洗净的蜡迹局部,应重新喷涂开蜡水、重新清洗。

（4）冬季气温较低，开蜡水不易和车身表面上的防护涂层产生化学反应，开蜡比较困难。因此，冬季不宜进行开蜡操作，最好选择气温在20℃以上时进行。

第二节　汽车磨合期的使用

磨合期是指新车或大修后的车辆开始投入运行的最初阶段。此时汽车正处于磨合状态，还不能满足全负荷运行的需要。汽车的磨合期，实质上是为了使汽车向正常使用阶段过渡而进行的磨合过程，通常用行驶里程表示。汽车制造厂均规定了磨合期里程，通常为1000～2500km，也有的进口汽车磨合期为3000km。

一、汽车设置磨合期的意义

1.汽车磨合期的特点

（1）磨损速度快。磨合期内磨损量增长较快的主要原因是：新车或大修竣工的汽车尽管在制造和装配中进行了磨合，但零件的加工表面总是存在着微观和宏观的几何形状偏差，尤其是受力的间隙配合零件间的表面粗糙度尚不适应工作要求。在总成和部件的装配过程中也有一定的允许误差。因此，新配合件摩擦表面的单位压力要比理论计算值大得多。此时，汽车若以全负荷工作，零件摩擦表面的单位压力则很大。润滑油膜被破坏，造成半干或干摩擦。同时由于新装配零件间隙较小，故表面凸凹部分嵌合紧密。相对运动中，在摩擦力的作用下有较多的金属被磨落，进入相配合零件之间后又构成磨料磨损，使磨损加剧。由于间隙小，磨损过程中表面热量增大，使润滑油黏度降低，润滑条件变坏。

（2）油耗量高，经济性差。在磨合期内，由于摩擦阻力加大，且行驶速度控制较低，汽车难以达到经济运行速度，经常在中低负荷下工作，因此油耗量增加，经济性降低。

（3）行驶故障较多。零件或总成加工装配质量存在问题，紧固件松动，或者使用不当，未正确制定和执行磨合规范，都会造成磨合期故障较多，出现拉缸、烧瓦和制动不灵等故障。

（4）润滑油易变质。磨合期内的零件表面比较粗糙，有较多的金属磨屑被润滑油带入发动机油底壳，成为催化剂，使润滑油氧化变质。因此，磨合期对润滑油的更换有较严格的规定，一般行驶500km、1000km和2500km时分别更换油底壳润滑油。如发现润滑油杂质过多或变质严重，应缩短更换里程。

2.汽车磨合期磨合的意义

汽车出厂前虽然按规定进行了磨合处理，但只是不起动状态下的一种磨合，时间很短，不可能产生车辆行驶中磨合的效果。现在零部件的加工精度也较以前提高了，但是零件之间依然难以达到最佳配合状态。

新车之所以要进行磨合，是由于组成汽车的各种零部件尺寸和几何形状都有一定范围的允许偏差，而且零件表面均有不同程度的凹凸不平，相对比较粗糙。另外零件经装配后，其相对位置也不是非常精确，这些都使得新车在使用初期，各摩擦副的摩擦系数加大。如果不注意新车的使用方式，如长期满载、超负荷高速行驶和经常紧急制动等，就会造成汽车上的摩擦副零件之间过度磨损，从而影响汽车在今后使用中的可靠性，导致油耗增加、使用寿命缩短等不良现象产生。

汽车在磨合期经过磨合,可使相互配合零件的摩擦表面进行一次磨合加工,磨去零件表面不平的部分,逐渐形成比较光滑、耐磨而可靠的工作表面,以承受正常的工作负荷。同时,通过磨合可暴露出一些制造或修理中的缺陷,并及时加以消除,使汽车在正常使用阶段时的故障率趋于较低水平。

二、汽车磨合期的规定

汽车磨合期质量取决于零件表面加工精度、装配质量、润滑油品质、运行条件、驾驶技术和正确的维护等。因此,为减少汽车在磨合期内的磨损,延长机件的使用寿命,必须遵循以下规定:减轻载质量、限制行驶速度、选择优质燃料和润滑材料及正确驾驶等。

1. 减轻载质量

汽车载质量的大小直接影响机件寿命,载质量越大,发动机和底盘各部分受力也越大,还会引起润滑条件变坏,影响磨合质量。所以,在磨合期内必须适当地减载,并选择较好的道路限速运行。各型汽车均有减载的具体规定,载质量一般不应超过额定荷载的75%。如货车按照额定载质量减载20%～25%,半挂车按照额定载质量减载25%～50%。汽车在磨合期内禁止拖带挂车或牵引其他机械和车辆。磨合期荷载的规定见表4-1。

磨合期荷载和行驶速度的规定　　　　　　　　表4-1

行驶里程(km)	荷　　　载	各挡行驶速度所对应的发动机转速(r/min)
0～200	空载	不超过额定转速的50%
>200～800	不超过额定荷载的50%	不超过额定转速的50%
>800～1500	不超过额定荷载的75%	不超过额定转速的75%
>1500～2500	满载	不超过额定转速

2. 限制行驶速度

当载质量一定时,行驶速度越高,发动机和传动系统的负荷也越大,因此在磨合期内起步和行驶不允许发动机转速过高。不同类型的汽车,可根据其使用说明书的要求,确定出最高磨合速度。变换挡位时要及时、合理,各挡位应按汽车使用说明书的规定控制车速,通常按照各挡位最大行驶速度降低25%～30%,对应的发动机转速见表4-1。

3. 选择优质燃料和润滑材料

为了防止汽车在磨合期中产生爆燃而加速机件磨损,应采用优质燃料。另外,由于部分机件配合间隙较小,故选用低黏度的优质润滑油可使摩擦工作表面得到良好润滑,应按在磨合期内的维护规定及时更换润滑油。道路试验时,应注意润滑油的压力和温度,有异常情况及时排除。

4. 正确驾驶

在磨合期内,驾驶人必须严格执行驾驶操作规程,保持发动机正常工作温度和润滑油压力,严禁拆除发动机限速装置。

新车初期的磨合效果很大程度上取决于2500km磨合期内的驾驶方式。起动发动机时不要猛踩加速踏板,而应低速运转;待冷却液温度升到50～60℃后,汽车再起步。为减少传动系统机件的冲击,行驶时要正确换挡。

经常注意变速器、驱动桥、轮毂和制动器的温度,尽量避免紧急地、长时间地使用行车制动器。

要注意选择路面,不要在条件恶劣的道路上行驶,以减少振动和冲击。要避免紧急制动、长时间制动和使用发动机制动,而应以适中力度持续、均匀踩制动踏板。

值得注意的是,磨合期间,另一个重要的磨合指标是轮胎。新轮胎也必须经过磨合才能达到最佳附着状态。因此在轮胎使用的最初100km内,汽车应以适中的速度行驶,确保轮胎磨合良好,提高使用寿命。

5. 按规定对汽车进行维护

磨合期技术维护的重点是检查、紧固、调整和润滑等。要特别注意做好日常维护工作,经常检查、紧固各部位的螺栓、螺母等,注意各总成在运行时的温度和声音的变化,并及时进行调整。

三、汽车磨合期的维护

汽车在磨合期实施的维护称为磨合期维护。磨合期的维护一般分为磨合前期、磨合中期和磨合后期的维护。

1. 汽车磨合前期的维护

磨合前期维护是为了防止汽车出现事故和损伤,保证顺利地完成磨合,其主要内容如下。

(1)清洗全车,检查各部位的连接和紧固情况。

(2)检查散热器的存液量,并检查冷却系统各部位有无漏液现象。

(3)检查发动机、空气滤清器、变速器、后桥、转向器、制动器和各种助力器用油的数量和质量,视需要添加或更换,并检查各部位有无漏油现象。

(4)检查变速器各挡位能否正确接合。

(5)检查转向机构各部位有无松旷和发卡现象。

(6)检查电气设备、灯光和仪表工作是否正常,并检查蓄电池电解液密度和液面高度。

(7)检查轮胎气压是否符合标准。

(8)检查制动性(如制动距离和跑偏情况等),如果不符合要求,应查明原因,及时排除故障。

2. 磨合中期的维护

磨合中期的维护是在汽车行驶500km左右时进行的,主要是对个别技术状况开始发生变化的部分进行一次及时的维护,以恢复其良好的技术状态,保证下阶段磨合顺利进行,其主要内容如下。

(1)清洗发动机润滑系统,更换润滑油和滤芯。

(2)润滑全车各润滑点。最初行驶30~40km时,应检查变速器、分动器、驱动桥、轮毂和传动轴等处是否发热或有杂音。如有,应查明原因,予以调整或修理。

(3)检查制动系统的制动性、制动管路和各连接处的密封性,必要时加以调整和紧固。

（4）检查和调整离合器踏板自由行程。

（5）检查并按规定力矩和顺序拧紧汽缸盖和进、排气歧管螺栓、螺母和轮胎螺母。

（6）磨合 500km 左右后,应在热车状态更换发动机润滑油,以免未清洗干净的铁屑、杂物等堵塞油道,刮伤轴瓦。

3. 磨合后期维护

磨合期结束后应结合二级维护对汽车进行全面检查、紧固、调整和润滑作业。只有在汽车达到良好的技术状况后才能投入正常运行,其主要内容如下。

（1）清洗润滑油道和集滤器,更换润滑油的细滤芯。

（2）按规定先中间后四周,由近到远分 2～3 次交叉紧固汽缸盖螺栓。铝质缸盖在发动机冷态时拧紧,铸铁缸盖在发动机走热后,再检查汽缸盖螺栓的紧度,以防螺栓热膨胀后造成汽缸盖密封不良,损坏汽缸盖衬垫。

（3）清洗变速器、驱动桥、转向器,并更换其润滑油。

（4）检查并紧固前后悬架的螺母（满载时进行）。

（5）检查和调整制动系统。

（6）检查和调整离合器踏板的自由行程。

（7）检查、紧固和调整前桥转向机构的技术状况。

（8）按照规定力矩检查传动系统各部位的连接。

（9）检查并紧固车身、车厢各部位的连接,调整车厢栓钩。

汽车在磨合期满后 1000～3000km 里程的运行中,仍应控制车速,发动机仍应尽量避免以很高的转速运转,并且不要满载行驶或在很差的道路上行驶。

复习思考题

1. 新车检查和验收的主要内容有哪些?

2. 新车启用时应注意哪些事项?

3. 什么叫汽车的磨合期?磨合期有哪些特点?

4. 汽车为什么要设置磨合期?有哪些规定?

5. 汽车在磨合期内如何进行维护?

第五章 汽车运输效果和运输成本

学习目标

1. 掌握汽车运输效果的统计指标和运输质量的主要内容;
2. 掌握汽车利用程度的评价指标;
3. 熟悉汽车生产率的评价指标和影响因素;
4. 掌握汽车运输成本的组成。

第一节 汽车运输工作过程和运输工作条件

一、汽车运输工作过程

汽车运输工作过程是指利用汽车或汽车列车运送货物或旅客的工作过程,通过汽车运输,使货物或旅客移动一定距离,即完成运输工作。其主要环节包括:

(1)准备工作阶段:向起运地点提供运输汽车(空车或空位)。

(2)装载工作阶段:在起运地点进行货物装车或旅客上车。

(3)运送工作阶段:在运送路线上由运输汽车运送货物或旅客。

(4)卸载工作阶段:在到达地点卸货或下客。

汽车的运输过程见图 5-1,汽车由停车场 P 点空车开往起运地点 A 准备装货或上客,称为准备工作阶段,这时它完成了一段空行程;在 A 点完成货物装载或上客的过程称为装载工作阶段;装货或上客结束后,把货物或旅客由 A 点运送到 B 点称为运送工作阶段,这时它完成了一段重载行程;B 点将货物卸下或使旅客下车,称为卸载工作阶段。这样,汽车从 P 点出发开始,至到达 B 点卸载完毕,它完成了一次运输工作。完成一个包括准备、装载、运送和卸载四个工作阶段的运输过程即为一个运次。

如果汽车在 B 点卸载完毕后,又空车从 B 点出发开往 C 点装载,之后再将货物或旅客运送至目的地 D 点卸货或下客,也完成了一个运次的运输工作。

如果汽车在 D 点卸载完毕后,又在原地另装货物或旅客,将其运送至目的地 A 点卸货或下客,也完成

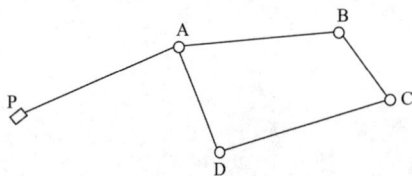

图 5-1 汽车运输过程示意图

了一个运次的运输工作。

如果汽车从起运地点至到达地点间在完成运输工作的中途,为了部分货物的装卸或部分旅客上、下车而停歇,则这一运输过程称为单程或车次。就运输对象而言,单程(车次)由两个或两个以上的运次构成。

如果汽车在完成运输工作过程中,又周期性地返回到第一个运次的起点 A,则该过程称为周转。周转的行车路线习惯上称为循环回路。一个周转可由一个或几个运次组成。

通常把运次、单程(车次)称为基本运输过程,周转称为综合运输过程,即周转可由一次或几次基本运输过程组成。

二、汽车运输效果和运输质量

(一)汽车运输效果统计指标

1. 运量

运量包括货运量和客运量。汽车在每一运输过程中,所运送货物的质量称为货运量,单位为吨(t);所运送旅客的人数称为客运量,单位为人次。

2. 周转量

周转量是指运量与货物或旅客移动的距离之积,单位为 t·km 或人·km。

3. 运输量(或产量)

运输量是汽车运输所完成的运量和周转量的统称。运输量包括运量和周转量两种指标。

4. 单车产量

单车产量是指运输企业在统计期内平均每辆汽车所完成的运量(t 或人次)和周转量(t·km 或人·km)。

5. 车吨(客位)产量

车吨(客位)产量是指运输企业在统计期内平均每个吨位(客位)所完成的周转量,单位为 km。

6. 车日

车日是指运输企业的营运汽车在企业内的保有日数。在统计期内,企业所有营运汽车的车日总数,称为总车日(D);根据汽车的技术状况和工作状况,总车日 D 分为完好车日 D_a 和非完好车日 D_n;完好车日 D_a 包括工作车日 D_d 和待运车日 D_w;非完好车日则包括维修车日 D_m 和待废车日 D_b。由于待运车日、维修车日和待废车日中,汽车均处于非运输工作状态,因而总称为停驶车日 D_p(图5-2)。

$$\text{营运总车日}D\begin{cases}\text{完好车日}D_a\begin{cases}\text{工作车日}D_d\\\text{待运车日}D_w\end{cases}\\\text{非完好车日}D_n\begin{cases}\text{维修车日}D_m\\\text{待废车日}D_b\end{cases}\end{cases}$$

图 5-2　车日的构成

7. 车时

车时是指营运汽车在企业内的保有小时数。企业所有营运汽车的车时总数,等于营运汽车数与其在企业保有日内小时数的乘积。按照汽车的技术状况和工作状况,总车时 T 可分为工作车时 T_d 和停驶车时 T_p。汽车在运输工作中具有行驶和停歇两种状态,所对应的车时分为行驶车时 T_t 和停歇车时 T_s。行驶车时 T_t 包括重车行驶车时 T_{tl} 和空车行驶车时 T_{tv}。

根据引起车辆停歇的原因，停歇车时 T_s 包括装载车时 T_l、卸载车时 T_u、技术故障车时 T_{st} 和组织故障车时 T_{so}。依据导致车辆停驶的具体原因，停驶车时 T_p 可分为维修车时 T_m，待运车时 T_w 和待废车时 T_b。营运总车时的构成见图5-3。

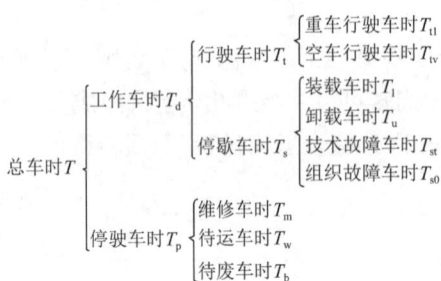

图5-3　营运总车时的构成

（二）汽车运输质量

1. 安全

安全是汽车运输生产的最基本要求。交通运输安全包括运输对象安全和运输工具安全。运输对象安全是指在运输过程中，运输对象在发生位置变化的同时，除了由于不可抗拒的天灾、旅客本身的机能和货物本身的性质而无法防止外，不能使旅客造成心理和生理的损伤，不能改变货物的物理性质（如数量和件数不能减少，不能破损、变形或掺入其他杂质等）和化学性质（如不能受到污染、不能腐败变质等），也不能改变货物的完整性；运输工具安全是指交通运输工具在运行过程中，应保证自身和有关行人、其他交通工具和沿线交通设施的安全。

2. 舒适

对旅客运输而言，舒适是一种重要的运输质量要求，主要指乘客在购票、候车和乘车的过程中身心感到舒适的程度。在整个旅行过程中，旅客承受着由于汽车振动、加减速、噪声、空气污染和活动场所狭小等因素引起的心理上和生理上的不利影响。当汽车的运输能力不足或旅客流波动引起客运需求远大于供给时，还会出现车内拥挤、旅客站立旅行的情况，这不仅恶化了旅行条件，降低了旅客乘坐的舒适性，还有可能威胁旅客的人身安全。

3. 准确

准确包括时间上准确、空间上准确和信息活动准确三个方面。时间上准确是指按照时刻表规定正点运送旅客，或按照货物运输规程中对运到期限的规定，及时送达货物；空间上准确是指运输部门必须按照旅客或货主指定的目的地准确地进行运输，不发生旅客的误乘或货物的误交付等情况。旅客或货物的移动伴随着相关信息的传递活动，信息准确对于旅客出行、货主和运输企业组织运输，起着越来越重要的作用。

4. 迅速

迅速指旅客和货物的运送速度快。在旅客运输中，运送速度越快，旅客在旅途中消耗越小，还能改变人们的生活和工作方式。货物运送速度快，物质在运输过程中的时间越短，资金周转也就越快，还能减少货物的耗损，增强克服物质流通所受到的空间障碍的能力。

5. 经济

良好的经济性是各行各业都重视的内容。运输企业既有商业性又有公益性，运输市场既有宏观调控性又有开放竞争性，运输成本既有内部性又有外部性，因此运价就成为运输管理部门和公众关心的重要方面。采取切实有效的措施促进运输企业降低运输成本，可以降低运价，减轻旅客和货主的负担，更好地促进社会发展和人民生活水平的提高。

6. 便利

便利的含义有狭义和广义之分，狭义的便利是指旅客和货主在办理旅行和运输时方便、简易;广义的便利还包括运输网的四通八达、畅通无阻,旅客和货主的各种需求都能得到充分满足。便利性是衡量运输产品质量的不可缺少的一个方面。

7.清洁

汽车在运输过程中,会对环境产生很大的污染,如排放、噪声和旅客丢弃的物品等。实现清洁运输,是降低运输工作对环境污染的重要途径。如推广使用清洁燃料,减少运输过程中汽车排放产生的有害污染物,降低交通噪声污染;控制或减少散堆货物在装卸和运输过程中的飞扬、飘逸和扩散等;发展无公害、可降解包装材料;妥善处理旅客在旅行过程中产生的各种废弃物,保持车厢内外的整洁。

8.文明

文明服务是使旅客或货主满意的不可缺少的内容,是服务过程中精神需求的品质特性。运输企业为旅客或货主提供文明服务,既符合市场营销的规则,又是社会主义精神文明在运输工作中的体现。文明服务主要体现在候车乘车环境,驾驶人和乘务员的仪表、谈吐以及服务水平,车容车貌等方面。

三、汽车运输工作条件

汽车运输工作离不开一定的环境因素,如运输区域所处的道路状况、季节气候、运送对象、组织技术水平和社会经济活动等。这些环境因素构成了汽车运输的工作条件,从不同的侧面对汽车运输工作的组织和效果、运输企业的经济效益产生重要影响。

1.运输区域道路状况因素

运输区域的道路状况是汽车运输过程的直接影响因素。道路状况是指道路等级、路面质量、公路网完善程度、公路附属设施(如停车场、加油站、信号标志和通信设施等)等因素的状况;交通条件则包括公路的交通流量、立体交通和交通管理水平等因素的状况。

道路状况的好坏不仅对汽车的行驶速度、行车安全、运行材料的消耗、汽车运输服务质量和驾驶人的劳动强度等产生直接影响,而且影响着人们对运输方式的选择和利用。随着我国公路建设速度加快和道路交通条件的改善,由汽车运输完成中长距离运输任务的比例不断上升,汽车运输在我国综合运输体系中的地位不断提高。

2.运输区域季节气候因素

运输区域的季节气候对汽车的使用寿命具有直接影响,同时也严重影响驾驶人的工作条件和运输服务质量。受自然气候条件影响,汽车运输所使用的车辆类型和品种应该与之相适应;同时,汽车运输组织工作也应随自然气候的变化而调整。

3.运输对象特性因素

运输对象的特性主要指货物的种类和特性,客货的流向、流时、流量或运量,客货的运送距离和送达期限等。

(1)货物的种类和特性。货物的种类和特性主要是指货物结构、形状、密度、存在形式和物理属性等。货物种类和特性不同,应选用不同车身结构和性能的车型,以使车厢容量得到充分利用并保证运输服务质量。

(2)客货流向、流时、流量和运距。市内货运运距短、流量大、装卸频繁、道路条件较好,而农村地区道路条件差,经常运输如谷物、蔬菜等农产品;同时,农村货运的运输量均匀性差,季节性强,其运输组织工作应与之相适应。客运主要有市内客运和公路长途客运两种,市区客运中的出租车、面包车应使用方便、乘坐舒适、经济性好、噪声低,而公共汽车则应具备大车厢、大容量、多站位、宽通道、多车门和上下方便等特点;城市间公路运输客车则要求有较高的速度性能和乘坐舒适性能,并具有齐全的辅助设备。这些方面决定了运输车辆的组织方法,也是选择运输车辆类型、容量和车辆卸载方式的依据。

(3)运输到达期限。到达期限是汽车运输必须完成的时间指标。市内运输道路条件好,一般要求到达期限很短;城乡运输多为农产品流转服务,季节性强,时间要求紧迫;城市间运输的特点是定期性、运距长、行驶速度快。运输到达期限是选择运输车辆和确定运输组织方式的重要影响因素。

4. 运输企业的运输组织技术因素

运输组织技术是指运输企业的运输组织水平和技术水平,包括:车辆运行、保管、维护修理制度;工作人员的工作组织和工作制度;装卸作业的机械化程度;运行材料供应和运输企业内部的各项管理工作水平。组织技术条件的好坏,对汽车运输企业的工作业绩、经济效益及其在运输市场上的竞争能力均有直接的影响。

5. 社会制度和经济活动因素

社会制度的微小变化会引起社会经济活动的改变,影响运输生产经营活动的方式和效果。我国在计划经济时期,全国一盘棋,运输经济市场整齐划一,运输企业国有化,生产经营活动依"计划"进行,企业缺之竞争和活力,好控制好把握;当我国进入市场经济时期后,国有企业纷纷解体,私有企业成为市场主体,运输市场被激活,进入活跃时期。并在国家政策的宏观调控下,在一个公平竞争的宏观环境中,独立地依法从事各项经营活动。经济体制的改革为汽车运输企业的生存和发展带来了机遇,同时也带来了挑战。

第二节　汽车利用程度评价指标

汽车的结构、性能和运输工作条件等,在汽车运输过程中,影响着汽车在速度、时间、行程和运载能力等方面的利用程度。

一、速度利用指标

提高汽车的运输速度,充分发挥汽车的速度效能是提高汽车运输效果的重要方面,在相同的运行时间和运载条件下,汽车的运输生产量主要取决于汽车的速度。

(一)评价汽车速度利用程度的指标

评价汽车速度利用程度的指标主要有汽车的技术速度、营运速度、运送速度和平均车日行程四项指标。

1. 汽车的技术速度

技术速度 v_t 是指汽车在行驶车时内的平均速度,用汽车驶过的距离 L(km)和汽车行驶车时 T_t(h)的比值表示。

$$v_t = \frac{L}{T_t} \quad (\text{km/h}) \tag{5-1}$$

汽车技术速度的主要影响因素有汽车结构、汽车性能、道路交通状况、驾驶技术、气候条件和运输组织水平等。

2. 汽车的营运速度

营运速度 v_d 是指汽车在工作车时内的平均速度,用汽车驶过的距离 $L(\text{km})$ 和汽车工作车时 $T_d(\text{h})$ 的比值表示。

$$v_d = \frac{L}{T_d} = \frac{L}{T_t + T_s} \quad (\text{km/h}) \tag{5-2}$$

营运速度的主要影响因素有汽车的技术速度、运输距离、运输组织和装卸机械化水平等。

3. 汽车的运送速度

运送速度 v_c 是指汽车运送货物或旅客的平均行驶速度,反映客、货运送的快慢,用汽车驶过的距离 $L(\text{km})$ 和汽车运送时间 $T_c(\text{h})$ 的比值表示。

$$v_c = \frac{L}{T_c} \quad (\text{km/h}) \tag{5-3}$$

运送时间也称为在途时间。乘客的运送时间包括汽车在途中的行驶时间和途中乘客上、下车的停歇时间,但不包括汽车在起点站和终点站等待上、下旅客的时间;货运则不包括起运地点和到达地点的装卸货停歇时间。

运送速度的主要影响因素有汽车技术速度、运输组织、途中旅客乘车秩序或货物紧固和包装状况等。

4. 平均车日行程

平均车日行程 $\bar{L}_d$ 是指统计期内平均每一个工作车日汽车所行驶的里程,用汽车在统计期工作车日内的总行程 $\sum L(\text{km})$ 和工作车日 D_d(车日)的比值表示。

$$\bar{L}_d = \frac{\sum L}{D_d} \quad (\text{km/车日}) \tag{5-4}$$

平均车日行程的主要影响因素有汽车的技术速度和汽车的时间利用程度。

(二)提高汽车技术速度的途径

从以上分析可以看出:汽车的技术速度是影响汽车速度利用程度的主要因素,因此要提高汽车的速度利用程度,关键在于提高汽车的技术速度。

1. 提高汽车的技术性能和技术状况

要提高汽车的技术速度首先要有性能良好的汽车。一种途径是汽车制造厂家提供速度快、加速性能好且安全可靠的汽车;另一种途径是合理使用汽车,及时对汽车进行维护,采用先进的检测诊断技术,提高维修质量。只有保持汽车良好的技术状况才能充分发挥汽车的速度性能,提高汽车的平均技术速度。

2. 加快公路建设,提高道路质量,改善交通条件

加快公路建设,提高道路质量,改善交通条件是提高车辆技术速度的重要途径。加快高

速公路和高等级公路的建设、提高道路质量、改善道路交通条件和交通状况可以为充分发挥汽车的速度性能创造条件。

3. 提高驾驶人的素质和操作技能

注意驾驶人的培训和教育，提高驾驶人的自身素质和驾驶技能，使驾驶人在行车中始终有良好的身体和精神状态，同时具有熟练的驾驶技术。这样才能在确保安全的情况下，提高汽车的技术速度。

合理组织运输和改进交通管理手段等也是提高汽车技术速度的有效途径。

二、时间利用指标

提高汽车的时间利用率，也就是增加汽车参加运输工作的时间，这是提高汽车运用效率的重要方面之一。为了评价汽车的时间利用率的高低，各国汽车运输业都设置了一些技术经济指标。我国汽车运输业用来评价汽车时间利用程度的常用指标有完好率、工作率和车时利用率等。

1. 完好率

汽车的完好率 α_a 是指统计期内运输企业营运汽车的完好车日 D_a 和总车日 D 之比，反映了运输过程中对营运汽车总车日利用的最大可能性。

$$\alpha_a = \frac{D_a}{D} \times 100\% \qquad (5\text{-}5)$$

完好车日是指营运汽车在统计期内技术状况完好、不需要进行维修就可以随时出车执行运输任务的营运车辆的车日累计。

对应的非完好车日是指统计期内需要进行维护、修理或正在进行维修以及申请报废等待审批的营运汽车所占的车日。

总车日是指统计期内每天实际保有的营运汽车数的累计，用营运汽车数和统计期天数的乘积表示，也等于完好车日和非完好车日之和。

汽车完好率的影响因素有汽车的技术性能、汽车的使用合理性、汽车的维修组织、汽车的维修质量和处理报废汽车的及时性等。

2. 工作率

汽车的工作率 α_d 是指统计期内企业营运汽车的工作车日 D_d 和总车日 D 之比，反映了运输过程中对营运汽车总车日的实际利用程度。

$$\alpha_d = \frac{D_d}{D} \times 100\% \qquad (5\text{-}6)$$

工作车日就是在完好车日中，实际参加营运工作的车日。一般情况下，一辆车出车一天，叫做一个工作车日，并且一天内只要出车工作过，不论时间长短，都计为一个工作车日。

停驶车日是指在完好车日中，由于缺少燃料或驾驶人、缺乏货源、道路堵塞或气候条件不好等原因而造成汽车停驶的车日。

汽车工作率的影响因素有汽车完好率、气候条件、道路交通条件、运输工作的组织和管理水平等。

3. 总车时利用率

汽车的总车时利用率 ρ 是指统计期内,营运汽车工作车日内的工作车时 T_d 和总车时之比,反映了汽车工作车日中出车时间所占的比例。

$$\rho = \frac{T_d}{24D_d} \times 100\% \tag{5-7}$$

单辆汽车在一个工作日内总车时利用率为:

$$\rho = \frac{T_d}{24} \times 100\% \tag{5-8}$$

汽车总车时利用率的主要影响因素是运输工作的组织管理水平,合理组织、合理调度资源和采用多班制等均可提高汽车的总车时利用率。

4. 工作车时利用率

汽车的工作车时利用率 δ 是指统计期内营运汽车在运输过程中的行驶车时 T_t 和工作车时 T_d 之比,反映了汽车行驶所用时间占工作时间的比例。

$$\delta = \frac{T_t}{T_d} \times 100\% = \frac{T_d - T_s}{T_d} \times 100\% \tag{5-9}$$

汽车工作车时利用率的主要影响因素有运输工作组织水平和装卸机械化水平。

三、行程利用指标

汽车的行程利用指标也称行程利用率 β,是指统计期内汽车的重车行程 L_1(km)和总行程 L(km)的比值,反映了汽车总行程的有效利用程度。

$$\beta = \frac{L_1}{L} \times 100\% \tag{5-10}$$

总行程等于重车行程和空车行程之和。空车行程包括空载行程和调空行程;空载行程是指由卸载地点空驶至下一个装载地点的行程;调空行程是指由停车场(库)空驶至装载地点,或由最后一个卸载地点空驶回停车场(库)以及空车开往加油站、维修地点进行加油、维修的行程。

提高汽车的行程利用指标,是提高运输工作生产率和降低运输成本的有效措施。这是因为,尽管可以通过汽车的时间和速度利用指标的提高使汽车的行驶里程增加,但汽车运输的最终目的是运送货物或旅客。

行程利用指标的主要影响因素有客、货源及运送目的地分布、运输组织和汽车对不同运输对象的适应能力等。

四、载质量(客位)利用指标

载质量(客位)利用指标用于反映汽车载货(客)能力的有效利用程度,常用的指标有载重量(客位)利用率和实载率。

1. 载质量(客位)利用率

载质量(客位)利用率是指汽车实际完成的运输周转量和汽车在重车行程额定载质量

59

（客位）得以充分利用时所能完成的运输周转量之比，表示汽车在重车行程额定载质量（客位）的利用程度。

$$\gamma = \frac{\sum P}{\sum P_0} \times 100\% = \frac{\sum(q \cdot L_1)}{\sum(q_0 \cdot L_1)} \times 100\% \tag{5-11}$$

式中：$\sum P$——统计期内，实际完成的运输周转量之和（t·km 或人·km）；

　　　$\sum P_0$——统计期内，重车行程汽车额定载质量（客位）充分利用时所能完成的运输周转量（t·km 或人·km）；

　　　q——汽车的实际载质量（客位）（t 或人）；

　　　q_0——汽车的额定载质量（客位）（t 或人）。

一个运次中，重车行程 L_1 为固定值。因此：

$$\gamma = \frac{q}{q_0} \times 100\% \tag{5-12}$$

影响载质量（客位）利用率的主要因素有货（客）流特性、运距、汽车容量、汽车对运输任务的适应性和运输组织水平等。

2. 实载率

实载率 ε 是指车辆实际完成的运输周转量和汽车在总行程中载质量（客位）得以充分利用时所能完成的运输周转量之比，表示汽车在总行程中额定载质量（客位）的利用程度。

$$\varepsilon = \frac{\sum(q \cdot L_1)}{\sum(q_0 \cdot L)} \times 100\% \tag{5-13}$$

注意到 $L = L_1/\beta$，则：

$$\varepsilon = \frac{\beta \sum(q \cdot L_1)}{\sum(q_0 \cdot L_1)} \times 100\% = \gamma \times \beta \tag{5-14}$$

由此可见，实载率综合反映了车辆行程利用率和载质量（客位）利用率对运输过程的影响。汽车利用程度的单项评价指标见表 5-1。

汽车的利用程度单项指标　　　　　　　　　　表 5-1

分　类	单项指标	符　号
速度利用指标	技术速度	v_t
	营运速度	v_d
	运送速度	v_c
	平均车日行程	$\bar{L}_d$
时间利用指标	完好率	α_a
	工作率	α_d
	总车时利用率	ρ
	工作时间利用率	δ
行程利用指标	行程利用率	β
载质量（客位）利用指标	载质量（客位）利用率	γ
	实载率	ε

从以上指标中可以看出影响汽车运用效率的因素，除了汽车的性能、道路和气候条件

外,主要是汽车在时间、速度、行程和运载能力方面的利用程度。只要提高汽车在这些方面的利用程度,就可以提高汽车的运用效率。

第三节　汽车运输生产率

汽车运输过程中的时间、速度、行程和装载质量等的利用程度直接受到汽车的结构、汽车的性能、自然气候、道路交通、运输条件和组织条件等的影响,这些条件综合作用决定了汽车运输生产效率的高低。评价汽车运输生产效率的指标是汽车的运输生产率,提高运输生产率是汽车运输企业的基本任务之一。

运输生产率是指单位时间内运输汽车所完成的产量。单位时间可采用小时、日、月、年等不同统计时间;产量可采用货(客)运量或周转量、出租汽车客运的收费里程或收费停歇时间等;运输汽车则可根据统计计算目的采用单车或车组、车队、企业的全部汽车,也可采用汽车的一个吨位或客位。对以上进行不同组合,可得若干汽车运输生产率的计量单位。

例如,平均车时产量、平均日产量、车吨(客)位月产量、单车年产量、企业年产量等。根据单位时间的性质不同,还可分为工作生产率和总生产率,前者是指单位工作车时完成的产量,后者是指单位总车时完成的产量。按运输方式的不同,运输生产率还可分为载货汽车运输生产率、载客汽车运输生产率和出租汽车运输生产率等。

一、载货汽车运输生产率

1. 工作生产率

载货汽车工作生产率是指平均每工作车时汽车所完成的货运量或周转量,用以评价汽车在工作时间内的生产效率。

一般情况下,载货汽车的运输工作是以运次为基本运输过程进行组织的。一个运次内的货运量 $Q_c(t)$ 和周转量 $P_c(t)$ 分别为:

$$Q_c = q_0 \cdot \gamma \qquad (5-15)$$

$$P_c = Q_c \cdot L_1 = q_0 \cdot \gamma \cdot L_1 \qquad (5-16)$$

式中: L_1 ——平均到一个运次的载重行程(km)。

完成一个运次的工作车时 T_d 为完成该运次的行驶车时 T_t(h)和停歇车时 T_s(h)之和。其中,汽车在一个运次中的停歇车时主要包括装卸货物而停歇的车时,即

$$T_d = T_t + T_s = L_1/(\beta \cdot v_t) + T_s \qquad (5-17)$$

单位工作车时完成的货运量 W_q(t/h)和周转量 W_p(t·km/h)分别为:

$$W_q = \frac{Q_c}{T_d} = \frac{q_0 \cdot \gamma}{L_1/(\beta \cdot v_t) + T_s} \qquad (5-18)$$

$$W_p = \frac{P_c}{T_d} = \frac{q_0 \cdot \gamma \cdot L_1}{L_1/(\beta \cdot v_t) + T_s} \qquad (5-19)$$

由式(5-19)可以画出货运汽车周转量和汽车的技术速度 v_t、行程利用率 β、载质量 q_0 和停歇车时 T_s 之间的关系曲线，见图5-4和图5-5。

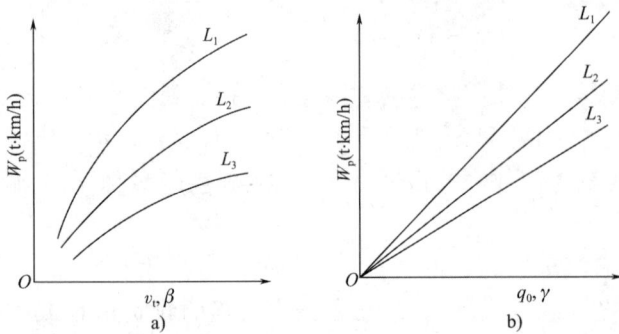

图5-4 技术速度、行程利用率和载质量对货运汽车周转量的影响
a)技术速度 v_t 和行程利用率 β 的影响;b)载质量利用率 γ 和载质量 q_0 的影响
L-总行程，$L_1 > L_2 > L_3$

图5-5 停歇车时对货运汽车
周转量的影响

从图5-4中可以看出，在总行程一定时，随着技术速度、行程利用率和载质量的提高，周转量增大，汽车的运输生产率提高。总行程越长，这三个因素对周转量的作用越明显。

从图5-5中可以看出，在总行程一定时，停歇车时越长，货运周转量越小，汽车运输生产率也就越低。总行程越短，停歇车时对周转量的影响越明显。

2.总生产率

载货汽车总生产率是指平均每总车时(在册车时)汽车所完成的货运量或周转量，用于评价汽车在企业在册时间内的生产效率和运用效果。在统计期平均每一总车时内，汽车在线路上的实际工作车时 T'_d 为：

$$T'_d = \frac{D_d \cdot T_d}{24D} = \frac{D_d}{D} \cdot \frac{T_d}{24} = \alpha_d \cdot \rho \tag{5-20}$$

因此，载货汽车每一总车时完成的货运量 $W'_q(t/h)$ 和周转量 $W'_p(t \cdot km/h)$ 分别为：

$$W'_q = \alpha_d \cdot \rho \cdot W_q \quad (t/h) \tag{5-21}$$

$$W'_p = \alpha_d \cdot \rho \cdot W_p \quad (t \cdot km/h) \tag{5-22}$$

二、载客汽车运输生产率

1.工作生产率

客运汽车的工作生产率是指平均每工作车时汽车所完成的客运量或周转量，用于评价客运汽车在线路上工作时间内的利用效果。

汽车客运含市内公共汽车客运和公路客运两类，一般以单程为基本运输过程进行组织，其共同特点是在一个单程内，乘客在沿途各停车站上、下车而使汽车在各路段的实际载客人数有所不同。在一个单程内，汽车实际完成的客运量 Q_n(人次)和周转量 P_n(人·km)分别为：

$$Q_n = q_0 \cdot \gamma \cdot \eta_a \quad (人次) \tag{5-23}$$

$$P_n = Q_n \cdot \overline{L}_p \quad (人 \cdot km) \tag{5-24}$$

式中：γ——满载额；

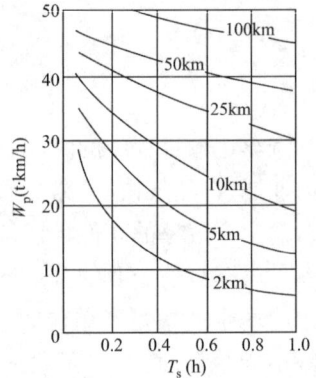

q_0——额定载客人数(人);

η_a——乘客交替系数;

$\bar{L}_p$——平均运距(km)。

平均运距$\bar{L}_p$是指统计期内所有乘客的平均乘车距离;乘客交替系数η_a是指在一个单程内,各路段平均载客客位中,每客位实际运送的乘客人数,以单程的路线长度L_n和平均运距$\bar{L}_p$之比表示:

$$\eta_a = L_n / \bar{L}_p \tag{5-25}$$

客运汽车完成一个单程的工作车时T_d(h)包括行驶车时T_t(h)和在沿途各站的停歇车时T_s(h):

$$T_d = T_t + T_s = \frac{L_n}{\beta \cdot v_t} + T_s \tag{5-26}$$

这样,客运汽车平均每工作小时完成的客运量W_q和周转量W_p分别为:

$$W_q = \frac{Q_n}{T_d} = \frac{q_0 \cdot \gamma \cdot \eta_a}{L_n/(\beta \cdot v_t) + T_s} \tag{5-27}$$

$$W_p = \frac{P_n}{T_d} = \frac{q_0 \cdot \gamma \cdot \eta_a \cdot \bar{L}_p}{L_n/(\beta \cdot v_t) + T_s} = \frac{q_0 \cdot \gamma \cdot L_n}{L_n/(\beta \cdot v_t) + T_s} \tag{5-28}$$

比较客、货运生产率计算公式,以每小时运量为单位的客运生产率公式中多了一项乘客交替系数,这是由客运以单程为基本运输过程,乘客在沿途时有上、下车这一特点决定的。以每小时周转量为单位的客运生产率公式和货运生产率公式在形式上一致,但各影响因素的含义因运送对象的不同而有差异。

实际上,在货运中也有以单程为基本运输过程的运输形式,如邮件和其他小批货物的分发和集中。此时,以每小时货运量为单位(t/h)的生产率公式和以每小时客运量为单位(人次/h)的客运生产率公式相似。

2.总生产率

客运汽车总生产率是指单位总车时内汽车所完成的客运量W_q'(人次/h)和周转量W_p'(人·km/h)。其总生产率公式的推导过程和货运汽车总生产率的推导过程类似,所得客运总生产率计算公式和货运汽车总生产率计算公式在形式上完全一致。但各因素的含义有所不同,并应采用相应不同的单位。

三、出租汽车运输生产率

1.工作生产率

出租汽车客运一般按运次为基本运输过程组织,每运次所用时间包括:收费里程L_g(km)的行驶时间,不收费里程L_n(km)行驶时间,收费停歇时间T_g(h)和不收费停歇时间T_n(h)。出租汽车的工作车时T_d(h)为:

$$T_d = \frac{L_g + L_n}{v_t} + T_g + T_n \quad (h) \tag{5-29}$$

出租汽车的行程利用率β(也称收费行程系数)定义为收费行程L_g和总行程L之比,表明出租汽车总行程的利用程度。

$$\beta = \frac{L_g}{L} = \frac{L_g}{L_g + L_n} \qquad (5-30)$$

因此，T_d 可表示为：

$$T_d = \frac{L_g}{\beta \cdot v_t} + T_g + T_n \qquad (h) \qquad (5-31)$$

出租汽车单位工作时间内完成的收费行程 $W_1(km/h)$ 和收费停歇时间 $W_t(h/h)$ 分别为：

$$W_1 = \frac{L_g}{T_d} = \frac{L_g}{L_g / (\beta \cdot v_t) + T_g + T_n} \qquad (km/h) \qquad (5-32)$$

$$W_t = \frac{T_g}{T_d} = \frac{T_g}{L_g / (\beta \cdot v_t) + T_g + T_n} \qquad (h/h) \qquad (5-33)$$

2. 总生产率

出租汽车客运的总生产率是指单位总车时内完成的收费行程 $W'_1(km/h)$ 和收费停歇时间 $W'_t(h/h)$，参照汽车货运总生产率计算公式的确定方法，可得：

$$W'_1 = \alpha_d \cdot \rho \cdot W_1 \qquad (5-34)$$

$$W'_t = \alpha_d \cdot \rho \cdot W_t \qquad (5-35)$$

四、使用因素对汽车运输生产率的影响

以上各公式建立了反映汽车运输工作效率的综合指标——汽车运输生产率和反映汽车利用程度的有关单项指标之间的关系。这些单项指标称为对汽车运输生产率有影响的使用因素。公式不仅提供了汽车运输生产率的计算方法，而且说明可提高生产率的有效途径。在汽车运输实践中，通过对各使用因素对生产率的影响特性和影响的分析研究，并据此优化各使用因素的状态，以使汽车运输生产率得以提高。

绘制并分析生产率特性图是分析各使用因素对生产率的影响特性，并确定应优先改进哪个使用因素对提高生产率最为有利的有效方法。特性图的绘制过程如下：

根据汽车运输生产率计算公式逐一分析各使用因素和生产率间的关系。当分析某一使用因素对生产率的影响时，将其看做变量，而将其他使用因素看成常量。若作为常量的使用因素的当前数值已知，就可在坐标图上绘出所分析的使用因素和生产率之间的关系曲线。重复以上过程，可逐一绘出各使用因素和生产率之间关系的一组曲线。绘制时，通常以纵坐标表示生产率，横坐标分别表示各使用因素。将一组曲线叠加绘制在一张坐标图上，即为汽车运输生产率特性图，如图 5-6 所示为以运量为单位的汽车货运生产率特性图。

图 5-6 中，直线 A—A 表示当前的生产率，直线 B—B 表示所希望实现的生产率目标；直线 A—A 和某曲线的交点对应的横坐标值代表相应使用因素的当前值，直线 B—B 和某曲线的交点对应的横坐标值表示在其他使用因素不变的前提下，为实现生产率目标所研究的使用因素应达到的值。这就为确定提高汽车运输生产率的措施提供了依据。

从图 5-6 中可以看出：各单项指标因素对汽车生产率影响程度的大小顺序为：实际载质

量(%)、载质量利用率 γ、行程利用率 β 和技术速度 v_t 等。因此提高载质量利用率是提高生产率最有效的途径。

随着载质量(q_0)的增加、汽车技术速度 v_t 下降、停歇车时 T_s 增长，汽车运输生产率增长幅度发生变化。在汽车核定吨位既定的情况下，影响载重能力的因素是多方面，例如货源货流条件、货运类别、汽车类别、集装箱类型、装车方式、集装箱配载技术和车货间的适应程度等。因此，以车配货，不断提高装载技术和汽车调配水平，有利于提高汽车吨位利用率。

汽车运输过程中的货物装卸工作是进行运输生产活动的重要环节，停歇车时 T_s 的长短对汽车生产率有很大的影响。停歇时间越长，汽车生产率越低，在短途运输时影响更为明显。因此缩短停歇车时有利于提高生产率。一方面，应努力提高装卸作业效率，尽可能降低停歇作业；另一方面，尽量避免或减少非装卸作业的停歇时间。

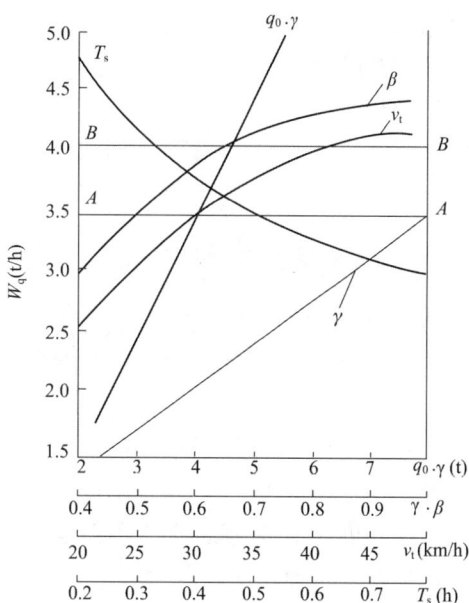

图 5-6　汽车货运生产率特性图

行程利用率 β 增加，汽车在工作时间内的载重行程随之增加，汽车生产率提高。可以采用下列措施提高行程利用率 β：做好货源的调查工作，组织好回程货源，合理编制运输作业计划，选择合理的行驶路线，合理调度汽车；根据运货点的分布情况，合理规划汽车维护场所、加油站的位置和采用多班制运输；实行在线路上交接班，减少调空行程。

技术速度对生产率和行程利用率有同样的影响。要提高汽车的技术速度，汽车必须具有良好的动力性，驾驶人应具有良好的驾驶技术。

第四节　汽车运输成本

汽车的运输成本是公路运输企业为完成客货运输任务所消耗的活劳动和物化劳动的综合，不断降低汽车运输成本是增加企业利润的基础。在汽车运输生产过程中，汽车运输生产力的高低、汽车维修质量的好坏、运输组织水平的高低、人力和物资的节约或浪费、运输服务质量的好坏，最终都以货币形式反映到成本指标上来，影响着汽车运输成本的大小，决定着汽车运输利润的高低。因此在保证汽车运输服务质量的前提下，不断降低运输成本，对于运输企业的生存和发展起着至关重要的作用。

一、汽车运输费用

汽车运输的全部费用，按照其与汽车运行和产量的关系，可分为变动费用(C_c)、固定费用(C_f)和装卸费用(C_s)三项。其中，各运输企业在确定成本时，装卸费用实行单独核算，故汽车运输费用主要考虑变动费用和固定费用。

汽车的变动费用 C_c（元/km）也称为汽车运行费用，是指和汽车行驶有直接关系的费用，通常按照每千米行程消耗的费用计算，包括燃料费、汽车检测维修费、通行费、过渡费和其他与汽车行驶有关的费用。

固定费用 C_f（元/h）也称为企业管理费用，是指和汽车行驶无直接关系的费用，即不论汽车行驶与否，企业总要支付的费用，通常按照汽车每在册车时或车日所消耗的费用计算，包括汽车保险费、汽车折旧费、职工工资和奖金、行政办公费、水电费、房屋维修费、职工培训费、宣传费和固定设施折旧费等，出租车还包括运营证权证费。

二、汽车运输成本

汽车的运输成本是指完成单位运输工作量所支付的费用。汽车的运输成本和运输费用相对应，分为变动成本和固定成本两项，即汽车运输成本 S 等于变动成本 S_c 和固定成本 S_f 之和：

$$S = S_c + S_f \tag{5-36}$$

式中：S——运输成本，统计期内单位运输量的运输费用；

S_c——变动成本，统计期内单位运输量的变动费用；

S_f——固定成本，统计期内单位运输量的固定费用。

1. 货运汽车的运输成本

货运汽车的运输成本 S（元/t·km）可表示为每吨公里货物周转量的变动费用 S_c（元/t·km）和固定费用 S_f（元/t·km）之和，S_c 和 S_f 则分别采用公式（5-37）和式（5-38）计算。

$$S_c = \frac{v_d \cdot C_c}{W_p} \quad （元/t·km） \tag{5-37}$$

$$S_f = \frac{C_f}{W_p} \quad （元/t·km） \tag{5-38}$$

式中：v_d——汽车的营运速度（km/h）；

C_c——折算到汽车每公里行程的变动费用（元/km）；

W_p——汽车的工作生产率（t·km/h）；

C_f——折算到汽车每工作车时的固定费用（元/km）。

v_d 可表示为：

$$v_d = \frac{L}{T} = \frac{L_1/\beta}{L_1/(\beta \cdot v_t) + T_s} = \frac{L_1 \cdot v_t}{L_1 + \beta v_t T_s} \quad （km/h） \tag{5-39}$$

利用营运速度 v_d 和货运生产率 W_p 的计算公式，可以得到货运汽车运输成本 S_g 的表达式为：

$$S_g = \frac{1}{q_0 \cdot \gamma \cdot \beta} \left[C_c + \frac{C_f(L_1 + \beta \cdot v_t \cdot T_s)}{v_t \cdot L_1} \right] \quad （元/t·km） \tag{5-40}$$

2. 客运汽车的运输成本

用与上述计算货运汽车运输成本相类似的方法，可以求得客运汽车运输成本 S_b 的计算公式为：

$$S_b = \frac{1}{q_0 \cdot \gamma \cdot \beta} \left[C_c + \frac{C_f(L_n + \beta \cdot v_t \cdot T_s)}{v_t \cdot L_n} \right] \quad （元/t·km） \tag{5-41}$$

---

3. 出租客运汽车的运输成本

对于出租客运汽车,其运输成本可以按照每公里收费里程和每小时收费停歇时间来确定。折算到每公里收费里程的变动费用 S_c(元/km)和固定费用 S_f(元/km)分别为:

$$S_c = \frac{C_c}{\beta} \qquad (元/km) \tag{5-42}$$

$$S_f = \frac{C_f}{\beta v_d} \qquad (元/km) \tag{5-43}$$

式中:C_c——出租汽车每公里行程的变动费用(元/km);

　C_f——出租汽车单位工作车时的变动费用(元/h)。

v_d 可表示为:

$$v_d = \frac{L}{T_d} = \frac{L_g \cdot v_t}{L_g + (T_g + T_n) \cdot \beta \cdot v_t} \qquad (km/h) \tag{5-44}$$

由此可以计算出以单位收费里程表示的出租客运汽车运输成本 S_l(元/km)为:

$$S_l = \frac{1}{\beta} \left\{ C_c + \frac{C_f[L_g + \beta \cdot v_t \cdot (T_g + T_n)]}{v_t \cdot L_g} \right\} \qquad (元/km) \tag{5-45}$$

出租汽车按照每小时收费停歇时间的运输成本计算公式推导过程同上。

三、使用因素对汽车运输成本的影响

上述各公式不仅可以用于计算汽车的运输成本,从公式中还可以发现汽车运输成本和汽车运输使用因素之间的关系。通过分析各使用因素对汽车运输成本的影响,可以确定降低汽车运输成本的有效措施。按照和绘制汽车生产率特性图相同的方法绘制汽车运输成本特性图,见图5-7。

图5-7中,直线 A—A 表示当前运输成本的值,直线 B—B 表示所希望实现的运输成本的值;直线 A—A 和某曲线的交点对应的横坐标值代表相应使用因素的当前值,直线 B—B 和某曲线的交点对应的横坐标值表示在其他使用因素不变的前提下,为实现运输成本目标所研究的使用因素应达到的值。这就为确定降低汽车运输成本的措施提供了依据。

从图5-7中可以看出:各使用因素对运输成本的影响程度按照以下顺序由大到小排列:载质量利用率 γ、行程利用率 β、停歇车时 T_s 和汽车技术速度 v_t 等。

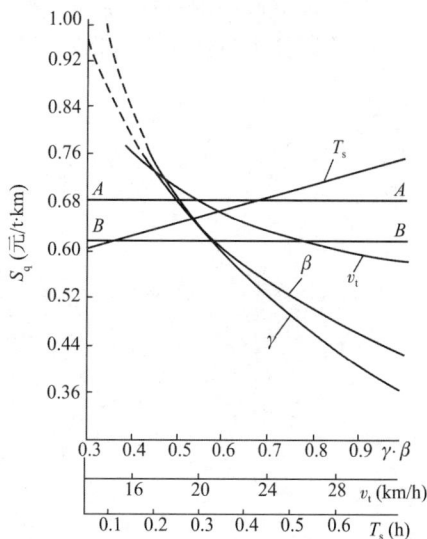

图5-7　汽车运输成本特性图

从图5-7中分析可以知道:提高载质量利用率 γ 和行程利用率 β 比缩短停歇车时 T_s 更能够降低运输成本,是降低运输成本的最为有效的措施。

四、降低汽车运输成本的途径

除上述使用因素外,还有很多影响汽车运输成本的因素,如组织措施、工作方法、技术设

备因素、汽车运输道路和气候条件等。因此,降低汽车运输成本的主要途径有:

(1)提高公路等级。这是降低汽车运输成本的有效途径。

(2)提高汽车的技术性能,大力发展大吨(座)位汽车,是降低汽车运输成本的有力措施。

(3)改善经营管理是降低汽车运输成本的重要途径。如提高劳动生产率,力求以最少的人力消耗完成最多的运输任务;优化运输生产结构、提高运输效率,充分发挥汽车运用的效能;强化经营管理,节约各项物质消耗;大力开展技术革新,逐步采用先进技术,提高运输生产率。

复习思考题

1.什么叫汽车运输工作过程? 主要有哪些环节?

2.汽车运输工作条件有哪些? 它们是如何影响汽车的运输效果的?

3.评价汽车利用程度的指标主要有哪些?

4.评价汽车速度利用程度的指标主要有哪些? 如何提高汽车的技术速度?

5.评价汽车时间利用程度的指标主要有哪些?

6.试分析使用因素对汽车运输生产率的影响。

7.从哪几个方面可以提高汽车的运输生产率?

8.试分析使用因素对汽车运输成本的影响。

9.从哪几个方面可以降低汽车的运输成本?

第六章　汽车特殊运用条件

学习目标

1. 掌握汽车在高温和低温条件下的使用；
2. 掌握汽车在高原、山区、坏路和无路条件下的使用。

第一节　汽车在高温条件下的使用

一、高温条件对汽车使用性能的影响

高温一般是指日最高气温达到或超过35℃。在炎热的夏季，气温高、辐射强度大，高温使发动机充气系数下降，燃烧不正常，润滑性能变差，供油系统易形成气阻，使发动机工作条件变坏。行车环境温度高，驾乘条件、行车条件变差，影响汽车的正常作用。

1. 发动机功率下降，油耗增加

（1）充气系数下降。高温条件下，冷却系统的散热能力低，发动机内的温度高，空气密度减小，导致发动机充气系数下降，发动机功率降低。

（2）燃烧不正常。由于发动机温度高，进气终了的温度也高，使发动机在燃烧过程产生的过氧化物活动能量增强，容易发生爆燃和早燃。不正常燃烧时发动机零件的热负荷增大，容易导致零件的热变形甚至裂纹，并加剧磨损。

（3）润滑油易变质。发动机温度过高，加剧了润滑油的热分解、氧化和聚合过程，不正常燃烧的废气窜入曲轴箱，既污染了润滑油，又使其温度升高。因此，发动机工作温度越高，润滑油越容易变质。

（4）磨损加剧。在高温条件下，润滑油黏度降低，油性变差；润滑油污染后品质下降，同时因不正常燃烧而形成的高温高压使发动机磨损加剧。

（5）供油系统易气阻。汽车在炎热的夏季或在高原山区行驶，发动机内的温度很高，汽油在油管中受热后挥发成气体状态，积存在油管中的汽油蒸气阻碍汽油的流动，在汽油泵中的"油气"导致油泵吸油真空度下降，使发动机供油量不足甚至中断供油。

2. 制动系统性能下降

气压制动的汽车，摩擦片的摩擦系数随温度的升高而降低，制动效能随之下降。液压制

动的汽车,制动液在高温下可能产生气阻现象。在经常制动的情况下,制动液温度可达100℃以上,易导致皮碗膨胀,制动液气阻,致使制动效能下降,影响行车安全。

3. 轮胎爆裂

汽车行驶时,外界气温高,轮胎散热较慢,胎内温度升高使气压增大,容易引起轮胎爆裂。车速越快,轮胎产生的热量越大,越容易发生爆胎。同时,橡胶老化速度加快,强度降低,也会引起轮胎爆裂。

4. 传动系统总成润滑条件变差

在炎热气候条件下,汽车高负荷连续行驶,变速器、差速器齿轮油的温度会超过120℃,引起齿轮油变质。另外,汽车润滑脂在高温下易流失,使润滑效能下降,严重时容易烧坏齿轮和轴承。

5. 电气设备性能下降

汽车在高温环境中行驶时,因点火线圈过热而使高压火花减弱,容易出现发动机高速断火现象。严重时使点火线圈烧坏,影响汽车正常行驶。环境温度升高时,蓄电池的电化学反应加快,电解液蒸发加快,极板容易损坏,降低蓄电池工作能力;同时易产生过充电现象,严重影响蓄电池的使用寿命。电子元件容易因老化出现短路,造成汽车自燃。

二、汽车在高温条件下使用时应采取的技术措施

1. 加强技术维护

汽车进入夏季使用之前,应结合汽车的定期维护,附加作业项目,提高汽车在酷暑、炎热条件下的适应能力。

2. 防止爆燃

汽车在高温条件下工作时,发动机易发生爆燃。爆燃可使发动机产生过大的热负荷和机械负荷,使发动机工作过程中磨损加剧或使有关机件损坏。

因此,为防止出现爆燃,应根据发动机的要求选用相应辛烷值的汽油,注意保持发动机的正常工作温度,及时清除发动机燃烧室积炭。安装爆燃限制器以及通过改进进气方式,降低进气温度,适当推迟点火时间、调稀混合气可防止爆燃。

3. 防止气阻

发动机供油系统防止气阻的方法是改善发动机的散热和通风,并设法将供油系统的受热部分与热源隔开,或采用结构和性能良好的汽油泵。液压制动系统防气阻的方法是及时进行放气处理。

4. 提高发动机冷却系统的冷却强度

每种汽车的冷却系统只能适应一定的使用条件。我国幅员辽阔,从严寒的北方到炎热的南方,气候条件差异很大。在高温条件下使用时,需要在结构方面增大冷却系统的冷却强度,主要措施是:增加风扇叶片数、直径或叶片角度;提高风扇转速;采用形状过渡圆滑的护风圈等。尽量使气流畅流、分布均匀、阻力小、没有热风回流现象以及散热器正面避免无风区,风扇对散热器的覆盖面积要大些。还可以采用通风良好的发动机罩、罩外吸气、冷却供油系统等办法增大吸入空气及燃料温度的变化。

5.防止轮胎爆裂

在夏季行车时,应注意检查轮胎的温度和气压,保持规定的气压标准。长距离连续行车时,车速不宜太高。在载货汽车后轴装用双胎时,由于受路面拱形、轮胎负荷和散热条件的影响,应注意轮胎的定期换位。

6.换用夏季适用的润滑油

在炎热的夏季,发动机应换用黏度较高的润滑油,大型载货(客)汽车变速器和差速器应换用厚质齿轮油,并适当缩短换油周期。轮毂轴承换用滴点较高的润滑脂,并按规定周期进行检查与维护。

7.注意车身维护

漆涂层和电镀层在湿热带地区试验表明,漆涂层的主要损坏是老化、褪色、失光、粉化、开裂和起泡等。电镀层的主要损坏是锈斑、脱皮、锈蚀等。因此,在维修中,应注意喷漆前的除锈和采用耐腐蚀、耐磨性高的涂层,并加强外表养护作业。

高温、强烈的阳光、多尘和多雨均影响驾驶人的劳动强度、行车安全和乘客舒适性。应加装空调设备、遮阳板,加强驾驶室、车厢的通风和防漏雨。

第二节　汽车在低温条件下的使用

一、低温条件对汽车使用性能的影响

低温对汽车使用的影响主要表现在:发动机起动困难,总成磨损严重,油耗量增大,零件材料的性能变差、易损坏,行车条件变坏及发动机冷起动排气污染严重。

1.发动机起动困难

气温在 -10~15℃范围,发动机均能起动,但发动机在更低的气温下起动时则有一定困难,-40℃以下,不经预热,发动机无法起动。

低温起动困难主要原因有:曲轴旋转阻力矩增大,燃油蒸发性变差,蓄电池工作能力降低。

(1)曲轴旋转阻力矩增加。随着气温下降,发动机润滑油黏度增大(图6-1),曲轴旋转阻力矩增加,发动机起动转速下降(图6-2),汽油机汽油不易蒸发,柴油机在压缩终了时缸内温度压力低,起动困难。

(2)燃油蒸发性变差。温度降低,燃油黏度和密度都变大,流动性变差,蒸发、雾化不良;汽油机在低于0℃以下起动时,有相当一部分汽油以液态进入汽缸,起动困难。低温对柴油的影响更大。0号柴油在气温接近0℃时,黏度明显增大,导致柴油雾化不良,使燃烧性能变坏。当温度进一步降低时,柴油中的石蜡等物质沉淀析出,柴油逐渐失去流动性,轻则供油量减少,重则供油中断。

(3)蓄电池工作能力降低。低温条件下,随着温度降低,蓄电池电解液黏度增大,渗透能力下降,内阻增加;同时,起动电流增大,蓄电池的端电压显著下降,见图6-3。低温起动因曲轴旋转阻力矩增加,需要的起动功率大,而低温时蓄电池输出的功率反而下降,当气温降到

一定程度时,起动机无法带动发动机运转。低温起动时,因蓄电池端电压低,火花塞的跳火能量小,发动机不易起动。

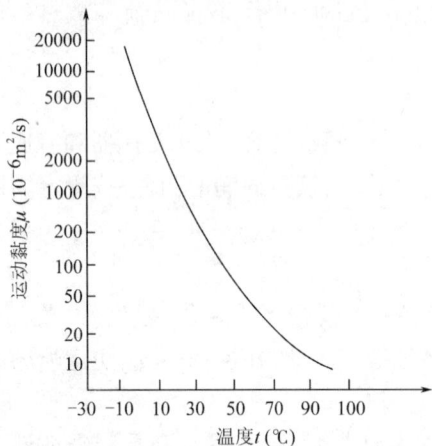

图6-1　润滑油的黏温曲线

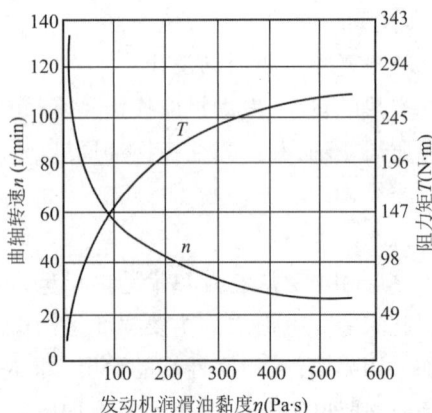

图6-2　曲轴旋转力矩及转速与润滑油黏度的关系

2. 总成磨损严重

试验证明:当气温在 −18℃ 时,发动机起动一次的磨损量相当于汽车正常行驶 210km 的磨损量;在温度为 −5℃ 条件下,传动系统的磨损量是 35℃ 温度的 10～20 倍。

汽车在低温条件下使用时,各主要总成的磨损强度均较大,尤其是发动机的磨损更加明显。在发动机的使用周期中,将近一半的汽缸磨损发生在起动过程,冬季起动时汽缸的磨损更大,见图6-4。低温条件发动机升温过程长,加快了汽缸的磨损。主要原因是:

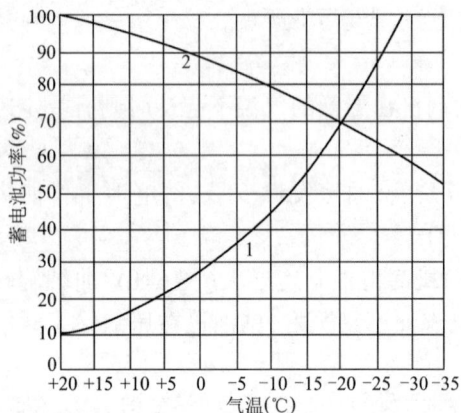

图6-3　气温对蓄电池起动能力的影响

1-必需的起动功率;2-蓄电池供给的最大功率

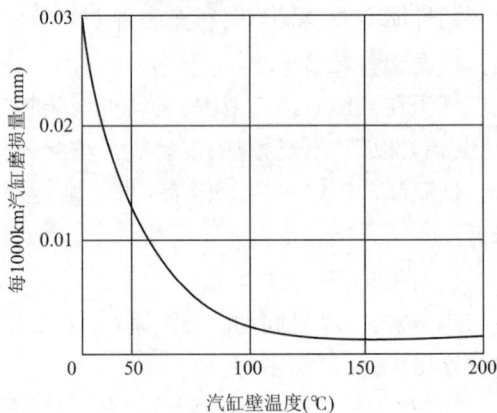

图6-4　汽缸磨损量与缸壁温度的关系

(1)低温时起动,润滑油黏度大,流动性差,不能及时到达汽缸壁、轴承等摩擦表面,使润滑条件恶化。

(2)低温条件下燃料汽化不良,大部分燃油以液态进入汽缸,冲刷汽缸壁的润滑油膜,沿缸壁流入曲轴箱,稀释润滑油,使润滑油油性减退。燃料不完全燃烧而形成的碳化合物随废气一起窜入曲轴箱污染润滑油,使润滑条件进一步恶化。

(3)由于温度低,燃烧过程中的水蒸气凝结于缸壁上,并与汽油在燃烧中产生的硫的氧化物生成酸,腐蚀缸壁,造成腐蚀磨损。

(4)在低温时,由于曲轴箱主轴承及连杆轴承与轴颈的膨胀系数不同,使配合间隙变大,加速了轴承、轴颈的磨损。

(5)传动系统各总成在低温条件下,其工作温度是以零件摩擦和搅油产生热量形成的,温度上升缓慢,齿轮、轴承得不到及时有效的润滑,加速传动零件的磨损。

3. 油耗量增大

汽车在低温条件下使用时,发动机升温时间长,工作温度低,燃料汽化不良,燃烧不完全,润滑油黏度大,摩擦损失大,发动机输出功率下降,传动系统传动效率下降,汽车行驶阻力增大,导致油耗增大。

4. 零件材料的性能变差,容易损坏

低温条件下,材料的物理机械性能将变差。在 -30℃ 以下时,碳钢的冲击韧性急剧下降,铸件变脆,塑料、橡胶变硬、变脆,从而使由这些材料制成的零部件在荷载作用下易于发生损坏。低温条件下,蓄电池电解液易冰冻而不能正常工作;冷却液易结冰,导致散热器和缸体冻裂。

5. 行车条件变坏

低温条件下,道路被冰雪覆盖,轮胎与路面的附着系数显著下降,在行车中不仅制动距离延长,制动时极易发生侧滑;汽车加速或上坡时,驱动轮易滑转。

6. 发动机冷起动排气污染严重

发动机在冷起动阶段由于进气温度低,燃油雾化不好,因此 HC 和 CO 污染严重,特别是在低温条件下这个问题更加突出。

二、汽车在低温条件下使用时应采取的技术措施

根据汽车在低温条件下的使用特点,可采取以下措施提高汽车的低温使用性能。

1. 加强技术维护

汽车运行季节转换之前,应结合汽车的定期维护作业,附加作业项目,使汽车适应气候变化了的运行条件。

换入冬季的维护是为了提高汽车在低温、寒冷条件下的适应能力,避免发生意外事故。定期维护以外的附加维护作业项目主要有:安装或维护发动机保温及起动预热装置(如将排气预热调到“冬”字位置);检查、调整冷却散热装置(节温器、风扇皮带等)是否有效;更换冬季用润滑油(脂)及防冻液;检查、调整供油系统、点火系统;做好防滑保护措施的准备等。

2. 预热

在严寒条件下,起动发动机前,对发动机进行充分预热,是提高燃油的雾化性和蒸发性、改善混合气形成条件、确保发动机在低温条件下起动性能的重要措施。常用的预热方法有:

(1)热水预热。气温很低时,先用约60℃的温水再用90~95℃的热水加注到冷却系统,打开放水阀边加边放,待放出水流温度达30~40℃时,关闭放水阀。这种预热方式只对汽缸

有预热作用,对曲轴箱的预热作用不大。

(2)蒸汽预热。用蒸汽预热可将蒸汽导入散热器下水管或直接导入发动机冷却液套。采用蒸汽预热时,应控制蒸汽压力(≤0.98MPa),蒸汽不宜直接喷向机件,以免温差过大导致机件炸裂。

(3)电加热预热。用电能加热冷却系统(特别是使用防冻液的汽车)和润滑油很方便。加热器直接插入冷却系统或润滑油内,或以绝缘体包住螺旋电阻丝成封闭式,使用更安全。它利用冷却液本身的电阻进行加热。节约了电阻丝并延长了加热器的使用期限,见图6-5。

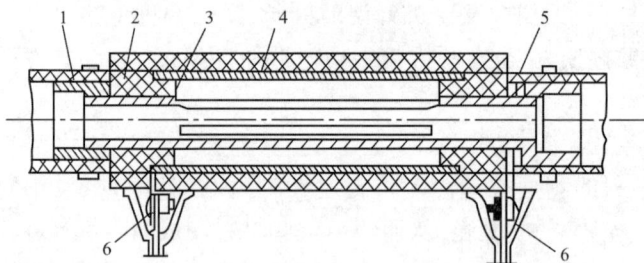

图6-5　管式电极加热器
1-接头;2-绝缘体;3-内电极;4-外电极;5-软管;6-接线柱

预热发动机润滑油的电阻丝加热器的电功率通常为1kW,预热时间需30～60min,每辆汽车消耗电能约0.5～1.5kW·h。预热冷却系统的电极加热器采用24～36V低压电源,电极功率为3kW左右。如果电能加热器利用电力网的电源时,发动机应搭铁,以保证安全。蓄电池预热通常只有在严寒地区应用。预热方法是在蓄电池的保温箱底部安放200～300W的电加热器。

(4)红外线辐射加热器预热,见图6-6。红外线是利用煤气或液态煤气在陶瓷或金属网内燃烧时产生的。红外线有很好的穿透性,在向壳体辐射时几乎不与空气作用,也不损失热能,热效率高。煤气压力为1.5～3kPa。预热时,加热器放在发动机或传动系总成的底部。预热一辆货车的煤气消耗约为0.4～1.0m³。气温在-20℃时预热时间约1h。

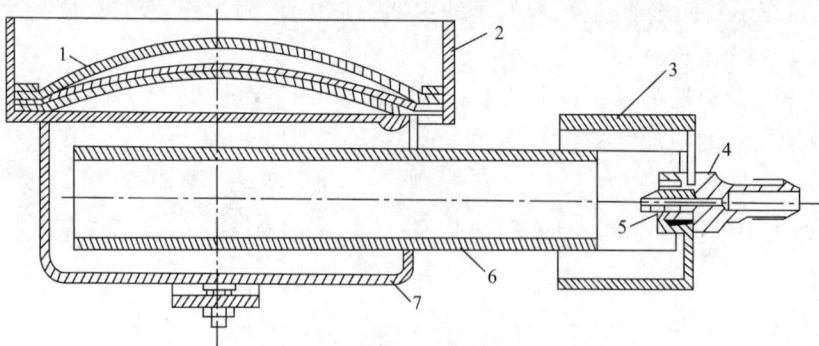

图6-6　红外线辐射加热器
1-耐热陶瓷或金属网;2-发射器;3-护罩;4-接头;5-喷嘴;6-混合器;7-壳体

除上述几种预热方式以外,还可采用喷灯或其他单独的预热装置。

3.改善混合气形成条件

低温起动时开启发动机的进气预热装置,加热进气管道和进气气流。柴油机在低温条件下起动时,可采用低温起动液辅助起动。低温起动液是一种自燃点很低的乙醚混合液,使用时应注意安全。操作要领是:打开发动机罩,一人在车上打开起动开关,使发动机运转,另一人将低温起动液对准空气滤清器喷射,进气冲程时低温起动液随空气进入汽缸,发动机即可起动。有些柴油机设有低温起动液的辅助起动装置,需要时,接通辅助起动装置的电路即可。发动机起动后应立即切断低温起动液电路。

4.合理使用燃料和润滑油

柴油机应根据气温条件,选择低凝点(低牌号)的柴油,或在柴油中掺兑灯用煤油,以改善柴油的低温流动性。润滑系应换用较低黏度的冬季润滑油或冬夏季通用油。

5.保温

应切实做好汽车发动机的保温、防冻措施,确保汽车在一定热状态下工作和随时出车。严寒地区对发动机的保温,主要是对发动机和散热器采用保温套,将蓄电池装入夹层(其内应有保温材料)木制的保温箱内,采用双层油底壳或在油底壳外表面封上一层玻璃纤维进行保温。

冬季临时停车,不要将发动机熄火;较长时间停车,应将汽车停在带有暖气的车库中;行车过程中,应开启暖风装置,改善驾驶人和乘员的驾乘环境温度条件;根据发动机冷却液温度情况控制百叶窗的开度等。

6.正确使用防冻液

在寒冷季节,发动机冷却系统使用防冻液,可防止缸体冻裂,减轻驾驶人劳动强度。

第三节　汽车在高原和山区条件下的使用

一、高原和山区条件对汽车使用性能的影响

汽车在高原和山区条件下行驶时,由于海拔高、气压低、空气稀薄,从而使发动机动力性和经济性下降;山区道路线形复杂,视野(视线)受限,且路面技术条件差,制约了汽车的正常行驶。

1.发动机动力性下降

随着海拔高度升高,气压降低,空气密度减小。海拔高度每增加1000m,大气压力下降约11.5%,空气密度约减小9%。

当汽车在高海拔地区运行时会使发动机充气量下降,混合气变浓;又因大气压力降低,进气管真空度减小,真空点火提前装置的工作受到影响,点火推迟,压缩终了的压力和温度降低,混合气的燃烧速度缓慢。充气量下降和燃烧速率降低均会使发动机动力性降低,见图6-7。

海拔高度增高也影响汽车的速度性能。海拔每增高1000m,加速时间和加速距离增长50%,最高车速下降约9%。

海拔高度增加也对发动机的怠速性能有很大影响。由于进气管真空度下降,进气量不足,发动机怠速转速下降,怠速稳定性变差。海拔高度每增加 1000m,怠速转速下降 50r/min。

2. 发动机燃油消耗大

在高原山区行驶的汽车,充气量明显下降,若供油系统未经调整、校正,则随着海拔高度增加,空燃比变小,混合气变浓,发动机动力下降、油耗增加;山区道路复杂,汽车经常处于低挡大负荷行驶,导致油耗增大;高原山区气压低,燃料易挥发,气阻、泄漏倾向性大,使油耗增大,见图6-8。

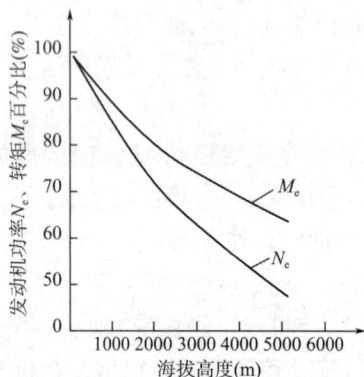

图6-7 发动机功率、转矩与海拔高度的关系   图6-8 海拔高度对汽车行驶耗油量的影响

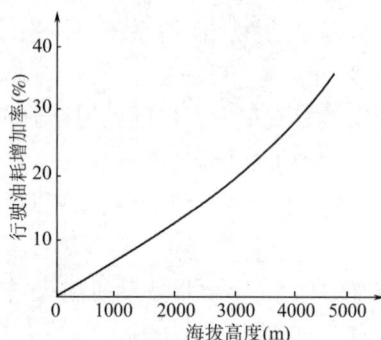

3. 润滑油易变质

高原山区行驶的汽车,行驶阻力大,发动机易过热,润滑油黏度变小,氧化速度加快;不完全燃烧,过浓的混合气窜入曲轴箱稀释润滑油,加快润滑油变质,发动机润滑条件恶化。

4. 制动性能变差

山区道路傍山临崖,弯多、坡长、坡陡、路面窄,行车时汽车制动器使用频繁。下长坡时,汽车行驶惯性大,为有效控制车速,需连续、长时间使用制动,制动器工作温度明显上升(高达300℃以上)。温度过高时,制动摩擦片的摩擦系数明显下降,制动效能变差。

气压操作制动系统的汽车因泵气不足,液压操作制动系统的汽车制动液在管路中易蒸发形成"气阻",使制动效能减弱或制动失灵,造成事故。

二、汽车在高原和山区条件下使用时应采取的技术措施

根据汽车在高原和山区条件下的使用特点,可采取以下措施改善其使用性能。

1. 发动机性能的改善

(1)根据使用条件合理选购汽车。需经常在高原地区使用,应购置专为高原地区设计制造的高原型汽车。

(2)提高压缩比。经常在高原山区行驶的车辆,柴油车应选择增压柴油发动机,汽油车可换装高原专用汽缸盖,以增大发动机压缩比,提高发动机的动力性和经济性。

(3)调整油路。随着海拔高度增加,充气量减小,混合气变浓,燃料燃烧不完全。因此,应根据海拔高度调整循环供油量。

(4)调整电路。海拔高度增大后,发动机压缩终了的压力降低,火焰传播速度降低;又因空气压力降低,使真空提前装置受到影响,真空提前装置在相同工况下提前量减小;同时,压缩终了时缸内压力降低,火焰传播速度减慢。因此,可将点火提前角略为提前2°~3°,也可调整火花塞和断电器触点间隙,以增强火花强度。

(5)蓄电池的维护。汽车在高原山区使用时,应经常检查蓄电池电解液,补充蒸馏水,调整其密度,以保证蓄电池的技术状况,提高点火系统的点火能量。

(6)采用含氧燃料。含氧燃料是指掺有酒精、丙酮及其他含氧化合物的燃料。由于掺入的燃料分子中都含有氧,在燃烧过程中,理论上所需的空气量减小,可补偿因气压低而产生的充气量不足问题。

(7)采用进气增压装置。由于爆燃、排气温度过高等问题,增压技术在汽油机上的应用较为困难。柴油机则无上述问题的限制,因而可在进气系统中安装增压器(一般为废气涡轮增压),增加发动机的充气量,提高压缩行程终了的压力和温度,改善发动机的动力性和经济性。

(8)改善润滑条件。在高原地区行驶的车辆,其所使用的发动机润滑油应具有良好的黏温特性,以保证发动机在低温时起动性能良好,高温时具有良好的润滑性能。为防止润滑油变质,应保持良好的曲轴箱通风,并采用机油散热器散热。

2.汽车安全性能的改善

山区地形、道路复杂,必须采取措施,确保汽车安全行驶。

(1)采用耐高温制动摩擦片。汽车在山区行驶,制动器制动负荷大、温度高、热衰减现象严重。采用耐高温制动摩擦片(摩擦片温度高达400℃以上时,仍能保证足够的制动力矩),是控制制动器热衰减过快的基础保障。

(2)对制动器淋水降温。为防止制动器过热,下坡前开始对制动器外缘淋水冷却。利用冷却水及时带走制动过程的摩擦热量,是控制制动器热衰减过快的有效技术措施。

(3)利用发动机制动。汽车下长坡时,将变速器挂在上坡时所用挡位上,加速踏板处于较小开度位置,利用发动机的牵制作用控制车速。挡位越低,牵制作用越大,辅助制动效果越明显。

(4)采用辅助制动器。汽车辅助制动器有电涡流、液体涡流和发动机排气制动等类型,前两种一般用于山区或矿区的重型汽车。

(5)防止制动系统产生气阻。防止制动系统产生气阻的有效方法是采用不易挥发的矿油型制动液。国内外的汽车制动液多为醇醚、醇脂合成型。在山区使用的液压制动汽车,可选用具有优异的高温抗气阻性能和低温性能(如国产JG5或进口DOT5级别)的制动液。

(6)防止轮胎爆裂。海拔高度升高时,轮胎气压也会升高。在海拔4000m时,轮胎气压比在海平面时增加约50kPa;同时,轮胎传递驱动力较大或速度过高时,轮胎表面温度较高,橡胶强度变差。因此,在高原、山区行车时易爆胎而引发事故,需注意保持轮胎压力不超过规定值,同时注意轮胎的工作温度。

(7)其他。应定期检查和维护汽车转向机构、照明系统,保持其良好的技术状况。

第四节　汽车在坏路和无路条件下的使用

坏路或恶劣道路是指泥泞的土路、冬季的冰雪道路和覆盖沙土的道路等。无路是指松软土路、耕地、草地和沼泽地等。

一、坏路和无路条件对汽车使用性能的影响

汽车在坏路和无路条件下的使用特点是：驱动轮与路面的附着力减小；车轮的滚动阻力增大；突出的障碍物也会影响汽车通过。坏路和无路条件使汽车的驱动——附着条件恶化。汽车在坏路和无路条件下使用时，燃料消耗量增大，比正常使用条件高出约35%。

汽车在松软的土路行驶，路面被破坏形成车辙，滚动阻力增大，甚至陷车而无法行驶。在泥泞道路上行驶时，由于附着系数降低，轮胎的滚动阻力增大，引起驱动轮打滑，使汽车的通过性变差。

汽车在沙路上行驶，因路面松散，受压后变形大，承受切向力的能力差，使附着系数降低，滚动阻力增大，沙路和流沙地容易使汽车的驱动轮打滑；尤其在流沙地上，车轮的滚动阻力系数可达 0.15～0.30 或更大，而驱动轮由于附着系数低而空转，影响汽车的通过性能。

雪路对汽车通过性的影响主要取决于雪的特性和深度。雪层的密度越大，其承受的压力也越大，雪层的密度、硬度都与气温和压实程度有关。气温低，雪层干而硬；气温高则相反。在公路上，被车轮压实后的雪层的厚度为 7～10mm 时，对汽车正常行驶影响相对较小；如果雪层加厚，特别是松软的雪层会使汽车通过能力明显下降。经验表明，雪层厚度大于汽车离地间隙的 1.5 倍，雪的密度低于 $450kg/m^3$ 时，汽车便不能通过。

在结冰路面上行驶的汽车，特别是冬季车轮与冰面的附着系数降低到 0.1 以下时，车轮的滚动阻力与在刚性路面上相差不大。但为了保证行车安全，在冰路上行驶时，车速要低，行车间隔要大。尤其是在通过结冰河流时，需要检查冰的厚度和坚实状况，按选定路线平稳匀速通过，行车间隔要大，中途不准换挡，不准使用紧急制动，不允许停车。途中发现冰有裂痕时应及时避开绕行。

二、汽车在坏路和无路条件下使用时应采取的技术措施

在坏路和无路条件下使用时，改善驱动轮与路面之间的附着条件，减少滚动阻力对提高汽车的通过性是很重要的。从使用方面改善汽车通过性的措施主要有：

1. 安装防滑链，提高附着力，防止车轮滑转

在汽车驱动轮上装防滑链，是提高车轮与路面附着系数的有效措施。防滑链的形式主要取决于路面状况和汽车行驶系统的结构，防滑链有普通防滑链和履带链。

菱形　　　　梯形

图6-9　普通防滑链

普通防滑链（图6-9）适用于冰雪路面和松软层

不厚的土路,在黏土路上,当链齿塞满土时,使用效果则明显下降。履带链(图6-10)适用于松软层很厚的土路,它能保证汽车在坏路上,甚至驱动轮陷入土壤或雪内仍可以通过,菱形履带链还具有防侧滑的能力。防滑链的缺点是链条较重,拆装不方便,更重要的是装上防滑链后,汽车的动力性和经济性均下降,在硬路面上行驶冲击大,使轮胎和后桥磨损严重。克服短而难行的无路地段时,宜使用容易拆装的防滑块和防滑带,见图6-11。

图6-10　履带式防滑链

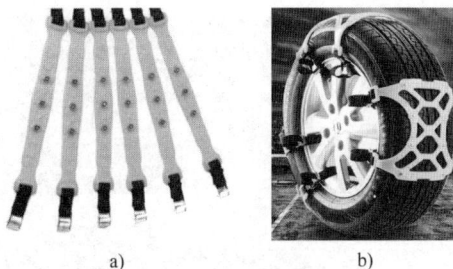

图6-11　汽车用防滑带和防滑块
a)防滑带;b)防滑块

2. 采用合理的驾驶方法

在恶劣的道路上行驶时,要选择好线路,尽可能避开泥泞和滑度较大的路面。通过泥泞或翻浆路时,最好一鼓作气地通过,途中不要换挡、停车。被迫停车后再起步时,如是空车,挂中速挡;如是重车,挂低速挡;轻踏加速踏板起步,使驱动力低于附着力,避免打滑。

松软道路附着系数很低,防止侧滑很重要。所以在驾驶时使用制动要特别小心,不准使用紧急制动,转向也不能过急,以免发生侧滑,尤其是坡道或急弯行驶时更要注意。若一旦出现侧滑,首先要抬起加速踏板降低车速,并立即将转向盘向着车轮侧滑的方向转动(在路面允许的条件下),以防止继续侧滑或发生事故。当车轮已陷入泥泞道路空转时,不可盲目加大加速踏板行程来强行驶出,以免越陷越深。此外,强行驶出易使机件损坏。

3. 合理使用汽车轮胎

汽车轮胎对其通过性具有决定性的影响。为了提高通过性,必须正确选择轮胎的气压、花纹和结构参数等,使汽车的行驶阻力较小,而又能获得最大的附着力。

在松软道路上,汽车轮胎单位面积的压力越大,滚动阻力越大,汽车的通过性就越差。所以,降低轮胎气压,增加轮胎宽度,可降低车轮的滚动阻力,提高汽车的通过性能。当汽车的驱动轮打滑或陷在泥泞路中时,为了减轻单位面积压力,卸下装载物也是一种必要的措施。这与汽车打滑而未下陷时,有意增加后轴附近载质量,改变汽车附着质量,达到提高附着力的目的是不矛盾的。也可使用调压胎,驾驶人可在驾驶室内调节轮胎气压,可从正常气压降到极低的气压(49~68.6kPa)。这样,轮胎的接地印迹面积可增大2~3倍,印痕压强相应降低,使汽车在松软和泥泞的道路上的行驶性能得到改善。

轮胎花纹对滚动阻力和附着力的影响很大,要注意轮胎花纹的正确选择。普通花纹轮胎适合于在硬路面上行驶;越野花纹轮胎适合于在泥地、松软路面上行驶;而混合花纹轮胎适合于各种路面上行驶。使用断面加宽的特种轮胎——拱形轮胎和宽断面轮胎可以大大提高汽车的通过性。

4.采用自救或他救的方法

车轮已经陷入坑中时,可根据具体情况,采用自救或他救。他救就是用其他车辆拖出已陷入的汽车。无法他救时,可采用自救措施:若车桥没有触地时,可将坑铲成斜面,垫上碎石、灰渣等,然后用前进或后倒的方法将车驶出;如果车桥壳触地,车轮悬空时,可先在车轮下面垫上木板、树枝、碎石等物,再以低速挡驶出;如果驱动轮滑转时,也可以将绳索绑在树干(或木桩)和驱动轮上,如同绞盘那样使汽车驶出陷坑,见图6-12。

图6-12　汽车的自救

复习思考题

1.低温对汽车使用性能有何影响?

2.在低温条件下使用汽车时应采用什么技术措施?

3.高温对汽车使用性能有何影响?

4.在高温条件下使用汽车时应采用什么技术措施?

5.高原和山区对汽车使用性能有何影响?

6.在高原和山区使用汽车时应采用什么技术措施?

7.坏路和无路条件对汽车使用性能有何影响?

8.在坏路和无路条件下使用汽车时应采用什么技术措施?

第七章　汽车运行材料与使用

1. 掌握汽车运行材料的种类、性能及规格；
2. 掌握汽车运行材料的选择及使用。

第一节　汽车燃料及其使用

目前汽车燃料主要有汽油和柴油。此外，还有一些代用燃料（如甲醇、乙醇、乳化燃料、天然气、石油气、氢气等）。汽车燃料几乎都是由石油经现代提炼技术加工而成的，其主要成分是碳氢化合物 C_mH_n，通常称为烃。通过对石油逐步加温，在不同的温度范围可得到不同的馏分，其主要成分依次为轻馏分（汽油）、中馏分（轻柴油）、重馏分（润滑油）和沥青等石油产品。

一、车用汽油

（一）车用汽油的使用性能

车用汽油的使用性能主要包括蒸发性、抗爆性、氧化安定性、无腐蚀性、无害性及清洁性。

1. 适宜的蒸发性

汽油由液态转化为气态的性质称为汽油的蒸发性。汽油的蒸发性越好，越容易汽化，与空气混合就越均匀，燃烧速度就快，且燃烧完全，可保证发动机在各种使用条件下（特别是寒冷冬季）易于起动、加速及正常运转。但汽油的蒸发性过强也会引发许多问题，如储存过程中汽油的蒸发损失增加、燃油供给系统易产生气阻、电喷发动机中的炭罐易过载等。反之，若汽油的蒸发性不好，则混合气形成困难，起动、加速性能变差，燃烧不完全，油耗增加。综合上述因素，汽油应具有适宜的蒸发性。

汽油蒸发性的评价指标有馏程等。用石油产品馏程测定仪对 100mL 油品蒸馏时，从初馏点到终馏点的温度范围和残留量，称为该油品的馏程。汽油的馏程用10％蒸发温度、50％蒸发温度、90％蒸发温度、终馏点和残留量表示。

（1）10％蒸发温度。对 100mL 汽油在规定条件下蒸馏时，得到10％汽油馏分的温度叫做10%蒸发温度。它表示汽油中含轻质馏分的多少。10%蒸发温度低，起动性好，但蒸发温度太低了易引起气阻，阻碍燃油供给系统的正常供油。10%蒸发温度与汽油机最低起动气温的关系见表7-1。

10%蒸发温度与汽油机最低起动气温的关系 表7-1

汽油10%蒸发温度（℃）	36	53	71	88	98	107	115	122
汽油机最低起动气温（℃）	−29	−18	−7	−5	0	5	10	15

（2）50%蒸发温度。50%蒸发温度表示汽油中中质馏分的含量，代表的是汽油的平均蒸发能力。它对汽油机起动后到正常工作温度的预热时间、加速性能和工作稳定性有很大影响。汽油50%蒸发温度与发动机预热时间的关系如表7-2所示。汽油50%蒸发温度对汽油机加速性的影响见图7-1。

50%蒸发温度与发动机预热时间的关系 表7-2

汽油50%蒸发温度（℃）	104	127	148
汽油机预热时间（min）	10	15	>28

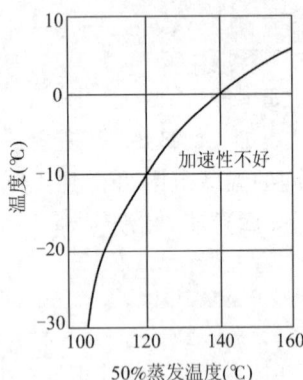

图7-1　汽油的50%蒸发温度对
汽油机加速性的影响

（3）90%蒸发温度和终馏点。汽油的90%蒸发温度和终馏点高，说明汽油中重质馏分含量较多，汽油燃烧不完全，耗油量增大。同时，未完全燃烧的汽油还会冲刷汽缸壁上的润滑油膜，增大磨损。若未燃汽油进入油底壳，还会稀释发动机润滑油，影响正常润滑。

（4）残留量。残留量是对100mL汽油在规定条件下蒸馏时，不能被蒸发的残留物质与100mL汽油的体积百分比。汽油残留量过大，会使燃烧室积炭增加，进气门、喷油器等部位结胶严重，从而影响发动机的正常工作。

2. 良好的抗爆性

汽油的抗爆性是指汽油在发动机汽缸内燃烧时抵抗产生爆燃的能力。爆燃对发动机的危害很大，主要表现在：使汽缸盖、汽缸壁、活塞顶、连杆、曲轴等机件损坏；发动机功率降低；发动机过热等。汽油抗爆性的评价指标主要是辛烷值。

辛烷值是表示点燃式发动机燃料抗爆性的一个约定数。在规定条件下的标准发动机试验中，通过和标准燃料进行比较来测定，采用和被测定燃料具有相同抗爆性的标准燃料中异辛烷的体积百分数表示。测定辛烷值的标准燃料，由抗爆性良好的异辛烷（C_8H_{18}，规定其辛烷值为100）和抗爆性极差的正庚烷（C_7H_{16}，规定其辛烷值为0）按比例掺配，得到辛烷值在0~100之间的各种标准燃料。

辛烷值越高，其抗爆性越好。根据试验条件方法不同，分为马达法（MON）辛烷值和研究法（RON）辛烷值。因为马达法辛烷值的试验条件苛刻，所以马达法辛烷值一般低于研究法辛烷值。我国的汽油牌号按研究法辛烷值命名。

提高汽油抗爆性的主要措施，一是采用先进的炼制工艺；二是向产品中调入抗爆性优良的高辛烷值成分,如异辛烷、异丙苯等;三是加入抗爆剂,如甲基叔丁基醚(MTBE)。

3. 良好的氧化安定性

汽油的氧化安定性是指汽油在储存和使用过程中,抵抗氧化生胶而保持自身性质不发生永久性变化的能力。汽油发动机如果使用氧化安定性不好的汽油,会产生许多不良后果。例如,汽油氧化生成的胶状物质容易沉积在滤清器、油管、喷油器等部位,影响燃料的供给和混合气的形成;胶状物质还容易沉积在进气门上,使气门产生黏着现象,导致气门关闭不严,造成发动机的动力性和经济性下降等。影响汽油氧化安定性的因素就汽油本身而言,主要是汽油的烃类组成和性质,烯烃等不饱和烃含量多的汽油的氧化安定性就较差。提高汽油氧化安定性的主要措施是在汽油中添加抗氧防胶剂。

4. 无腐蚀性

汽油在运输、储存和使用过程中,常与多种金属容器和零件接触,为不造成腐蚀,要求汽油无腐蚀性。如果汽油中有硫及硫的化合物、有机酸、水溶性酸或碱等存在时,就具有腐蚀性。

汽油中的硫在燃烧后生成二氧化硫,遇到冷凝水或水汽时会形成亚硫酸和硫酸,对工作温度较高的汽缸、排气管具有强烈的腐蚀作用,同时,硫的含量过高还会降低汽油的辛烷值,因此,要严格控制汽油中的硫的含量。

5. 无害性

汽油的无害性是指汽油在发动机内燃烧后的燃烧产物不对机动车排放、人体健康和生态环境产生不利影响的性能。汽油的无害性与汽油的组分有关。所以,在生产无铅汽油的过程中,对无铅汽油的其他有害物的含量应严格控制。国家环境保护总局发布了《车用汽油有害物质控制标准(第四、五阶段)》(GWKB 1.1—2011),规定了苯、烯烃、芳烃、锰、铁、铜、铅、磷、硫含量的控制限量。

6. 清洁性

汽油的清洁性是指汽油中不应含有机械杂质和水分。汽油中存在的机械杂质和水分一般是在运输、储存和使用过程中受外界污染而混入的。机械杂质能增大发动机的磨损,水分能加速汽油的氧化生胶。国家标准中规定汽油中不允许有机械杂质和水分。

(二) 车用汽油的牌号及选择

1. 车用汽油的牌号

我国生产的汽油是用研究法辛烷值来划分牌号的。现阶段我国所有汽油生产企业一律执行《车用汽油》(GB 17930—2016)的强制性标准,按研究法辛烷值划分牌号。其中,车用汽油(Ⅳ)分为90号、93号和97号3个牌号,车用汽油(Ⅴ)、车用汽油(ⅥA)和车用汽油(ⅥB)分为89号、92号、95号和98号4个牌号。

2. 车用汽油的选择

车用汽油的选择一般应遵循以下原则:

(1)根据汽车使用说明书的要求,按汽车的压缩比选用汽油牌号。压缩比越大,使用的汽油牌号一般也越高。

（2）在汽油的供应上，若一时不能满足要求，可以用牌号相近的汽油暂时代用，但必须对汽油机进行适当的调整。用辛烷值较低的汽油代替辛烷值较高的汽油时，应适当推迟点火提前角；用辛烷值较高的汽油代替辛烷值较低的汽油时，应适当提前点火提前角。

（3）推广使用加入有效的汽油清净剂的无铅汽油。

（4）注意季节变化、车辆使用地区变化等外界条件改变对汽油选择的影响。如冬季应选用蒸气压较大的汽油，夏季应选用蒸气压较小的汽油；高原地区应选择蒸气压较小的汽油，平原地区应选择蒸气压稍大的汽油。

二、车用柴油

(一) 车用柴油的使用性能

车用柴油与汽油相比，具有馏分重、自燃点低、黏度大、蒸发性差等特点，而且在汽缸内形成的柴油机混合气是压燃着火，燃烧过程包括着火延迟期、速燃期、缓燃期、后燃期四个阶段，这些特点使柴油的使用性能与汽油有许多不同。车用柴油的使用性能主要包括低温流动性、雾化和蒸发性、燃烧性、安定性、无腐蚀性和清洁性。

1. 良好的低温流动性

柴油的低温流动性是指柴油在低温条件下所具有的一定流动状态的性能。通常在柴油中含有一部分石蜡，当温度降低时，石蜡结晶析出，使流体流动阻力增加，甚至失去流动性。柴油的低温流动性，不仅关系到柴油机燃料供给系统在低温下能否正常供油，而且与柴油在低温下的储存、运输、倒装等作业能否正常进行有着密切的联系，所以柴油应具有良好的低温流动性。评价柴油的低温流动性的指标有凝点和冷滤点等。

（1）凝点。石油产品在试验条件下，冷却到液面不能移动的最高温度即为凝点。我国柴油的牌号按凝点命名。

（2）冷滤点。石油产品在试验条件下，试油不能以 20mL/min 的流量通过一定规格过滤器的最高温度即为冷滤点。冷滤点是选择柴油低温流动性的依据，因为冷滤点的测定条件是模拟发动机工作情况确定的，近似于实际使用条件，它与柴油的实际使用温度有良好的对应关系，一般来说柴油的冷滤点相当于最低使用温度。

2. 良好的雾化和蒸发性

车用柴油的雾化和蒸发性是指柴油在柴油机汽缸内经喷油器喷出时分散成液体雾粒及液体雾粒汽化蒸发的能力。柴油的雾化和蒸发性决定了可燃混合气形成的品质和速度，因此，柴油应具有良好的雾化和蒸发性。

使用雾化和蒸发性能差的柴油，燃烧将拖延到膨胀冲程继续进行，其结果是提高了排气的温度，增加了柴油机的热损失；而且未及时蒸发的柴油在高温下还将发生热分解，形成难于燃烧的炭粒，使排气带黑烟，导致排放污染物增加，油耗增多；另外，未完全燃烧或未燃烧的柴油，还有可能经汽缸壁窜入曲轴箱，污染发动机润滑油，造成发动机的磨损加剧等。

3. 良好的燃烧性

车用柴油的燃烧性是指柴油在柴油机中是否容易着火，并防止柴油机发生工作粗暴现象的能力。若着火延迟期过长,则在汽缸内积聚并完成燃烧准备的柴油就多,以致造成大量的柴油同时燃烧,使汽缸压力急剧升高,发动机运转不平稳,发出异响,这种不正常燃烧现象,叫做工作粗暴。柴油机工作粗暴的后果与汽油发动机爆燃一样。

燃烧性良好的柴油,其自燃点低,在着火延迟期,燃烧室的局部易于形成高密集度的过氧化物,成为着火中心,故着火延迟期短,整个燃烧过程发热均匀,气体压力升高平缓,最高压力较低。

4. 良好的安定性

柴油的安定性包括储存安定性和热安定性。储存安定性是指柴油在运输、储存和使用过程中保持外观、组成和使用性能不变的能力;热安定性是指柴油在柴油机的高温条件下,以及溶解氧的作用下,发生变质的倾向。

柴油的安定性不好,就会氧化生胶,会在燃烧室内生成积炭、胶状沉积物,附在活塞顶和气门上,甚至造成气门关闭不严。还会使燃油滤清器堵塞,在喷油器针阀上生成漆状沉积物,造成针阀黏滞,形成积炭,使喷雾恶化,甚至中断供油,干扰正常燃烧,从而使排放污染增加。

5. 无腐蚀性

车用柴油的腐蚀性主要由其中的硫化物和有机酸等成分产生的。柴油中含硫过大对发动机具有较大的危害,硫对零件的腐蚀作用强,增大了燃烧产物中二氧化硫、三氧化硫的排放,对环境造成很大危害,同时加速了发动机润滑油的变质等,所以必须严格控制柴油中的硫含量,《车用柴油》(GB 19147—2016)规定车用柴油硫含量不大于 10mg/kg。柴油在储存较长时间后,会氧化生成有机酸使酸度逐渐增大,过多的酸含量,对容器、燃油供给系统的零部件有腐蚀作用,能使喷油器喷嘴结胶,高压油泵的柱塞磨损增大,燃烧室内积炭增多,发动机功率下降。

6. 清洁性

轻柴油的清洁性是指轻柴油中不应含有机械杂质和水分,燃烧不产生灰分等。国家标准中规定轻柴油不允许有机械杂质,水分不大于痕迹。灰分是指柴油中不能燃烧的机械杂质和溶于其内的无机盐类和有机盐类经燃烧后的剩余物质。灰分沉积在燃烧室中会加快汽缸壁与活塞环的磨损,所以,也应严格限制它在轻柴油中的含量。

(二)车用柴油的牌号及选用

1. 车用柴油的牌号

根据《车用柴油》(GB 19147—2016),我国车用柴油按凝点划分为 5 号、0 号、-10 号、-20 号、-35 号和 -50 号六种牌号。

2. 车用柴油的选用

车用柴油的选用主要考虑环境温度,并应遵循以下原则:

(1)根据柴油使用地区风险率 10% 的最低气温选用柴油牌号。风险率 10% 的最低气温值表示该月中最低气温低于该值的概率为 0.1。风险率 10% 的最低气温一般应等于或略高于轻柴油的冷滤点。由于柴油的冷滤点一般高于凝点 3~6℃,所以,风险率 10% 的最低气温在数值上高于其牌号 3~6 个数即可满足选用要求。有关各牌号柴油的适用地区如表 7-3 所示。

各牌号柴油的适用地区

表7-3

牌　　号	适用温度范围
5 号	适用于风险率为10%的最低气温在8℃以上地区使用
0 号	适用于风险率为10%的最低气温在4℃以上地区使用
−10 号	适用于风险率为10%的最低气温在−5℃以上地区使用
−20 号	适用于风险率为10%的最低气温在−14℃以上地区使用
−35 号	适用于风险率为10%的最低气温在−29℃以上地区使用
−50 号	适用于风险率为10%的最低气温在−44℃以上地区使用

（2）在气温允许的情况下尽量选用高牌号柴油。低牌号柴油凝点低，其炼制工艺复杂，生产成本高，而且柴油中凝点越低的成分燃烧性越差，使用时着火延迟期长，越容易发生工作粗暴，所以在气温允许的情况下应尽量选用高牌号柴油，真正做到既经济又实用。

（3）注意季节气温变化对用油的影响。对于那些季节气温变化较大的地区，如黑龙江、内蒙古、新疆等，应特别注意季节气温对用油的影响，及时改变用油牌号。

三、汽车使用中的节油措施

1. 保持汽车的良好技术状况

汽车具有良好技术状况，是节油的重要保证。提高维修质量是维持或恢复汽车技术状况的措施。在汽车使用过程中，若能按合理的维护周期、作业项目和技术要求，进行清洗、润滑、紧固、检查、调整和及时排除故障，就能减小零件的摩擦、磨损，降低汽车的燃料消耗。

2. 提高和推广节油驾驶技术

节油驾驶技术可概括为预热保温、中速行驶、脚轻手快、合理滑行、正确制动等。

3. 提高维修质量

提高汽车的维修质量，使汽车处于良好的技术状况是节油工作的基础，对节约燃油有明显作用。为提高汽车维修质量，应建立严格的维修制度，在维修过程中严格执行维修标准，并不断地提高维修人员的技术水平，按照维修规范和技术标准进行作业，确保维修质量。

4. 加强油料管理

汽车运输部门应采取有效管理方法，收集和记录汽车燃料消耗的原始数据，进行统计分析，制定出切实可行的节油管理措施，并组织实施。在油料保管过程中应减少浪费，燃油的装罐、运输、入库、保管、领发和盘存六大流转环节都应建立责任制，完善手续，杜绝各环节的流失现象。建立和健全燃油领用制度、定额考核制度和节油奖励制度，可调动节油的积极性，促进节油工作顺利开展。

第二节　润滑材料及其使用

汽车的润滑材料包括发动机润滑油、车辆齿轮油以及汽车润滑脂。

一、发动机润滑油

发动机润滑油也称发动机油,简称机油。它是保证发动机正常运行的重要材料,具有润滑、冷却、密封、清洗、防腐、降噪、减磨等功能。

(一)发动机润滑油的使用性能

发动机润滑油的工作条件非常苛刻,因此,对其使用性能有很高的要求。

1. 良好的润滑性

在各种条件下,发动机润滑油降低摩擦、减缓磨损和防止金属烧结的能力,称为发动机润滑油的润滑性。

发动机润滑油的黏度和化学性质对发动机零件在不同润滑状态的润滑作用有重要影响。当油膜厚度大于运动副表面粗糙度时,处于液体润滑状态,此时摩擦系数随润滑油黏度降低而减小。当润滑油的黏度低到一定程度时,油膜厚度降低到近似等于运动副表面粗糙度,该区域为混合润滑状态,润滑油的黏度和化学性质对摩擦系数都有影响。当润滑油膜的厚度小于运动副表面粗糙度时,便成为边界润滑状态,此时起润滑作用的不再是润滑油的黏度,而完全是润滑油的化学性质,即润滑油的油性和极压性。油性是润滑油在摩擦金属表面上的吸附性。润滑油中极性分子定向排列吸附在金属表面上形成吸附膜,这种吸附膜只能在中温、中速、中负荷情况下,才能保持边界润滑。当高温、高速、高压时,吸附膜脱落,油性失效。极压性是润滑油在摩擦表面所具有的一种化学反应性质。当润滑油中加入含硫、磷等化合物添加剂时,高温下这些化合物分解生成的活性元素与摩擦表面金属形成化学反应膜,该反应膜的熔点和剪切强度比较低,能降低摩擦和磨损。

通常在发动机润滑油中添加油性剂和极压抗磨剂,使其具有良好的润滑性。

2. 良好的低温操作性

发动机润滑油能保证发动机在低温条件下容易起动和可靠供油的性能,称为发动机润滑油的低温操作性。发动机润滑油应具有良好的低温操作性。

发动机润滑油黏度随气温降低而增加,因此,使发动机低温起动时转动曲轴的阻力矩增加,曲轴转速下降,如图 6-2 所示,从而造成发动机起动困难。同时发动机润滑油黏度增加后,流动困难,造成供油不足,零件磨损严重。

3. 良好的黏温性

温度对油品的黏度影响很大。温度升高,黏度降低;温度降低,黏度升高。润滑油随温度升降而改变黏度的性质称为润滑油黏温性。良好的黏温性是指油品的黏度随温度的变化程度小。

发动机润滑油所接触到的各润滑表面的温度差别很大。因此,就要求发动机润滑油在高温条件下工作,能保持一定的黏度,以形成足够厚度的油膜,确保润滑效果;而在低温条件下工作时,黏度又不至于过大,以维持一定的流动性,使发动机低温时容易起动和减小零件的磨损。

能同时满足低高温使用要求的发动机润滑油叫做多黏度发动机润滑油,俗称稠化机油。这种发动机润滑油用低黏度的基础油和黏度指数改进剂调配而成,具有良好的黏温性。

4. 良好的清净分散性

发动机润滑油具有抑制积炭、漆膜和油泥生成或将这些沉积物清除的性能,称为发动机润滑油的清净分散性。

发动机润滑油基础油本身是不具备清净分散性的,而是通过添加清净剂和分散剂而获得的。现代发动机的性能逐渐强化,工作条件越加苛刻。从一定意义上说,发动机润滑油使用性能的高低,体现在清净剂和分散剂的性能和添加量上。

5. 良好的抗氧化性

在一定的条件下,发动机润滑油抵抗氧化变质的能力,称为发动机润滑油的抗氧化性。发动机润滑油在一定条件下会发生化学反应,由于氧化而使其颜色变深、黏度增加、酸性增大,并析出沉积物。发动机润滑油的氧化是发动机润滑油沉积物生成、变质的前提,因此,抗氧化性也是发动机润滑油的重要性质。它是决定发动机润滑油使用期限的重要因素。发动机润滑油自身减缓其氧化变质过程的主要途径是选择合适的馏分、合理精制;添加抗氧化剂或抗氧抗腐剂。

6. 良好的抗腐性

发动机润滑油抵抗腐蚀性物质对发动机金属零部件腐蚀的能力称为发动机润滑油的抗腐性。发动机润滑油在使用过程中不可避免地被氧化而生成各种有机酸,这些有机酸将对金属产生腐蚀作用。提高发动机润滑油抗腐性的主要途径是提高发动机润滑油的精制程度,减小其酸值,同时要添加适量的抗氧抗腐剂。

7. 良好的抗泡性

发动机润滑油抑制并消除其泡沫的性质叫做发动机润滑油的抗泡性。当曲轴箱中的发动机润滑油受到激烈搅动时,势必有空气混入,就会产生泡沫。泡沫如果不及时消除,会产生气阻、供油不足等故障。一般在发动机润滑油中添加抗泡剂,以提高发动机润滑油的抗泡性。

(二) 发动机润滑油的分类

目前,美国润滑油的 API 使用性能分类法和 SAE 黏度分类法已被世界各国所公认和广泛采用,我国也参照这两种分类方法制定了《内燃机油分类》(GB/T 28772—2012)、《润滑剂、工业用油和相关产品(L 类)的分类 第 17 部分:E 组(内燃机油)》(GB/T 7631.17—2014)和《内燃机油黏度分类》(GB/T 14906—1994)等国家标准。

1. 发动机润滑油 API 使用性能分类

发动机润滑油的使用性能分类,是根据在发动机润滑油试验评定中所表现的润滑性、清净分散性和抗氧抗腐性等确定其等级。

1970 年,美国石油协会(API)、美国材料与试验协会(ASTM)和美国汽车工程师协会(SAE),共同提出了发动机润滑油的使用性能必须通过规定的发动机试验来确定,即 API 使用性能分类法,它是按照发动机润滑油强化程度和工作条件的苛刻程度来划分的。

我国国家推荐标准《内燃机油分类》(GB/T 28772—2012)中规定了汽油发动机润滑油和柴油发动机润滑油的使用性能等级,其中汽油发动机润滑油分为 SE、SF、SG、SH、GF-1、SJ、GF-2、SL、GF-3、SM、GF-4、SN、GF-5 十三个等级,柴油发动机润滑油分为 CC、CD、CF、CF-2、CF-4、CG-4、CH-4、CI-4、CJ-4 九个等级。该标准对汽油/柴油发动机通用润滑油的规格未作具体规定,发动机通用润滑油可根据需要在 9 个汽油发动机润滑油品种和 6 个柴油发动机润滑油品种中进行组合。API 使用性能分类法是一种开端分类法,随着发动机和发动机润滑油技术的发展,将不断增加发动机润滑油的新级别。

2. 发动机润滑油 SAE 黏度分类

SAE《发动机润滑油黏度分类》(J300—2005)标准采用含字母 W 和不含字母 W 两组系列黏度等级号划分,我国的发动机润滑油黏度分类则参照该标准制定。冬用的发动机润滑油黏度等级以 6 个含 W 的低温黏度级号(0W、5W、10W、15W、20W 和 25W)表示,W 取自于英文单词 Winter 的首字母;夏用的发动机润滑油黏度等级以 5 个不含 W 的 100℃运动黏度级号(20、30、40、50 和 60)表示。

发动机润滑油的 SAE 黏度级号(部分)与适用气温对照关系见表 7-4。

SAE 黏度级号(部分)与适用气温对照表　　　　　表 7-4

SAE 黏度级号	适用温度(℃)	SAE 黏度级号	适用温度(℃)
0W/40	−35 ~ 40	15W/40	−20 ~ 40
5W/30	−30 ~ 30	20W/40	−15 ~ 40
5W/40	−30 ~ 40	20W/50	−15 ~ 50
10W/30	−25 ~ 30	30	−10 ~ 30
10W/40	−25 ~ 40	40	−5 ~ 40
15W/30	−20 ~ 30	50	0 ~ 50

(三)发动机润滑油的选用

1. 发动机润滑油的选择

发动机润滑油的选择应兼顾使用性能级别的选择和黏度级别的选择两个方面。

1)使用性能级别的选择

发动机润滑油使用性能级别的选择,主要根据发动机性能、结构、工作条件和燃料品质等。

汽油发动机润滑油使用性能级别的选择一般应考虑以下因素:

(1)发动机压缩比、排量、最大功率、最大扭矩;

(2)发动机润滑油负荷,即发动机功率(kW)与曲轴箱发动机润滑油容量(L)之比;

(3)曲轴箱强制通风、废气再循环等排气净化装置的采用对发动机润滑油的影响;

(4)城市汽车时开时停等运行工况对生成沉积物和发动机润滑油氧化的影响等。

表 7-5 列出了各级别油品的使用性能以及应用情况。

汽油发动机润滑油使用性能选择参考表　　　　　表 7-5

汽油发动机润滑油 使用性能级别	性 能 特 点 与 适 用 场 合
SE	具有抗氧化、控制高温沉积物、抗锈蚀和抗腐蚀的性能,用于轿车和某些货车的汽油机以及要求使用 API SE 级油的汽油机
SF	抗氧化和抗磨损性能优于 SE,还具有控制沉积物、抗锈蚀和抗腐蚀的性能,用于轿车和某些货车的汽油机以及要求使用 API SF、SE 级油的汽油机

汽油发动机润滑油使用性能级别	性能特点与适用场合
SG	控制沉积物、抗氧化和抗磨损性能优于SF，还具有抗锈蚀和腐蚀的性能，用于轿车、货车和轻型货车的汽油机以及要求使用API SG级油的汽油机
SH、GF-1	控制沉积物、抗氧化、抗磨损、抗锈蚀和抗腐蚀性能优于SG，用于轿车、货车和轻型货车的汽油机以及要求使用API SH级油的汽油机 GF-1与SH相比，增加了对燃料经济性的要求
SJ、GF-2	挥发性、过滤性、高温泡沫性和高温沉积物控制性能优于SH，用于轿车、运动型多用途汽车、货车和轻型货车的汽油机以及要求使用API SJ级油的汽油机 GF-2与SJ相比，增加了对燃料经济性的要求
SL、GF-3	挥发性、过滤性、高温泡沫性和高温沉积物控制性能优于SJ，用于轿车、运动型多用途汽车、货车和轻型货车的汽油机以及要求使用API SL级油的汽油机 GF-3与SL相比，增加了对燃料经济性的要求
SM、GF-4	高温氧化和清净性能、高温磨损性能以及高温沉积物控制性能优于SL，用于轿车、运动型多用途汽车、货车和轻型货车的汽油机以及要求使用API SM级油的汽油机 GF-4与SM相比，增加了对燃料经济性的要求
SN、GF-5	高温氧化和清净性能、低温油泥和高温沉积物控制性能优于SM，用于轿车、运动型多用途汽车、货车和轻型货车的汽油机以及要求使用API SN级油的汽油机 对于资源节约型SN，还强调燃料经济性、对排放系统和涡轮增压器的保护以及与含乙醇最高达85%的燃料的兼容性能 GF-5与SN相比，性能基本一致

柴油发动机润滑油使用性能级别的选择主要根据发动机的平均有效压力、活塞平均速度、发动机润滑油负荷、使用条件和柴油的硫含量。

发动机的平均有效压力、活塞平均速度等可反映发动机的强化程度，用强化系数 K_ϕ 表示。对于四冲程柴油机

$$K_\phi = 5P_{me}C_m$$

式中：K_ϕ——强化系数；

P_{me}——发动机平均有效压力（MPa）；

C_m——活塞平均速度（m/s）。

$$P_{me} = \frac{30N_e\tau}{Vn}$$

式中：N_e——发动机有效功率（kW）；

τ——发动机冲程数；

V——发动机排量（L）；

n——发动机转速（r/min）。

$$C_m = \frac{Sn}{30}$$

式中：S——活塞行程(m)。

表7-6列出了各级别油品的使用性能以及应用情况。

柴油发动机润滑油使用性能选择参考表 表7-6

柴油发动机润滑油使用性能级别	性 能 特 点 与 适 用 场 合
CC	对于柴油机具有控制高温沉积物和轴瓦腐蚀的性能,对于汽油机具有控制锈蚀、腐蚀和高温沉积物的性能,用于中负荷及重负荷下运行的自然吸气、涡轮增压和机械增压式柴油机和一些重负荷汽油机
CD	具有控制轴瓦腐蚀和高温沉积物的性能,用于需要高效控制磨损及沉积物或使用包括高硫燃料的自然吸气、涡轮增压和机械增压式柴油机以及要求使用 API CD 级油的柴油机
CF	能够使用硫的质量分数大于 0.5% 的高硫柴油燃料,用于非道路间接喷射式柴油机和其他柴油机,也可用于需有效控制活塞沉积物、磨损和含铜轴瓦腐蚀的自然吸气、涡轮增压和机械增压式柴油机
CF-2	用于需高效控制汽缸、环表面胶合和沉积物的二冲程柴油机
CF-4	具有控制机油消耗和活塞沉积物等性能,用于高速、四冲程柴油机以及要求使用 API CF-4 级油的柴油机,特别适用于高速公路行驶的重负荷载货汽车
CG-4	能够使用硫的质量分数小于 0.05% ~ 0.5% 的柴油燃料,可有效控制高温活塞沉积物、磨损、腐蚀、泡沫、氧化和烟炱的累积,用于可在高速公路和非道路使用的高速、四冲程柴油机
CH-4	能够使用硫的质量分数不大于 0.5% 的柴油燃料,可凭借其在磨损控制、高温稳定性和烟炱控制方面的特性有效保持发动机的耐久性;对于非铁金属的腐蚀、氧化和不溶物的增稠、泡沫性以及由于剪切造成的黏度损伤可提供最佳保护,用于高速、四冲程柴油机
CI-4	能够使用硫的质量分数不大于 0.5% 的柴油燃料,在装有废气再循环装置的系统里使用可保持发动机的耐久性;对于腐蚀性和与烟炱有关的磨损倾向、活塞沉积物以及由于烟炱累积引起的黏温性变差、氧化增稠、机油消耗、泡沫性、密封材料的适应性降低和由于剪切造成的黏度损伤可提供最佳保护,用于高速、四冲程柴油机
CJ-4	能够使用硫的质量分数不大于 0.5% 的柴油燃料,在装有微粒处理器和其他后处理装置的系统里使用可特别有效地保持发动机排放控制系统的耐久性;对于催化剂中毒的控制、微粒过滤器的堵塞、发动机磨损、活塞沉积物、高低温稳定性、烟炱处理特性、氧化增稠、泡沫性和由于剪切造成的黏度损伤可提供最佳保护,用于高速、四冲程柴油机

2)黏度级别的选择

发动机润滑油黏度级别的选择,主要是根据气温、工况和发动机的技术状况。

黏度是评价发动机润滑油品质的一个重要指标,发动机润滑油黏度级别的选择一般要遵循以下原则:

(1)根据工作地区的环境温度、发动机负荷、转速选用适宜黏度等级的发动机润滑油,以保证零件正常润滑。

(2)尽量选用黏温特性好、黏度指数高的多级油,这样不仅可以减少因气温变化带来更换发动机润滑油的麻烦,而且可以减少发动机润滑油的浪费。

(3)从工况方面考虑,重载低速和高温下应选择黏度较大的发动机润滑油;轻载高速应选择黏度较小的发动机润滑油。

(4)从发动机的技术状况考虑,新发动机应选择黏度较小的发动机润滑油,磨损严重的发动机应选择黏度较大的发动机润滑油。

2.发动机润滑油的使用

对发动机润滑油作出合理选择后,必须依据规定对其加以正确使用,在使用中应注意以下几个方面:

(1)要注意使用中润滑油质量的变化,有条件者可以定期检查润滑油的各项性能指标,一旦发现性能指标有较大变化,应及时更换,不应教条地照搬换油期限。目前,我国多采用滤纸斑点试验法进行润滑油质量快速分析,使原来在用发动机润滑油的定期换油法,转变为在油质监测下的定期换油,必要时在用发动机润滑油可提前报废。

(2)换油时应采用热机放油方法。即在更换发动机润滑油时,应先运行车辆,然后趁热放出润滑油,以便使机内的油泥、污物等尽可能地随润滑油一起排出。

(3)加注发动机润滑油要注意适量。油量不足会加速润滑油的变质,而且会因缺油而引起零件的烧损;发动机润滑油加注过多,不仅会增大润滑油的消耗量,而且过多的润滑油易窜入燃烧室内,将恶化混合气的燃烧。

(4)要定期、检查清洗发动机润滑油滤清器,清理曲轴箱中的脏物。

(5)要避免不同牌号的发动机润滑油混用,以免相互起化学反应。

(6)选购时,应尽可能地购买有影响、有知名度的正规厂家的发动机润滑油,要特别注意辨别真假,确保润滑油的品质。

二、车辆齿轮油

车辆齿轮油用于车辆机械式变速器、驱动桥及转向器的齿轮、轴承及轴等零件的润滑。车辆齿轮传动装置(特别是准双曲面齿轮)在工作过程中承受的荷载较大,因而对车辆齿轮油的性能要求也较高。

(一)车辆齿轮油的使用性能

1.良好的润滑性和极压性

车辆齿轮油应具有适宜的运动黏度,以保证形成良好的润滑状态。车辆齿轮多处于混合润滑和边界润滑状态,所承受的压力、润滑速度和局部温度都很高,所以车辆齿轮油的极压抗磨性非常重要,尤其是准双曲面齿轮。车辆齿轮油的极压性是指齿轮油中的极压抗磨剂在高压、高速、高温的苛刻工作条件下,能在齿面上与金属发生化学反应生成反应膜,防止齿面擦伤或烧结的性质。

2.良好的低温操作性和黏温性

车辆齿轮油同发动机润滑油一样要求在低温下保持必要的流动性,以保证轴承和齿轮等零件的润滑。车辆齿轮油的工作温度范围也较宽,因此不但要求车辆齿轮油低温流动性好,而且要求高温时黏度不能太小,即有良好的黏温性。

3. 良好的热氧化安定性

车辆齿轮油的热氧化安定性是指齿轮油在空气、水分、金属的催化作用和热作用下抵抗氧化变质的能力。齿轮油氧化后会使油的黏度增加,生成油泥,影响油的流动,降低齿轮油的使用期,并且氧化产生腐蚀性的物质,会加速金属的腐蚀和锈蚀。提高齿轮油热氧化安定性的一个主要途径是加抗氧化添加剂。

4. 良好的抗腐性和防锈性

车辆齿轮油抗腐性是指齿轮油在金属表面形成保护膜,以防止腐蚀性物质侵蚀金属的能力。齿轮油的防锈性是指齿轮油保护齿轮不受锈蚀,保证齿轮的使用性能和延长齿轮使用寿命的能力。

齿轮传动装置内可能从外界渗入水分,工况变化、冷热交替也可能出现冷凝水分。齿轮油内的水分和氧化生成的酸性产物,是齿轮和轴承生锈、腐蚀的主要原因。此外,齿轮油内极压抗磨剂的作用实际上是一种控制性的腐蚀现象,对金属有一定的腐蚀作用。生锈和腐蚀将加速磨损,使材料强度降低。因此,齿轮油中应加入适当的极压抗磨剂、抗腐剂和防锈剂,使车辆齿轮油具有良好的抗腐性和防锈性。

车辆齿轮油除上述要求的使用性能外,还有一些与发动机润滑油相同的使用性能。如抗泡性、清净分散性等。

(二)车辆齿轮油的分类

1. 车辆齿轮油 API 使用性能分类

世界上广泛采用美国石油协会(API)的车辆齿轮油使用性能分类法。根据齿轮的形式和负载情况对车辆齿轮油进行质量等级分类,该分类将车辆齿轮油分为 GL-1、GL-2、GL-3、GL-4、GL-5 和 GL-6 六级。我国标准《车辆齿轮油分类》(GB/T 28767—2012)则将车辆齿轮油分为 GL-3、GL-4、GL-5 和 MT-1 四级,其使用说明见表 7-7。

我国车辆齿轮油 API 使用性能分类和用途　　　　　　　　　表 7-7

分　类	使 用 说 明
GL-3	适用于速度和负荷比较苛刻的汽车手动变速器及较缓和的螺旋伞齿轮驱动桥
GL-4	适用于速度和负荷比较苛刻的螺旋伞齿轮和较缓和的准双曲面齿轮,可用于手动变速器和驱动桥
GL-5	适用于高速冲击负荷、高速低转矩和低速高转矩下操作的各种齿轮,特别是准双曲面齿轮
MT-1	对于防止化合物热降解、部件磨损及油封劣化提供保护,适用于在大型客车和重型载货汽车上使用的非同步手动变速器

2. 车辆齿轮油 SAE 黏度分类

世界上广泛采用美国汽车工程师协会(SAE)的车辆齿轮油黏度分类法。SAE《车辆润滑油黏度分类》(J306—2005)标准中采用含字母 W 和不含字母 W 的两组黏度等级系列,含字母 W 的黏度等级代号由一组数字和字母组成,包括 70W、75W、80W 和 85W 等,不含字母 W 的黏度等级代号由一组数字组成,包括 80、85、90、110、140、190 和 250 等。其中,含字母 W 的是冬用齿轮油,不含字母 W 的是夏用齿轮油。

车辆齿轮油的黏度等级也有单黏度等级和多黏度等级之分。一个多黏度等级的车辆齿轮油,其低温黏度满足一个含 W 级的要求,并且高温性能在一个不含 W 级规定的范围之内。例如 80W-90,它满足 80W 级别的低温性能并且在 90 级别的高温性能规定范围之内。

《汽车齿轮润滑剂黏度分类》(GB /T 17477—2012)标准中也采用含字母 W 和不含字母 W 的两组黏度等级系列,含字母 W 的黏度等级代号由一组数字和字母组成(如 70W、75W、80W 和 85W),不含字母 W 的黏度等级代号由一组数字组成(如 80、90、110、140、190 和 250)。黏度等级也有单黏度等级和多黏度等级之分,要求同 J306。

(三)车辆齿轮油的选用

1.车辆齿轮油的选择

与发动机润滑油一样,车辆齿轮油的选择也包括使用性能级别的选择和黏度级别的选择两个方面。

(1)使用性能级别的选择。车辆齿轮油的使用级别,要严格按照汽车使用说明书中规定的齿轮油使用级别,或根据传动机构工作条件的苛刻程度来选择。工作条件主要指齿面压力、滑移速度和油温等,而这些工作条件又取决于传动装置的齿轮类型,所以一般按齿轮类型和传动装置的功能来选择车辆齿轮油的使用性能级别。

一般来说,驱动桥工作条件苛刻,而准双曲面齿轮式主减速器更为苛刻,对齿轮油使用性能要求较高,一定要选择 GL-4 以上的车辆齿轮油。我国改革开放之初,对进口车不够了解,西北某地购买一批日本车,使用普通车辆齿轮油添加在准双曲面齿轮式主减速器,结果造成损坏,要求向日方索赔,最后调查发现是使用不当。

汽车手动变速器、转向机构的工作条件比主减速器齿轮温和,普通车辆齿轮油就可以满足其润滑要求。但为了减少用油级别、方便管理,手动变速器、转向机构和后桥可选用同一级别使用性能的齿轮油。

(2)黏度级别的选择。车辆齿轮油黏度级别的选择,主要根据最低气温和最高油温,并考虑车辆齿轮油换油周期较长的因素。

车辆齿轮油的黏度应既能保证低温下的车辆起步,又能满足油温升高后的润滑要求。例如:黏度级为 70W、75W、80W 和 85W 的车辆齿轮油最低使用温度分别是 −55℃、−40℃、−26℃ 和 −12℃。也就是说,车辆使用地区的最低气温不应低于所选齿轮油的最低使用温度。我国南方冬季温度很少低于 −10℃,所以可全年使用 SAE 90 及以上级别的车辆齿轮油;而在北方地区,为适当延长换油期,避免季节换油造成浪费,可以选用冬夏通用的多级油。黄河以南地区可选用 85W-140 车辆齿轮油;寒区及严寒地区可选用 75W-90 车辆齿轮油。

2.车辆齿轮油使用的注意事项

(1)等级低的齿轮油不能用在要求较高的车辆上;等级高的齿轮油可降级使用,但降级过多则在经济上不合算。

(2)齿轮油的黏度应以能保证润滑为宜,尽可能选用合适的多级齿轮油,如果黏度过高,会显著增加燃料消耗。

(3)考虑齿轮箱的使用寿命,按换油周期更换新油时,应趁热将旧油放净,并清洗齿轮箱。如使用单级油,在换季维护时放出的旧油不到换油指标时可在再次换油时加入使用。

(4)不同等级的车辆齿轮油不能混用。

三、汽车润滑脂

润滑脂俗称黄油,是在基础油(润滑油)中加入稠化剂和添加剂后,形成的一种稳定固体或半固体产品。润滑脂在常温下可附着于垂直表面不流失,并能在敞开或密封不良的摩擦部位工作,用于汽车(及其他工程机械)上不宜采用液体润滑油的部位,如轮毂轴承、各拉杆球节、发电机轴承、水泵轴承、离合器轴承及传动轴花键等。

(一)汽车润滑脂的使用性能

润滑脂的使用范围很广,工作条件也千差万别,不同的机械设备对润滑脂性能要求各不相同。根据汽车及工程机械用脂部位的具体情况,汽车润滑脂应具有以下使用性能。

1.适当的稠度

稠度是指像润滑脂一类的塑性物质在受力作用时抵抗变形的程度,稠度是塑性的一个特征,它仅是反映润滑脂的变形和流动阻力的一个笼统概念。

稠度是一个与润滑脂在所润滑部位上的保持能力和密封性能,以及与润滑脂的泵送和加注方式有关的重要性能指标。稠度级号是润滑脂代号的组成部分,是润滑脂选择的一个重要指标。

润滑脂的稠度等级可用锥入度来表示。润滑脂的锥入度是指在规定的时间和温度条件下,标准锥体穿入润滑脂试样的深度,以 1/10mm 为单位。锥入度反映了润滑脂在低剪切速率条件下变形与流动性能。锥入度值越高,脂越软,即稠度越小,越易变形和流动;锥入度值越低,则脂越硬,即稠度越大,越不易变形和流动。我国用锥入度范围来划分润滑脂的稠度级号。根据 GB/T 7631.1—2008 的规定,润滑脂的稠度分为 000、00、0、1、2、3、4、5、6 九个等级,数字越大,表示润滑脂越硬。

2.良好的高温性能

温度升高,润滑脂变软,使得润滑脂附着性能降低而易于流失。另外,在较高温度条件下还易使润滑脂的蒸发损失增大、氧化变质和凝缩分油现象严重。高温性能好的润滑脂可以在较高的使用温度下保持其附着性能,其变质失效过程也较缓慢。

评定润滑脂高温性能的指标有滴点等。在规定的试验条件下,润滑脂达到一定流动性的温度叫做滴点。润滑脂的滴点常用来粗略估计最高使用温度。一般润滑脂的最高使用温度比其滴点低 20~30℃,个别低得更多。例如:2 号钙基润滑脂滴点为 85℃,适用最高温度为 60℃;汽车通用锂基润滑脂滴点为 180℃,适用最高温度为 120℃。

3.良好的低温性能

在寒冷地区使用的汽车,要求润滑脂在低温条件下仍能保持良好的润滑性能。

4.良好的抗水性

润滑脂的抗水性表示润滑脂在大气湿度条件下的吸水性能,要求润滑脂在储存和使用中不具有吸收水分的能力。抗水性差的润滑脂,遇水后往往造成稠度降低,甚至乳化而流失。汽车润滑脂润滑的底盘各摩擦点可能与水接触,这就要求润滑脂具有良好的抗水性。

5. 良好的防腐性

润滑脂的防腐性是指润滑脂防止与其相接触金属被腐蚀的能力。使润滑脂产生腐蚀性的原因很多,主要是由于氧化产生酸性物质所致。

6. 良好的胶体安定性

胶体安定性是指润滑脂在储存和使用过程中避免胶体分解,防止液体润滑油析出的能力。如果润滑脂的液体润滑油析出,将直接导致润滑脂稠度改变。

7. 良好的氧化安定性

氧化安定性是指润滑脂在储存和使用中抵抗氧化的能力。润滑脂的氧化与其组分(稠化剂、添加剂及基础油)有关。润滑脂中的稠化剂和基础油,在储存或长期处于高温的情况下很容易被氧化。氧化的结果是产生腐蚀性产物、胶质和破坏润滑结构的物质,这些物质均易引起金属部件的腐蚀和降低润滑脂的使用寿命。

8. 良好的机械安定性

机械安定性是指润滑脂在机械工作条件下抵抗稠度变化的能力。机械安定性差的润滑脂,使用中容易变稀甚至流失,影响润滑脂的寿命。

(二)汽车润滑脂的品种和特点

汽车常用润滑脂品种有钙基润滑脂、钠基润滑脂、汽车通用锂基润滑脂、极压复合锂基润滑脂和石墨钙基润滑脂等。

1. 钙基润滑脂

钙基润滑脂有 1、2、3、4 号四个稠度级号,滴点在 75 ~ 100℃ 之间,使用温度范围为 -10 ~ 60℃ 之间,它抗水性好,遇水不易乳化,容易黏附于金属表面,胶体安定性好,但使用寿命短。它主要用于润滑汽车轮毂轴承、底盘拉杆球节、水泵轴承和分电器轴承及分电器凸轮等。

2. 钠基润滑脂

钠基润滑脂有 2、3 号两个稠度级号,滴点可达 160℃,可在 120℃ 下长时间工作,并有较好的承压抗磨性能,可适应较大的负荷,但抗水性差,不能用在潮湿环境或与水接触的部件。它可用于汽车轮毂轴承、风扇离合器等。

3. 汽车通用锂基润滑脂

汽车通用锂基润滑脂的稠度级号为 2 号,滴点可达180℃,它具有良好的机械安定性、胶体安定性、防锈性、氧化安定性和抗水性。适用于 -20 ~ 120℃ 温度下,汽车轮毂轴承、底盘、水泵和发电机等各摩擦部位润滑,进口汽车和国产汽车普遍推荐使用这种润滑脂。

4. 极压复合锂基润滑脂

极压复合锂基润滑脂与汽车通用锂基润滑脂的区别是具有更高的挤压抗磨性,可适用于 -20 ~ 160℃,高负荷机械设备的齿轮和轴承润滑,有 1、2、3 号三个稠度级号,部分高性能进口汽车推荐使用极压润滑脂。

5.石墨钙基润滑脂

石墨钙基润滑脂具有良好的抗水性和抗碾压性能,滴点为80℃,适合于重负荷、低转速和粗糙机械的润滑。汽车钢板弹簧、起重机齿轮转盘及半拖货车的转盘等承压部位使用石墨钙基润滑脂。

(三)汽车润滑脂的选用

1.汽车润滑脂的选择

润滑脂的选择应根据车辆和机械设备使用说明书的规定,选用与用脂部位工作条件相适应的润滑脂品种和稠度级号。所谓按工作条件选用,主要指以下几项:

(1)温度。摩擦副的温度变化对润滑脂的使用性能、使用寿命有明显影响。每当轴承温度升高 $10 \sim 15℃$,润滑脂使用寿命降低 $1/2$,这是由于温度升高,润滑脂的基础油蒸发损失,基础油与稠化剂因热氧化变质产生分油现象而漏失。选高温润滑脂时,最高使用温度应高于滴点 $20 \sim 30℃$;选低温润滑脂时,润滑脂的使用温度应略高于润滑脂的最低操作温度。

(2)环境。在选择润滑脂时应充分考虑润滑部位所处的工作环境,如气温、湿度、灰尘、腐蚀性介质等。潮湿或与水接触的情况下应选用抗水性好的钙基、锂基润滑脂;防锈性要求严格时,应选用加防锈剂的润滑脂。

(3)负荷。根据负荷大小选用润滑脂的抗极压性。负荷是指单位摩擦面积上承受的压力。大于 $5000MPa$ 称为重负荷,宜用极压性润滑脂;$3000MPa$ 以下为轻负荷,宜用非极压性润滑脂。

(4)稠度级号。与环境温度及转速、负荷等因素有关。一般高速低负荷的部位,应选用稠度级号低的润滑脂。若环境温度较高时,稠度级号可提高一级。汽车一般推荐使用1号或2号脂。

2.汽车润滑脂使用注意事项

(1)轮毂轴承是主要用润滑脂部位,宜全年使用2号脂(南方),或冬用1号夏用2号脂(北方)。

(2)轮毂轴承润滑脂使用到严重断油、分层或软化流失前必须更换。换脂时要合理充填,要求在轴承内填满脂,轮毂内腔仅薄薄地涂一层脂即可,而不宜在该内腔也装满脂。

(3)按使用说明书规定及时向各润滑点注脂。润滑脂一次加入的量不能过多,否则,会使机件的运转阻力增加,工作温度升高。

(4)石墨钙基润滑脂含有固体鳞片状石墨,不易从摩擦面挤出,可起到持久的润滑作用,适宜用在汽车钢板弹簧等负荷大、滑动速度低的部位。

(5)基础油、稠化剂、添加剂不同的润滑脂不能互相掺混使用。

(6)润滑脂一旦混入杂质便难以除去,在保存、分装和使用过程中,严格防止灰、沙和水分等外界杂质污染。

第三节 汽车特种液及其使用

除燃料、润滑材料之外的其他液体材料统称为汽车特种液,包括液压油、液力传动油、制动液、冷却液、制冷剂等。

一、液压油

自卸汽车、汽车起重机、装卸机械等工程车辆以及维修机具的液压系统均以液压油为工作介质，实现能量传递和转换，完成预期的工作和实现对工作目标的控制。

（一）液压油的使用性能

为了保证液压系统工作正常，液压油应具有以下使用性能。

1. 保持液压油的不可压缩性

液体在外力作用下不易改变其体积，所以通常说液体是不可压缩的。但空气混入后会影响液压油的不可压缩性，从而破坏了它作为工作介质传递能量的作用。为了保持液压油的不可压缩性，一方面要尽量防止空气混入系统，另一方面在液压油中加入抗泡剂。

2. 合适的黏度及良好的黏温性

相同工作压力下黏度过高，液压部件运动阻力增加，温升加快，液压泵的自吸能力下降，油泵功率损失增大；黏度过低，液压元件内漏增大，支承能力下降。在宽温度范围使用的液压油里应加入黏度指数改进剂，使其具有良好的黏温性。

3. 良好的抗剪切性

液压油流经泵、阀的节流口时，因液流中心和器壁的速度梯度，使液压油产生强烈的剪切作用，导致黏度降低，当黏度降低到一定限度时，油就不能再使用，因此，液压油应具有良好的抗剪切性能。

4. 良好的润滑性

液压油在液压系统中完成能量传递、转换的同时，还应对液压元件起润滑作用。为了减少零件磨损，液压油应具有良好的润滑性。

5. 良好的抗氧化性

液压油氧化后产生的酸性物质，增加对金属的腐蚀性，产生油泥，使液压系统工作不正常，影响系统的稳定性及控制机构的精度和准确性，因此，液压油应具有良好的抗氧化性。实现方法是对液压油的基础油进行深度精制，并加入抗氧剂。

此外，液压油还应有良好的防腐性、防锈性、抗乳化性和橡胶密封材料的适应性等要求。

（二）液压油的分类

按国家标准规定，液压油属于 L 类（润滑剂和有关产品）中 H 组（液压系统），并采用统一的命名方法，其一般形式为

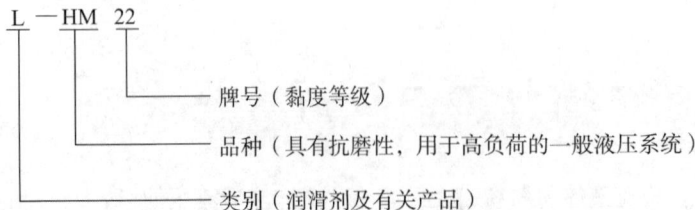

L —HM 22

牌号（黏度等级）

品种（具有抗磨性，用于高负荷的一般液压系统）

类别（润滑剂及有关产品）

GB/T 7631.2—2003 规定润滑剂、工业用油和有关产品(L 类)的分类 第 2 部分:H 组(液压系统)见表 7-8。

H 组(液压系统)**液压油分类——流体静压系统**(GB/T 7631.2—2003 摘录)　　表 7-8

组别符号	应　　用		组成和特性	产品符号	典 型 应 用	备　　注
	一般	特殊				
H	液压系统	流体静压系统	无抑制剂的精制矿油	L—HH		
			精制矿油,并改善其防锈和抗氧性	L—HL		
			HL 油,并改善其抗磨性	L—HM	有高负荷部件的一般液压系统	
			HL 油,并改善其黏温性	L—HR		
			HM 油,并改善其黏温性	L—HV	建筑和船舶设备	
			无特定难燃性的合成液	L—HS		特殊性能
			HM 油,并具有抗黏–滑性	L—HG	液压和滑动轴承导轨润滑系统合用的机床,在低速下使振动或间断滑动(黏–滑)减为最小	这种液体具有多种用途,但并非在所有液压应用中皆有效

液压油的黏度等级按《工业液体润滑剂 ISO 黏度分类》(GB/T 3141—1994)的规定,等效采用国际标准 ISO 的分类,以 40℃ 运动黏度的中间点黏度划分黏度等级,常用的 10 ~ 150 各级的中间点运动黏度及运动黏度范围见表 7-9。

ISO 黏度分类(摘录)　　表 7-9

ISO 黏度等级	中间点运动黏度(40℃)(mm²/s)			ISO 黏度等级	中间点运动黏度(40℃)(mm²/s)		
	取值	最小	最大		取值	最小	最大
10	10	9.0	11.0	46	46	41.2	50.6
15	15	13.5	16.5	68	68	61.2	74.8
22	22	19.8	24.2	100	100	90.0	110.0
32	32	28.8	35.2	150	150	135.0	165.0

(三)液压油的选用

1. 液压油的选择

(1)根据液压设备的工作环境和运转工况选择液压油的品种,见表 7-10。

按环境和工况选择液压油的品种　　表 7-10

运转工况	压力(MPa)	<7	7 ~ 14	7 ~ 14	>14
	温度(℃)	<50	<50	50 ~ 80	>80
工作环境	温度变化不大的环境	HL	HL、HM	HM	HM
	寒区和严寒地区	HR	HV	HV、HS	HV、HS

(2)根据液压泵的类型、压力和工作温度选择液压油的黏度等级。液压油的黏度应能保证液压系统在可能遇到的低温环境下工作灵敏可靠,并在高温条件下保持较高的效率。如多数汽车制造厂推荐汽车转向助力器使用 HV 或 HS 型低温液压油,最低气温在 −10℃ 以上

地区，可全年使用 46 号液压油，最低气温在 -20 ~ -10℃以上地区，可全年使用 32 号液压油，最低气温在 -35 ~ -20℃以上地区，可全年使用 22 号油。

2. 液压油使用注意事项

（1）要特别注意保持液压油的清洁，严防沙尘等固体污染物侵入，否则，将显著缩短液压系统的寿命。

（2）按液压油的换油指标换油。如不具备分析条件，则按设备使用说明书的规定定期换油。

（3）换油要领及步骤：

①首先更换液压油箱中的液压油，将油箱中的液压油放掉，并拆卸总油管，用新液压油仔细清洗油箱及滤油器。装复后加入新液压油。

②起动发动机，以低速运转，使油泵开始动作，分别操纵各机构，靠新液压油将系统各回路的旧油逐一排出，排出的旧油不得流入液压油箱，直至总回油管有新油流出后停止油泵转动。在各回路换油同时，应注意不断向液压油箱中补充新液压油，以防油泵吸空。

③将总回油管与油箱连接，最后将各元件置于工作初始状态，往油箱中补充新液压油至规定位置。

④不同品种、不同牌号的液压油不得混合使用，新油在加入前和使用后，均应进行取样化验，以确保油液质量。

二、液力传动油

汽车自动变速器、液力控制系统是以液力传动油为工作液，以液力、液压原理为基础，实现自动变速和液力控制的。

（一）液力传动油的使用性能

液力传动油同时承担传递功率、变矩、变速、实现控制、润滑及冷却等多种任务，因此，对其使用性能有较高的要求。

1. 适当的黏度和良好的黏温性

黏度过小，不易形成油膜，会加剧零件磨损，并使执行机构的油压降低，从而出现换挡不正常等故障。如低温下液力传动油的黏度过大，流动性差，发动机起动后，油液供至各控制阀、执行机构的时间会延迟，造成换挡滞后时间增加，严重时可能引起离合器打滑或烧结。液力传动油的使用温度为 -40 ~ 170℃，范围很宽，所以液力传动油中加入了一定量的黏度指数改进剂，使其具有良好的黏温性。

2. 良好的抗热氧化性

汽车在苛刻条件下运行时，液力传动油油温可达到 150 ~ 170℃。在高油温下，油分子受到强烈的氧化作用，结果是生成油泥、漆膜和酸性物质等，影响自动变速器正常工作，例如堵塞滤清器、液压控制系统失灵、离合器和制动器打滑等。为使液力传动油具有良好的抗热氧化性能，液力传动油中加抗氧化剂。

3. 良好的抗泡沫性

由于转动零部件的激溅作用，液力传动油会生成泡沫。一旦泡沫生成，则含有气泡的液力传动油润滑性能变坏,自动变速器的液压控制系统也会因油中气泡的可压缩性而不能正常工作,气泡的产生还会加速液力传动油的老化。因此,在液力传动油中加入消泡剂,使其具有良好的抗泡沫性。

4. 良好的抗磨性

为使自动变速器的行星齿轮机构的齿轮及轴承和油泵等正常工作,要求液力传动油应具有良好的抗磨性能,为此在液力传动油中加有抗磨剂。

5. 良好的密封材料适应性

液力传动油不应使自动变速器中使用的丁腈橡胶、丙烯橡胶、硅橡胶和尼龙等密封材料有明显的膨胀和收缩,否则可能出现漏油等问题。

6. 良好的摩擦特性

所谓摩擦特性就是液力传动油对两接触表面静摩擦系数和动摩擦系数的控制。一般情况下,静摩擦系数总是大于动摩擦系数。液力传动油的良好摩擦特性要求动摩擦系数尽可能大;静摩擦系数与动摩擦系数之比要小于 1.0;在工作温度范围内摩擦特性保持不变。动摩擦系数对转矩传递和换挡时间有明显影响,过小会影响传递功率和使离合器打滑,并使换挡时间延长。静摩擦系数过大,会使换挡后期转矩急剧增大,发出异响,使换挡过程恶化。液力传动油的摩擦特性在很大程度上是由摩擦改进剂决定的。

7. 良好的防锈蚀性

在传动装置和冷却器中安装有铜插头、黄铜轴瓦、黄铜滤清器及推力垫圈等部件。这些部件中均含有大量的有色金属,因此,在液力传动油中加有防锈蚀剂,以防止金属零部件生锈或腐蚀。

(二)液力传动油的分类

按照美国材料试验协会(ASTM)和美国石油协会(API)的分类方案,将液力传动油分为 PTF-1、PTF-2 和 PTF-3 三类。

PTF-1 类液力传动油:主要用于轿车和轻型载货汽车的液力传动系统,其特点是低温起动性好,对油的低温黏度及黏温性有很高的要求。

PTF-2 类液力传动油:具有良好的极压抗磨性,主要用于重负荷的液力传动系统,如重型载货汽车、大型客车、越野车和工程机械的自动变速器。

PTF-3 类液力传动油:是随着全液压拖拉机的发展而生产的,主要用于在中低速下运转的拖拉机及野外作业的工程机械液力传动系统和齿轮箱中,其极压抗磨性和负荷承载能力比 PTF-2 类油更加优越。

我国目前尚未制定液力传动油详细分类的国家标准,现有的液力传动油,按中国石油化工总公司企业标准分为 6 号、8 号液力传动油和拖拉机传动、液压两用油。

8 号液力传动油是以润滑油馏分经脱蜡、深度精制并加入增黏、降凝、抗氧、防腐、防锈、油性、抗磨、抗泡等多种添加剂而制成的液力传动油,外观为红色透明体,适用于各种具有自动变速器的汽车(主要是轿车),使用性能与国外的 PTF-1 液力传动油相当,可替换使用。

6 号普通液力传动油是以深度精制的石油馏分,加入抗氧、抗磨、防锈、降凝、抗泡等添加剂调成的液力传动油,适用于内燃机车、载货汽车的液力变矩器,其使用性能接近于 PTF-2 液力传动油。

拖拉机传动、液压两用油是由深度精制的中性油加入多种添加剂调制而成,适用于国产及进口拖拉机、工程机械和车辆作为液压系统的工作介质和齿轮传动机构的润滑油。

(三) 液力传动油的选用

1. 液力传动油的选择

按车辆使用说明书的规定,选用适当品种的液力传动油。6 号液力传动油用于内燃机车或载货汽车的液力变矩器,8 号液力传动油用于各种轿车、轻型客车的自动变速器。目前世界各国普遍使用美国生产的自动变速器油,主要有通用公司生产的 DexronⅢ、DexronⅣ型和福特公司生产的 F、MerconⅤ和 LV 型。我国部分国产汽车和进口汽车多用美国通用公司生产的 DexronⅢ型和福特公司生产的 F 型自动变速器油。

2. 液力传动油使用注意事项

(1)注意保持油温正常。长时间重载低速行驶,将使油温上升,加速油的氧化变质,将形成沉积物,阻塞细小的通孔和油液循环的管路,这又使自动变速器进一步过热,最终导致变速器损坏。

(2)经常检查油平面高度。检查油平面应将车辆停在平地上,发动机保持运转,油温正常时进行,油平面应在自动变速器量油尺上下两刻线之间(如果分冷、热刻线,则以热刻线为准),不足时及时添加。

(3)按车辆使用说明书的规定更换液力传动油和滤清器(或清洗滤网),同时拆洗自动变速器油底壳,并更换其密封垫。若发现油液变质,应及时换用新油。

(4)液力传动油绝不能与其他油品混用,同牌号不同厂家生产的也不宜混兑使用,以免造成油品变质。

三、制动液

在轿车和轻型汽车上广泛采用液压行车制动系统。汽车制动液是汽车液压制动系统中所采用的传递压力以制止车轮转动的工作介质。

(一) 制动液的使用性能

为保证汽车实现正常的制动效果,汽车制动液必须具有以下的使用性能。

1. 优良的高温抗气阻性

汽车在平坦道路上行驶时,制动液的温度一般在 100 ~ 130℃,最高可达 150℃。而行驶于多坡道山间道路的汽车,由于其制动频繁,制动液温度更高。如使用沸点低的制动液,在高温时会由于制动液的蒸发而产生气阻,即使踩下制动踏板也不能使液压上升,引起制动失灵。因此,高温抗气阻性是对制动液使用性能的主要要求之一。为保证行车安全,要求制动液具有优良的高温抗气阻性,即具有高沸点、低挥发性,高温时不易产生气阻。

2. 适当的运动黏度

汽车制动液在使用温度范围内应具有良好的流动性,使系统内压力能随制动踏板的动作迅速上升和下降,橡胶皮碗能在制动主缸中顺利地滑动。因此,要求汽车制动液在很宽的温度范围内保持适当的黏度。在制动液规格中都规定了 -40℃最大运动黏度和100℃最小运动黏度。

3.良好的抗腐蚀性

汽车液压制动系统的主缸、轮缸、活塞、复位弹簧、导管和阀门等主要采用铸铁、铝、铜及其他合金制成,要求制动液不会引起金属腐蚀。

4.良好的与橡胶配伍性

汽车液压制动系统中有橡胶皮碗等橡胶件,这些橡胶件长期浸泡在制动液中,为了保证它们正常工作,要求制动液对橡胶件不会造成显著的溶胀、软化或硬化等不良影响,否则,将不能形成液压而导致制动失效。

5.良好的稳定性

汽车制动液要求其具有良好的高温稳定性和化学稳定性,即制动液在高温和相溶液体混合后平衡回流沸点(平衡回流沸点是指冷凝回流系统内与大气平衡条件下制动液试样沸腾的温度)的变化要小,保证制动液在储存和使用过程中不应有分层、变质等现象,不形成沉淀物,并且不引起制动系统金属零件的生锈、腐蚀等。

6.良好的溶水性

要求制动液吸水后能与水互溶,不产生分离和沉淀,以免在高温时形成水蒸气产生气阻,在低温时形成冰栓,堵塞制动管路。

7.良好的抗氧化性

零件腐蚀一般是因制动液氧化而引起的,为防止零件腐蚀,要求制动液应具有良好的抗氧化性。

(二)制动液的规格

目前,国内外的汽车制动液基本为合成型制动液。按其合成原料不同,有醇醚型和酯型两种。

1.国外典型制动液的规格

国外典型的制动液有:按美国交通运输部(DOT)制定的联邦机动车辆安全标准(FMVSS)生产的 DOT 系列 DOT3、DOT4、DOT5.1 等典型产品;按美国汽车工程师协会(SAE)标准生产的 SAE 系列 J1703e、J1703f 等典型产品。其中,DOT 标准已被国际标准 ISO 所采用。

2.国内制动液的规格

我国现行的制动液国家标准是《机动车辆制动液》(GB 12981—2012)。根据《机动车辆制动液》(GB 12981—2012),制动液分为 HZY3、HZY4、HZY5、HZY6 四级。其中,H、Z、Y 分别为"合成""制动""液体"三个词组第一个汉字的拼音首字母。

(三)制动液的选用

1.制动液的选择

汽车制动液的选择一般应遵循以下原则:

（1）选用的制动液产品质量等级应等于或高于车辆制造厂家规定的制动液质量等级。

（2）所选用的制动液产品类型应与车辆制造厂家规定的制动液产品类型相同。

（3）尽量选择正规厂家生产的、性能稳定、质量有保证的制动液产品。

（4）选择合成制动液。按《机动车辆制动液》（GB 12981—2012）规定，HZY 系列制动液主要特性和推荐使用范围见表 7-11。

HZY 系列汽车制动液的主要特性和推荐使用范围　　　　　　　　表 7-11

级别	制动液的主要特性	推荐使用范围
HZY3	具有良好的高温抗气阻性能和优良的低温性能	相当于 DOT3 的水平，我国广大地区使用
HZY4	具有优良的高温抗气阻性能和良好的低温性能	相当于 DOT4 的水平，我国广大地区均可使用
HZY5	具有优异的高温抗气阻性能和低温性能	相当于 DOT5.1 的水平，供特殊要求的车辆使用

2. 制动液使用注意事项

（1）不同规格的制动液不能混用。

（2）防止水分和矿物油混入制动液中。

（3）制动主缸、轮缸橡胶皮碗不可敞开放置。

（4）汽车制动液多以有机溶剂制成，易挥发、易燃。因此，管理和使用中要注意防火。

（5）制动液产品一般有一定的毒性，因此，在更换时不能用嘴去吸取制动液。

（6）制动液对车身涂层有一定的破坏作用，会产生"咬漆现象"，因此，在使用过程中要防止制动液与车身涂层接触。

（7）经常检查制动液数量和质量。数量不足，制动系统会进气，导致制动不良或失效，应即时补充制动液；制动液质量异常，应即时更换。

四、发动机冷却液

汽车发动机在工作过程中，汽缸内的气体温度可达 1700 ~ 1800℃。为了保证发动机能够正常工作，就必须对在高温条件下工作的零部件进行冷却。汽车发动机广泛采用强制循环冷却系统，冷却液即为冷却系统中带走高温零部件热量的一种工作介质。

（一）发动机冷却液的使用性能

为保证汽车发动机正常工作和延长发动机的使用寿命，发动机冷却液应具有以下使用性能。

1. 低温黏度小，流动性好

汽车发动机冷却液的低温黏度越小，越有利于冷却液在冷却系统中流动，这样冷却系统散热的效果就越好。

2. 冰点低、沸点高

冰点就是在没有过冷情况下冷却液开始结晶的温度，或者在有过冷情况下结晶开始，短时间内停留不变的最高温度。若汽车在低温条件下停放时间较长，而发动机冷却液的冰点又达不到应有的温度时，则发动机冷却液就会结冰同时体积膨胀变大，冷却系统就会被冻裂。因此，要求发动机冷却液的冰点要低，通过加入适量的防冻剂来降低其冰点。

沸点是在发动机冷却系统的压力与外界大气压相平衡的条件下,冷却液开始沸腾时的温度。发动机冷却液在较高温度下不沸腾,可保证汽车在高负荷、高速或在山区、热带夏季正常行车,同时沸点高则冷却液蒸发损失也少。因此,要求发动机冷却液应具有较高的沸点。

3. 防腐性好

为使发动机冷却液有良好的防腐性,要保持冷却液呈碱性状态。冷却液的 pH 值在 7.5 ~ 11.0 之间为好,超出该范围将对冷却系统中的金属材料产生不利影响。因此,发动机冷却液中加入适当的防腐蚀添加剂,使发动机冷却液具有良好的防腐性。

4. 不易产生水垢,抗泡性好

冷却液生成水垢后,对发动机冷却系统的散热强度影响很大。试验表明,水垢的导热系数比铸铁小几十倍,比铝合金小 100 ~ 300 倍。为了防止冷却系统内水垢的产生,有的冷却液中还加入一定量的防垢剂。

冷却液在工作时由于是在水泵的高速推动下强制循环,通常会产生泡沫。发动机冷却液如果产生过多的泡沫,不仅会降低传热效率、加剧气蚀,而且会造成冷却液溢流。因此,发动机冷却液中加入适量的消泡剂,使发动机冷却液具有良好的抗泡性。

(二)发动机冷却液的规格

目前,汽车广泛使用的冷却液是乙二醇型冷却液或丙二醇型冷却液。这种冷却液是用乙二醇或丙二醇与水按一定比例混合而成的混合液,乙二醇和丙二醇是防冻剂,在混合液中还要加入抗腐蚀剂、防垢剂、消泡剂和着色剂等添加剂。

国外典型的发动机冷却液规格是美国材料与试验协会(ASTM)制订的。ASTM 的冷却液行业规范《汽车及轻型设备用乙二醇基发动机冷却剂的标准规范》(D 3306—2014)将冷却液分为六种类型,其中:Ⅰ型是乙二醇型浓缩液、Ⅱ型是丙二醇型浓缩液、Ⅴ型是含甘油的乙二醇型浓缩液、Ⅲ型是乙二醇型稀释液、Ⅳ型是丙二醇型稀释液、Ⅵ型是含甘油的乙二醇型稀释液。稀释液可直接加车使用,浓缩液则应根据使用条件与去离子水或蒸馏水按说明书要求的比例调配。

我国的汽车发动机冷却液现行标准是《机动车发动机冷却液》(GB 29743—2013),将产品按发动机使用负荷分为轻负荷冷却液和重负荷冷却液两类,按主要原材料分为乙二醇型、丙二醇型和其他类型三类。对应的型号见表 7-12。

我国汽车发动机冷却液分类 表 7-12

产品分类			代 号	型 号
轻负荷冷却液	乙二醇型	浓缩液	LEC-Ⅰ	—
		稀释液	LEC-Ⅱ	LEC-Ⅱ-15, LEC-Ⅱ-20, LEC-Ⅱ-25, LEC-Ⅱ-30, LEC-Ⅱ-35, LEC-Ⅱ-40, LEC-Ⅱ-45, LEC-Ⅱ-50
	丙二醇型	浓缩液	LPC-Ⅰ	—
		稀释液	LPC-Ⅱ	LPC-Ⅱ-15, LPC-Ⅱ-20, LPC-Ⅱ-25, LPC-Ⅱ-30, LPC-Ⅱ-35, LPC-Ⅱ-40, LPC-Ⅱ-45, LPC-Ⅱ-50
	其他类型		LOC	依据冰点标注值

续上表

产品分类		代　号	型　　号
重负荷冷却液	乙二醇型 浓缩液	HEC-Ⅰ	—
	乙二醇型 稀释液	HEC-Ⅱ	HEC-Ⅱ-15，HEC-Ⅱ-20，HEC-Ⅱ-25，HEC-Ⅱ-30，HEC-Ⅱ-35，HEC-Ⅱ-40，HEC-Ⅱ-45，HEC-Ⅱ-50
	丙二醇型 浓缩液	HPC-Ⅰ	—
	丙二醇型 稀释液	HPC-Ⅱ	HPC-Ⅱ-15，HPC-Ⅱ-20，HPC-Ⅱ-25，HPC-Ⅱ-30，HPC-Ⅱ-35，HPC-Ⅱ-40，HPC-Ⅱ-45，HPC-Ⅱ-50

（三）发动机冷却液的选用

1.发动机冷却液的选择

发动机冷却液的选择一般应遵循以下原则：

（1）发动机冷却液的冰点要比车辆运行地区的最低气温低10℃左右，以确保在特殊情况下冷却液不冻结。

（2）按发动机的负荷性质选择汽车制造厂家要求的发动机冷却液。

2.发动机冷却液使用注意事项

（1）加注冷却液之前应对发动机冷却系统进行清洗。

（2）对浓缩液进行稀释时，应使用去离子水或蒸馏水。

（3）注意检查冷却液液面高度，视情况正确补充。

（4）不同厂家、不同牌号的发动机冷却液不能混用。

（5）按汽车制造厂家规定的期限定期更换发动机冷却液。

（6）在使用乙二醇型冷却液时，应注意乙二醇有毒，切勿用口吸。

五、汽车空调制冷剂

汽车空调制冷剂是汽车空调制冷装置完成制冷循环的媒介，又称为制冷工质。空调在制冷循环中是通过制冷剂的状态变化，进行能量转换，达到制冷的目的。

（一）汽车空调制冷剂的性能要求

汽车制冷循环的性能指标除了与工作温度有关外，还与制冷剂的性能密切相关。

1.对制冷剂热力性质的要求

（1）制冷效率高。用制冷效率较高的制冷剂可提高制冷系统的经济性。

（2）单位容积制冷能力要大，可以减少制冷剂循环量和压缩机尺寸。

（3）压力适中。制冷剂蒸发压力不应低于大气压力，防止空气渗入系统，从而保证制冷系统的正常运行；同时，希望常温下制冷剂的冷凝压力也不应过高，这样可以减少制冷装置承受的压力，降低制造成本，也可以减少制冷剂向外泄漏的可能性。

（4）绝热指数要小，这样可以减小压缩机功耗，且使得压缩终了制冷剂气体温度不至过高。

2.对制冷剂物理性质的要求

（1）黏度、密度要小，以减少制冷剂在制冷系统中的流动阻力损失。

（2）热导率要高,以提高热交换设备的传热系数,减少换热面积,节省材料消耗。

（3）凝固点要低,能在较低蒸发温度下工作。

（4）临界温度要高,有利于采用一般环境温度的空气和冷却液进行冷凝。

3.对制冷剂化学性质的要求

（1）制冷剂应无毒、不燃烧、不爆炸。

（2）制冷剂对金属和其他材料的腐蚀作用要小。

（3）制冷剂在高温下应不易分解,化学性质稳定。

（4）制冷剂与冷冻机油应互溶,并且不起化学反应。

4.对制冷剂的环保要求

制冷剂应对臭氧层无破坏作用,不产生温室效应。

（二）R134a 汽车空调制冷剂

汽车空调制冷剂最早广泛使用 R12（CFC—12）,后来证明 R12 制冷剂是破坏地球臭氧层的主要因素。蒙特利尔协议规定对于发展中国家从 2010 年起全面禁止 CFC（R12 为其中主要品种）物质的生产和使用。我国国家环保总局和原国家机械局联合于 1999 年 12 月 26 日发布了《关于中国汽车行业新车生产限期停止使用 CFC—12 汽车空调器的通知》的文件,规定从 2002 年 1 月 1 日起,所有新生产的汽车必须停止装配以 CFC—12 为工质的汽车空调器,以 HFC—134a（即 R134a）代之。

（三）汽车空调制冷剂使用注意事项

（1）制冷剂罐应该保持在 40℃ 以下的环境中;储存在干燥、阴凉、通风的库房中;避免日光暴晒,并且应该远离火源。

（2）维修空调系统时,应戴上手套和防护眼镜,避免制冷剂弄到皮肤上和眼睛里。

（3）避免制冷剂与火源接触,否则会产生有毒气体。

（4）操作现场应通风良好,因为制冷剂比空气重,其浓度达到 28.5% ~30% 就会使人窒息。

第四节　汽车轮胎及其使用

轮胎是汽车的重要部件之一,其使用合理与否,直接影响汽车的行驶安全性和使用经济性。轮胎必须能承受汽车行驶时的荷载,并提供足够的制动力及防止汽车横向滑移的侧滑力,保证汽车的行驶安全性。轮胎的使用寿命、轮胎的滚动阻力系数,决定着汽车的使用经济性。据统计,汽车使用中轮胎的费用一般占运输成本的 5% ~10%,轮胎的技术状况可使油耗在 10% ~15% 范围内变化。

一、汽车轮胎的分类

汽车轮胎有不同的分类方法。

汽车轮胎按用途分,可分为载货汽车轮胎和轿车轮胎,而载货汽车轮胎又分为重型、中型和轻型载货汽车轮胎等。

汽车轮胎按胎体结构不同可分为充气轮胎和实心轮胎。现代汽车绝大多数采用充气轮胎。

充气轮胎按组成结构不同,分为有内胎轮胎和无内胎轮胎两种。

按胎内的空气压力大小,充气轮胎可分为高压轮胎、低压轮胎、超低压轮胎和调压轮胎四种。低压轮胎由于具有弹性好、断面宽、与道路接触面积大,壁薄且散热性好等优点,所以被广泛使用,目前轿车、载货汽车几乎全都采用低压轮胎。

充气轮胎按胎体中帘线排列的方向不同,分为普通斜交轮胎和子午线轮胎两种。子午线轮胎明显优越于普通斜交轮胎,在轿车上已普遍采用,货车也越来越多地采用子午线轮胎。子午线轮胎与普通斜交轮胎相比,子午线轮胎在性能上有以下优点:

(1)使用寿命长。子午线轮胎耐磨性好,比普通斜交轮胎使用寿命可延长 30% ~50% 。

(2)滚动阻力小。由于具有强度较高的带束层,胎面的刚性大,轮胎滚动时弹性变形小,滚动阻力比普通斜交轮胎可减小 25% ~30% ,油耗可降低 5% ~8% 。

(3)承载能力大。由于子午线轮胎的帘线强度能得到充分利用,故承载能力大,比普通斜交轮胎提高约 14% 。

(4)缓冲能力强,附着性能好。由于胎侧部分比较柔软,能吸收大部分冲击能量,故缓冲能力强。附着性好是由于轮胎接地面积大,胎面滑移小的缘故。

子午线轮胎的缺点是:胎侧薄,变形大,胎侧与胎圈受力比普通斜交轮胎大,因而胎侧易产生裂口;胎面噪声大;制造技术要求高、成本高等。

二、汽车轮胎规格的表示方法

(一)基本术语

1.轮胎的主要尺寸

轮胎的主要尺寸(图7-2)是轮胎断面宽度 B 、轮辋名义直径 d 、轮胎断面高度 H 、轮胎外直径 D 、负荷下静半径和轮胎滚动半径 r 等。

(1)轮胎断面宽度 B :指轮胎按规定气压充气后,轮胎外侧面间的距离。

(2)轮辋名义直径 d :指轮辋规格中直径大小的代号,与轮胎规格中相对应的轮胎内直径一致。

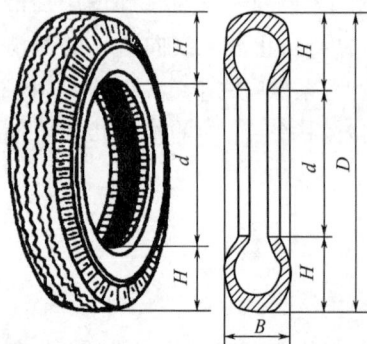

图7-2 轮胎的主要尺寸

(3)轮胎断面高度 H :指轮胎按规定气压充气后,轮胎外直径与轮辋名义直径之差的一半。

(4)轮胎外直径 D :指轮胎按规定气压充气后,在无负荷状态下胎面最外表的直径。

(5)负荷下静半径:指轮胎在静止状态下只承受法向负荷作用时,由轮轴中心到支承平面的垂直距离。

(6)轮胎滚动半径 r :指车轮旋转运动与平移运动的折算半径。滚动半径 r 按下式计算:

$$r = \frac{S}{2\pi n_{\omega}}$$

式中:S——车轮移动的距离(mm);

　　n_ω——车轮转过的圈数。

2.轮胎的高宽比和轮胎系列

轮胎的高宽比是指轮胎的断面高度 H 与轮胎断面宽度 B 的百分比,表示为 $H/B(\%)$。轮胎的高宽比又称扁平率。

轮胎通常根据扁平率划分系列。目前汽车轮胎常见扁平率为 80、75、70、65、60、55、50等,相对应的轮胎系列分别为 80 系列、75 系列、70 系列、65 系列、60 系列、55 系列、50 系列等。

3.轮胎的层级

轮胎的层级是表示轮胎承载能力的相对指数,用 PR 表示,主要用于区别尺寸相同但结构和承载能力不同的轮胎。轮胎的层级数并不代表轮胎帘布层的实际层数,而是表示载质量与棉帘线相当的棉帘线的层数。

4.轮胎最高速度和速度级别符号

轮胎最高速度是指在规定条件(路面级别、轮辋名义直径)下,在规定的持续行驶时间(持续行驶最长时间为 1h),允许使用的最高速度。

随着现代科技的不断发展,汽车速度在不断提高。为了使轮胎的速度性能与汽车最高速度相匹配,一般需标注轮胎的速度级别,以便能根据最高设计车速正确配装汽车轮胎。有关轮胎速度级别的表示符号和允许的最高行驶速度见表7-13。

轮胎速度级别符号与最高行驶速度(摘录)　　　　表 7-13

轮胎速度级别符号	最高行驶速度(km/h)	轮胎速度级别符号	最高行驶速度(km/h)
J	100	S	180
K	110	T	190
L	120	U	200
M	130	H	210
N	140	V	240
P	150	W	270
Q	160	Y	300
R	170		

表 7-13 规定的速度级别符号既适用于轿车轮胎,也适用于货车轮胎,但它们的含义不完全相同。对于轿车轮胎,它是指不允许超过的最高速度;对于货车轮胎,它是指随负荷降低可以超过的参考速度。

5.轮胎负荷指数

轮胎负荷指数是描述轮胎在最高速度、最大充气压力等规定使用条件下负荷能力的参数,以数字表示。轮胎负荷指数目前有 0,1,2,…,279,共 280 个,有关情况见表 7-14。

轮胎负荷指数与负荷能力对应关系表（摘录）　　　　　表 7-14

指数	81	82	83	84	85	86	87	88	89	90
负荷(kg)	462	475	487	500	515	530	545	560	580	600
指数	91	92	93	94	95	96	97	98	99	100
负荷(kg)	615	630	650	670	690	710	730	750	775	800
指数	101	102	103	104	105	106	107	108	109	110
负荷(kg)	825	850	875	900	925	950	975	1000	1030	1060
指数	111	112	113	114	115	116	117	118	119	120
负荷(kg)	1090	1120	1150	1180	1215	1250	1285	1320	1360	1400

（二）我国轮胎规格表示方法

我国轮胎现执行的标准为《轿车轮胎》（GB 9743—2015）、《轿车轮胎规格、尺寸、气压与负荷》（GB/T 2978—2014）、《载重汽车轮胎》（GB 9744—2015）及《载重汽车轮胎规格、尺寸、气压与负荷》（GB/T 2977—2016）等。标准规定了我国汽车轮胎规格表示方法。

1.轿车轮胎规格表示方法

示例：

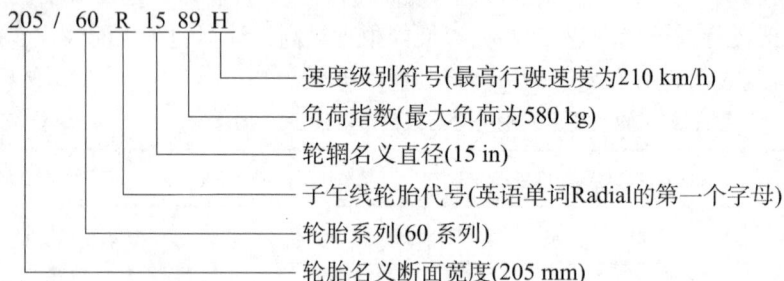

205 / 60 R 15 89 H

- 速度级别符号(最高行驶速度为210 km/h)
- 负荷指数(最大负荷为580 kg)
- 轮辋名义直径(15 in)
- 子午线轮胎代号(英语单词Radial的第一个字母)
- 轮胎系列(60 系列)
- 轮胎名义断面宽度(205 mm)

2.载重汽车轮胎规格表示方法

（1）微型、轻型载重汽车轮胎。

示例：①

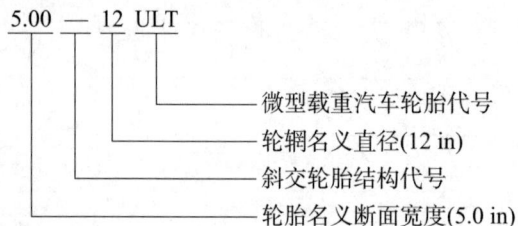

5.00 — 12 ULT

- 微型载重汽车轮胎代号
- 轮辋名义直径(12 in)
- 斜交轮胎结构代号
- 轮胎名义断面宽度(5.0 in)

示例：②

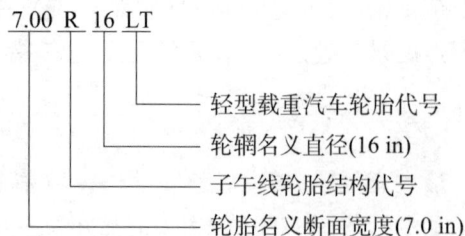

7.00 R 16 LT

- 轻型载重汽车轮胎代号
- 轮辋名义直径(16 in)
- 子午线轮胎结构代号
- 轮胎名义断面宽度(7.0 in)

示例：③

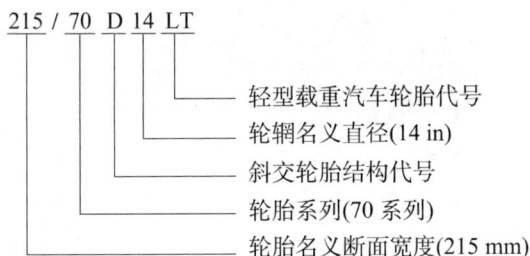

```
215 / 70  D  14  LT
```
　　轻型载重汽车轮胎代号
　　轮辋名义直径(14 in)
　　斜交轮胎结构代号
　　轮胎系列(70 系列)
　　轮胎名义断面宽度(215 mm)

（2）载重汽车轮胎。

示例：①

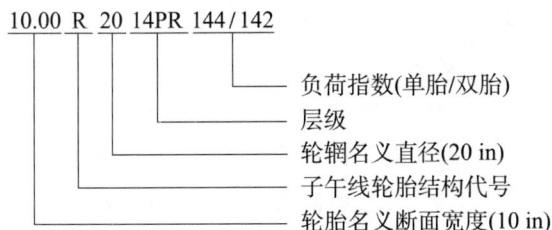

```
10.00  R  20  14PR  144/142
```
　　负荷指数(单胎/双胎)
　　层级
　　轮辋名义直径(20 in)
　　子午线轮胎结构代号
　　轮胎名义断面宽度(10 in)

示例：②

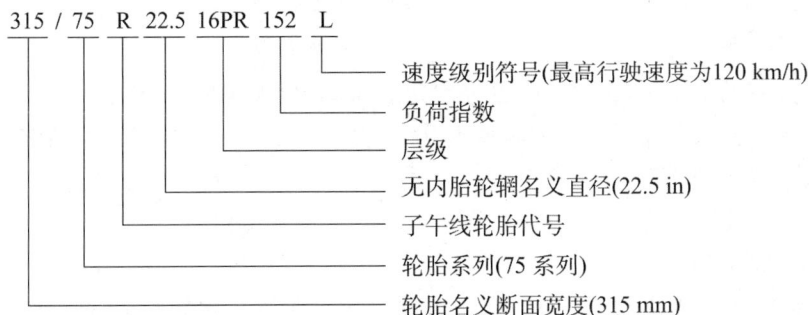

```
315 / 75  R  22.5  16PR  152  L
```
　　速度级别符号(最高行驶速度为120 km/h)
　　负荷指数
　　层级
　　无内胎轮辋名义直径(22.5 in)
　　子午线轮胎代号
　　轮胎系列(75 系列)
　　轮胎名义断面宽度(315 mm)

三、汽车轮胎的合理使用

(一)影响轮胎使用寿命的因素

轮胎的使用性能是以利用压缩空气的性质和内外胎的弹性为基础的。汽车车轮承受和传递汽车与路面的全部作用力,在各种外力作用下,产生复杂的变形。因变形发生摩擦,产生大量内热,使轮胎温度升高,强度降低。轮胎的损坏,基本上就是力和热综合作用的结果。轮胎受力变形时,帘线和橡胶在拉压应力、高温的作用下,轮胎材料产生疲劳,使弹性和强度下降。当应力超过帘布层强度极限时,帘线就会折断。轮胎受力变形时,帘布层间产生切应力,当切应力超过帘布层与橡胶间的吸附力时,就会出现帘线松散、帘布层脱层等现象。所以,轮胎的损坏形式主要是:胎面磨损、帘布脱层、帘线松散或折断、胎面与胎体脱胶等。

轮胎气压、负荷、汽车行驶速度、气温、道路条件、汽车技术状况、驾驶方法、维护质量和管理技术等因素对轮胎使用寿命影响很大。

1. 轮胎气压

"气压是轮胎的生命",轮胎气压不同,所承受的负荷就不同。轮胎气压偏离标准是轮胎早期损坏的主要原因（见图7-3曲线a），尤以气压不足对轮胎的危害最大。

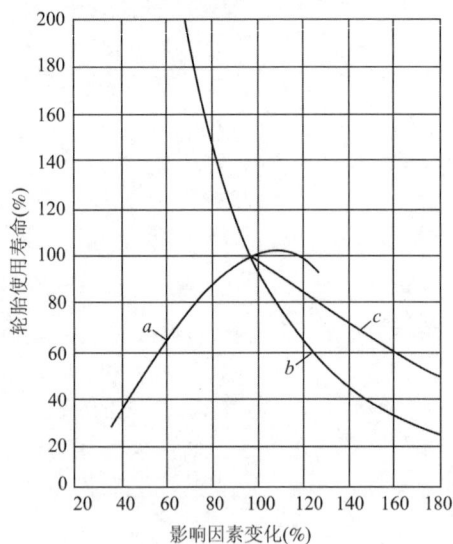

图7-3　轮胎气压、负荷和汽车行驶速度对轮胎
使用寿命的影响

a-轮胎气压；b-轮胎负荷；c-汽车行驶速度

轮胎气压越低，胎侧变形越大，使胎体帘线产生较大的交变应力。由于帘线能承受较大的伸张变形，而承受压缩变形的能力较差，故周期性的压缩变形会加速帘线的疲劳破坏。轮胎以低压状态滚动时，除增大胎体的应力外，还因摩擦加剧而使轮胎温度升高，降低了橡胶和帘线的抗拉强度。试验表明，轮胎气压降低20%，轮胎使用寿命降低15%以上。

当轮胎气压过高时，造成轮胎接地面积小，增大了单位面积上的负荷，同时轮胎弹性小，因胎体帘线过于伸张，应力增大。由此造成胎冠磨损增加。如汽车在不良路面上行驶时，由于车轮承受的动负荷大，则易使胎面剥离或爆胎。气压过高对轮胎的磨损强度虽比气压不足时要小，但爆破的可能性却增大了。

2. 轮胎负荷

轮胎所承受的最大负荷，设计时已经限定。超载时，外胎损坏特点与气压低时类似，胎侧弯曲变形大。但轮胎超载时受力和变形状态比气压低时更恶化，因此轮胎的损坏就更加严重。负荷对轮胎使用寿命的影响见图7-3曲线b。试验表明轮胎超负荷10%，轮胎使用寿命约降低20%。超载的轮胎若碰撞障碍物时，易造成轮胎爆破。

3. 汽车行驶速度和气温

汽车行驶速度对轮胎使用寿命的影响，见图7-3曲线c，汽车行驶速度过高，轮胎使用寿命缩短。原因是：高速行驶时胎面与路面摩擦频繁，滑移量大，使胎体温度升高，结果导致轮胎气压增高；汽车高速行驶时，动负荷大，会造成轮胎的损伤。

在不同的汽车行驶速度下，气温对轮胎的使用寿命影响也很大，尤其在气温和车速均高时，轮胎使用寿命会明显缩短，其根本原因是在这种场合下轮胎气压急剧升高。轮胎使用寿命与气温的关系如图7-4所示。

4. 道路条件

影响轮胎使用寿命的道路因素主要是路面材料和平坦度。它们关系到摩擦力和动负荷的大小，由此影响轮胎的使用寿命。

轮胎在良好平整的路面上行驶时，负荷的类型主要是静负荷，主要损坏形式是正常磨损。汽车在坏路上行驶时，由于轮胎动负荷大（汽车以中速在不平路面上行驶时，车轮的动负荷为静负荷的两倍以上），轮胎

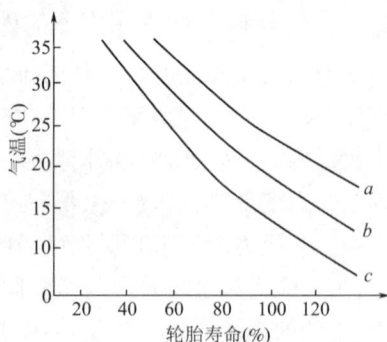

图7-4　在不同的汽车行驶速度下，轮胎
使用寿命与气温的关系

a-车速为35km/h；b-车速为75km/h；
c-车速为90km/h

使用寿命缩短很多。试验证明:若以汽车在沥青路面上行驶时的使用寿命为100%,则在非铺装路面上行驶时,轮胎的使用寿命约降低50%。

5.汽车技术状况

汽车底盘的技术状况(尤其是行驶系统)不良,会造成轮胎的异常磨损。如轮辋变形、轮毂轴承松旷、车轮不平衡会造成轮胎磨损成多边形或波浪形;轮辋偏心、轮毂与转向节轴偏心或转向节轴弯曲会造成轮胎一侧局部偏磨等。

6.汽车驾驶方法

轮胎的使用寿命与汽车驾驶方法紧密相关,例如起步过猛、紧急制动、转弯过急和碰撞障碍物等,会加速轮胎的损坏。

7.轮胎维护质量

对轮胎维护,不认真执行强制维护的原则,或在汽车二级维护中没有将拆检轮胎、进行轮胎换位作为主要内容,就不能保持轮胎的良好技术状况。如果将类型、规格、花纹和新旧程度不同的轮胎混装,就会使部分轮胎超载而早期损坏。

8.轮胎管理技术

不执行轮胎装运技术要求,轮胎保管条件不良或方法不当,也将引起轮胎早期损坏。

轮胎与矿物油、酸类物质和化学药品接触,会使橡胶、帘布层遭受腐蚀。保管期间受阳光照射,室温过高或空气过分干燥,会加速轮胎老化;空气中水分过多,轮胎受潮,会使帘布层霉烂变质。内胎折叠存放,会产生裂痕。外胎堆叠,将引起变形。

(二) 延长轮胎使用寿命的措施

为加强汽车轮胎的合理使用,国家发布了有关的技术标准。《轮胎使用与保养规程》(GB/T 9768—2017),规定了轮胎管理、使用和维修的基本原则及具体技术要求,要认真执行,切实做好节胎工作。

针对影响轮胎使用寿命的主要因素,为延长轮胎使用寿命应采取以下措施。

1.保持轮胎气压正常

轮胎制造厂在设计各种规格的轮胎时,都规定了其最大负荷和相应的充气压力,国家标准中对气压与负荷的对应关系也有明确规定,因此,除非汽车使用说明书另有规定,否则必须按轮胎标准气压充气。

轮胎气压用轮胎气压表检查。常用的是手提式轮胎气压表,如图7-5所示,它由气压表、复位按钮、气管组合件和气嘴组合件组成。使用时,检查指针是否指示零位,若不在"0"处,应按动复位按钮使指针复位。测量轮胎气压时,把轮胎气压表下端气嘴组合件的气嘴套在轮胎气门嘴上,使气嘴阀端面压在气门芯的顶杆上,并用力把气门芯顶杆压下打开气门,轮胎内的气流便进入气压表内,在刻度盘上便指示出轮胎气压值。读值后按动复位按钮,使表针回到零位。注意,轮胎气压的检查应在汽车行驶之前而不能在汽车行驶之后,因汽车行驶过程中,随轮胎工作温度升高轮胎气压将增大,致使检查结果不准确。

2.防止轮胎超载

轮胎的负荷不应超过轮胎的额定负荷。装载要尽量分布均匀,不可质心偏移。

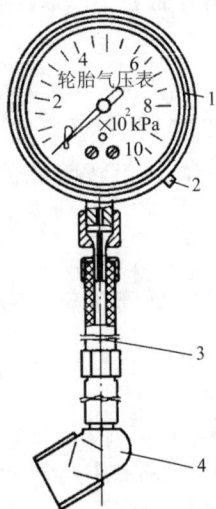

图 7-5　手提式轮胎气压表
1-气压表;2-复位按钮;3-气管组合件;4-气嘴组合件

3. 掌握车速,控制胎温

汽车行驶速度与轮胎生热的关系很大,车速越高,挠曲变形速度就越快,轮胎生热量也就越高,轮胎胎体温度上升至100℃以上时轮胎会分层、脱空、爆胎。

近年来,随着公路状况的改善,特别是高速公路的增加,汽车运行速度显著提高,如果汽车所使用的轮胎只具有低速特性,那么在较高车速行驶时,可能出现爆胎等故障。所以,要求汽车所使用的轮胎应与最高设计车速相适应。最大设计车速较高的汽车须选用具有高速特性的轮胎。

汽车夏季行驶时应增加停歇次数,如果轮胎发热或内压增高,应停车休息散热,严禁放气降低轮胎气压,也不要用冷水浇泼。因放气后轮胎温度并未降低,而轮胎的变形因气压降低而增大,使胎温继续升高,直到轮胎的发热量与散热量重新达到平衡为止。此时轮胎的温度比原来更高,致使轮胎受到严重损伤。而浇泼冷水降温,会使轮胎在高温时骤然冷却,因各部收缩不均衡而产生裂纹。

4. 保持汽车技术状况良好

从延长轮胎使用寿命的角度出发,汽车维护中要特别注意下列作业:

(1)前束和外倾角应符合标准。

(2)行车制动器调整良好,不拖滞。

(3)轮毂轴承的间隙调整适当。

(4)轮胎螺母紧固,车轮应平衡。

(5)悬架弹性元件的挠度应尽量一致,前后轴应平行。

(6)轮毂油封和液压制动轮缸无漏油现象。

(7)车轮总成的横向摆动量和径向跳动量应符合《机动车运行安全技术条件》(GB 7258—2017)的要求,对车轮总成的横向摆动量和径向跳动量的要求是:总质量小于或等于3.5t的汽车不得大于5mm,摩托车不得大于3mm,其他机动车不得大于8mm。

5. 精心驾驶车辆

为了合理使用轮胎、延长使用寿命,驾驶操作要做到:起步要平稳,避免轮胎在路面上滑移;加速要均匀;控制车速,防止高速行驶导致胎温过高;行驶中要尽量避免紧急制动;尽量选择较平坦的路面行驶等。

6. 合理搭配轮胎

轮胎必须装配在规定规格的轮辋上;同一车轴应装配相同规格、花纹和层级的轮胎;普通斜交轮胎与子午线轮胎在同车上不能混用;轮胎花纹应根据道路条件选择,装配有向花纹轮胎时,花纹"人"字尖端的指向要与汽车前进时轮胎旋转方向一致;换装新胎时,应尽量做到整车或同轴同换;为确保行车安全,翻新轮胎不得装在客车和危险货物运输车的所有车轮上,不得装在其他车辆的转向轮上;汽车所使用的轮胎应与最大设计车速相适应。

7. 强制维护,及时翻新

轮胎的一级维护结合车辆的一级维护进行,主要内容如下:

（1）检查轮胎的外表及气压情况，按标准充足气压并配齐气门嘴帽。

（2）检查轮胎有无刺伤、畸形磨损，清除并装轮胎之间、花纹沟内夹石和杂物，以免刺伤轮胎。

（3）检查轮胎装配有无不当，轮辋、挡圈、锁圈是否正常。

（4）检查轮胎与钢板弹簧、车厢、挡泥板或其他部分有无摩擦碰剐现象。

轮胎的二级维护结合车辆的二级维护进行，主要内容如下：

（1）检查胎面磨耗情况，消除胎纹里的石子等杂物，检查外胎有无划伤、鼓泡、脱层、变形、老化等。

（2）拆卸轮胎，检查轮辋有无变形、裂损并对轮辋进行除锈，检查内胎和垫带有无损伤或折褶现象，按规定气压充气，并按 GB/T 521—2012 车辆胎面花纹磨损及外周长、断面宽度的变化，进行轮胎换位。

（3）检查轮胎与翼子板、车厢底板、钢板弹簧、挡泥板等有无摩擦碰剐现象。轮胎换位的基本方法有循环换位法和交叉换位法两种（图7-6）。一次更换轮胎的位置，不能使所有轮胎从汽车的一侧完全换到另一侧的换位方法，叫循环换位法。仅一次更换轮胎的位置，便可实现所有轮胎从汽车的一侧完全换到另一侧的换位方法，叫交叉换位法。

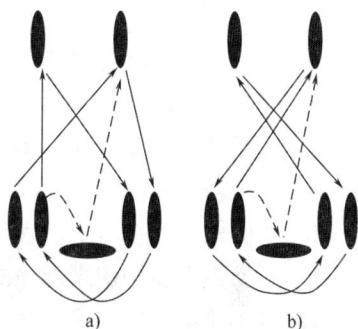

图7-6 轮胎换位的基本方法
a)循环换位法；b)交叉换位法

进行轮胎换位应注意：①轮胎换位方法选定后，不再变动；②对有方向性花纹的轮胎，换位后不能改变旋转方向；③轮胎换位后，应按规定重新调整轮胎气压。

当轮胎花纹磨至极限时，应及时更换新胎或送厂翻新。轮胎翻新是将胎面花纹磨耗超限而胎体尚好的轮胎进行翻新，轮胎的胎体寿命一般都比胎面寿命长，特别是尼龙胎和钢丝胎，胎体寿命一般都比胎面寿命长 4 ~ 5 倍，而胎体经济价值占整个外胎经济价值的 70% 左右，又加上翻新费用低廉，因此，轮胎翻新的经济效益显著。轮胎翻新后应达到相应的技术标准，我国《载重汽车翻新轮胎》（GB 7037—2007）和《轿车翻新轮胎》（GB 14646—2007）两个标准，分别对载重汽车及其挂车用充气轮胎和轿车充气轮胎的翻新质量作了规定。

8. 正确装运，妥善保管

装运轮胎时，不得与油类、易燃物、化学腐蚀品等混装，并用篷布遮盖，以免阳光照射或雨淋。长途运输必须竖立放置，内胎如无包装，需放在外胎内，并适量充气。轮胎库房应清洁干燥，避免阳光射入库内，室内温度应保持在 −10 ~ 30℃，相对湿度为 50% ~ 80%。库房应距离热源、发电设备和其他产生臭氧地点 1m 以外。外胎或成套轮胎应立放，严禁平置或堆叠，以免变形，至少每两个月转动其支点一次。内胎如需单独存放，在适当的充气状态下，悬挂在半圆形的托架上，并定期转动其支点，不得折叠堆置。轮胎在保管中，应有库存卡片，记载轮胎类型、规格、层级、厂牌、生产和入库时间，并按生产和入库时间分批存放，先进先出，顺序使用。

复习思考题

1. 对车用汽油主要要求哪些使用性能？如何选择车用汽油？
2. 对车用柴油主要要求哪些使用性能？如何选择车用柴油？
3. 汽车在使用中有哪些节油措施？
4. 对发动机润滑油要求哪些使用性能？
5. 如何选择发动机润滑油？发动机润滑油使用时的注意事项有哪些？
6. 如何选择和使用车辆齿轮油？
7. 如何选择和使用汽车润滑脂？
8. 汽车特种液有哪些？如何选择和使用汽车特种液？
9. 子午线轮胎在性能上有哪些特点？
10. 我国轮胎规格是如何表示的？有哪些因素影响轮胎的使用寿命？
11. 延长汽车轮胎使用寿命的措施有哪些？
12. 汽车轮胎为何要定期换位？

第八章　汽车公害的控制

学习目标

1. 掌握汽车排气污染物的形成、影响因素、控制措施和排放标准;
2. 掌握汽车噪声的种类和检测标准;
3. 熟悉汽车电磁波和废弃污染物的危害和控制措施。

汽车的公害主要包括四个方面,即汽车排放对大气的污染,汽车噪声对环境的危害,汽车电气设备产生的电磁波对通讯、电视和广播等的干扰和汽车废弃污染物的污染。汽车排放公害对人们的生活环境影响最大,被认为是第一公害;噪声公害影响人们的生理、心理健康,也影响人们的工作和生活;电磁波公害不仅污染汽车周围的环境,而且影响汽车自身运行的安全性和可靠性;汽车废弃污染物会对环境和人体造成较大的危害。在车辆、人口密集的城市里,汽车公害尤其突出。

第一节　汽车排放公害及其控制

一、汽车排放公害的成分和形成

(一)汽车排放公害的成分

汽车排放污染物的大部分来自发动机燃烧产生的废气。现代汽车使用的发动机主要是汽油机和柴油机。汽油机排放污染包括排气污染、曲轴箱通风污染和汽油蒸发污染等,其中排气污染占总污染量的65%~85%。柴油机排放污染主要是排气和曲轴箱通风污染,见表8-1。

汽车排放污染物含量　　　　　　　　　　　　　　　　　　表8-1

排　放　源	排放污染物主要成分的含量(占污染物排放总量的百分数)		
	CO	HC	NO_x
排气管	98~99	65	98~99
曲轴箱	1~2	25	1~2
燃油系统	0	10	0

汽车排放污染物已经对人们的健康造成了严重的威胁,同时它还损害生态环境,污染河流湖泊,危及野生动、植物的生存。汽车发动机排出的废气中,有害成分主要有一氧化碳(CO)、二氧化碳(CO_2)、碳氢化合物(HC)、氮氧化物(NO_x)、硫化物(主要是SO_2)和微粒等,部分有害成分对人体和环境的影响见表8-2。

汽车排放有害成分对人体和环境的影响　　　　　　　　　　　表8-2

有害成分	一氧化碳(CO)	碳氢化合物(HC)	氮氧化物(NO_x)	微粒
性质	无色、无味气体;难溶于水	多种碳氢化合物的总称	主要包括 NO 和 NO_2,NO 是无色、无味气体,难溶于水,与氧气接触生成 NO_2;NO_2 是红褐色有刺激味的气体,易溶于水生成亚硝酸	无机化合物、植物性有机物和细菌的混合物;容易凝聚,在空中易于吸附带电物体
影响	与血液中的血红蛋白结合,使血液携带氧的能力降低引起缺氧	高浓度的 HC 对黏膜和组织有破坏;在紫外光照射下和 NO_x 反应生成光化学烟雾,对眼、鼻和咽喉黏膜有较强的刺激作用;严重时可致癌	NO_2 能刺激眼、鼻黏膜,麻痹嗅觉,甚至引起肺气肿;NO_x 与 HC 在紫外光照射下反应生成光化学烟雾	硅:矽肺;镉铅:中毒;铅锌:中毒;炭粉:癌症

(二)汽车排放公害的形成

1. 一氧化碳(CO)的形成

汽油和柴油仍然是汽车发动机的主要燃料,从理论上讲如果空气充足(空燃比 $A/F \geq 14.7$ 或过量空气系数 $\lambda \geq 1$),燃烧产物为 CO_2 和 H_2O;如果空气不充足,会有部分燃料不完全燃烧,生成 CO。实际上发动机由于混合气混合不均匀,在排气中会含有少量 CO。即使混合气混合得很均匀,由于燃烧后的温度很高,已经生成的 CO_2 也会有一小部分被分解成 CO 和 O_2,H_2O 也会部分被分解成 O_2 和 H_2,生成的 H_2 也会使 CO_2 还原成 CO,所以排气中总会有少量 CO 存在。

2. 碳氢化合物(HC)的形成

汽油的燃烧过程很复杂,任何汽油机都可能发生不完全燃烧,都会生成少量 HC。另外,汽油燃烧产生的中间产物和部分氧化物也以 HC 的形式排出。

汽油机用电火花点火,由火焰传播使混合气燃烧,但紧靠燃烧室壁面附近的混合气层(0.05~0.50mm),由于缸壁的冷却作用不能完全氧化燃烧,从而有许多未燃的 HC 随废气从排气管排出来。在排气门开启和关闭前后,HC 的浓度特别高,这说明在燃烧室内壁周围残留着高浓度的 HC,见图8-1。

柴油机中,燃油在燃烧室内停留的时间比汽油机短,其 HC 排放量比较低。

3. 氮氧化物(NO_x)的形成

NO_x 是指 NO 和 NO_2 等氮氧化物。在发动机排出的废气中,NO 的质量分数约占99%,

NO_2 的质量分数约占 1%。

NO_x 的形成机理比较复杂,主要与高温富氧条件有关。

在较低的温度下,N_2 和 O_2 生成 NO。但是在高温时,NO 的生成机理按捷尔杜维奇(Zeldovich)反应进行,总结为以下三点:

(1)温度。高温是 NO 生成的最重要条件,温度越高,NO 生成速度越快,浓度越大。

(2)氧的浓度。NO 的生成与氧的含量有密切的关系:在混合气稍稀的高温条件下,NO 的生成量最高。

(3)反应时间。如果混合气在高温富氧的条件下,反应时间较长,NO 的生成量必然增加。

二、使用因素对排气污染物浓度的影响

(一)发动机混合气浓度的影响

1.混合气浓度对汽油机排放的影响

汽油机中的有害排放物 CO、HC 和 NO_x 随空燃比的变化见图 8-2。

从图 8-2 中可以看出:当混合气处于比理论混合气(其空燃比 $A/F = 14.7$)浓度的范围内时,随着空燃比的下降,CO 和 HC 的浓度增加,NO_x 的浓度下降。

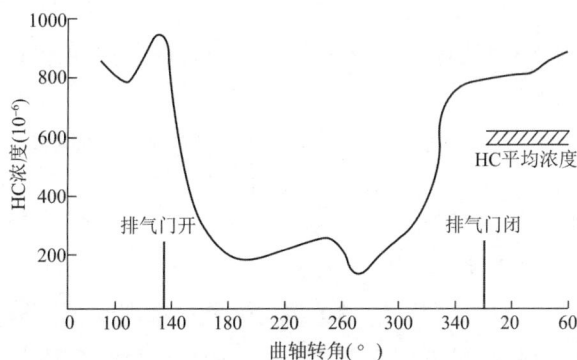

图 8-1　HC 的形成与排气门开闭前后曲轴转角的关系　　图 8-2　空燃比对汽油机排气污染物浓度的影响

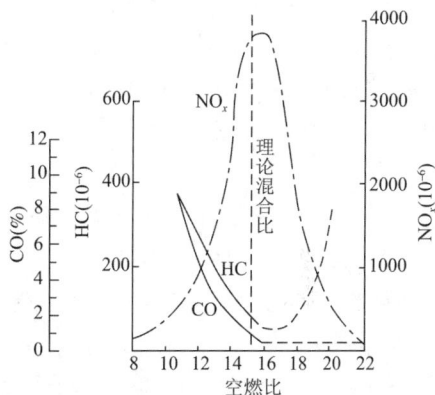

当混合气处于比理论混合气稀的范围内时,随着空燃比的增加,HC 增加,NO_x 减少,在理论上不会产生 CO,但实际上由于混合气混合不均匀,以及 CO_2 在高温下的分解,因此,仍有少量的 CO 生成。

当实际空燃比比理论空燃比大 10% 左右时,虽然此时对减少 CO 和 HC 的排放有利,然而 NO_x 排放量最多。为减少排气中的 NO_x,空燃比应小于 12 或大于 18,但当空燃比大于 18 时,混合气过稀,发动机工作不稳定,反而引起 HC 增加。

2.混合气浓度对柴油机排放的影响

柴油机混合气的形成是在汽缸内完成的,混合极不均匀,且燃烧时仍在进行喷雾蒸发混合过程,故虽然过量空气系数较大,NO_x、CO 和 HC 的排放量较少,但炭烟的排放量很高,见图 8-3。

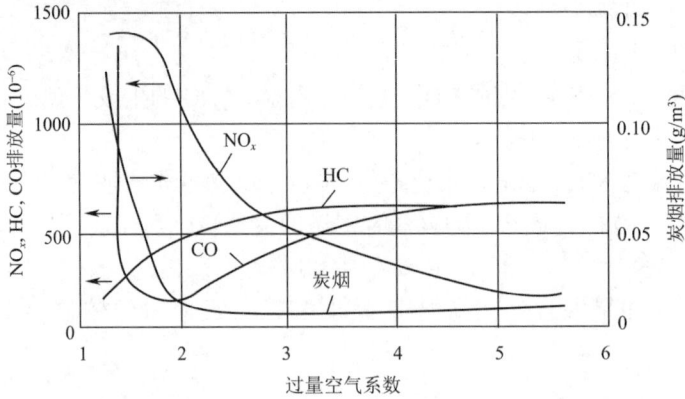

图 8-3　过量空气系数对柴油机排气污染物浓度的影响

柴油机总是在过量空气系数 $\lambda > 1$ 的稀混合气条件下工作,氧气充分,CO 的排放很低,只有在 $\lambda > 2$ 时才急剧增加。在 $\lambda > 2$ 时,在燃油喷雾边缘有稀混合区,HC 排放量略有上升。NO_x 的生成规律与汽油机相同,但生成量比汽油机低很多。

由于柴油机混合气浓度分布极不均匀,若存在局部缺氧状况使 $\lambda \leqslant 2$,则炭烟排放量会急剧上升。因此,应加强混合过程,改善局部缺氧状况,以减少炭烟的生成。

（二）发动机负荷的影响

1. 负荷对汽油机排气污染物的影响

发动机的工况是用功率和转速来表示的,即用负荷的变化来反映发动机在各种转速下的怠速、小负荷、中负荷、大负荷和全负荷等工况。

图 8-4 所示为某汽油机在 2 000r/min 下测定的负荷排放特性。当进气管压力(即负荷)增大时,混合气变稀,CO 的排放量降低;但当进气管压力高于 75kPa 时,混合气变浓,CO 排放量又开始上升。HC 的变化趋势与其大体相同。当燃烧室温度因负荷增大而升高时,缸壁激冷层变薄,HC 排放量减少。当负荷继续增大时,混合气变浓,HC 排放增加。NO 的变化与 CO、HC 相反。当负荷增大时,温度升高,且混合气变稀,故 NO 含量随负荷增加较快。从发动机负荷情况分析来看,在发动机大负荷和全负荷时,燃烧不完全,生成的 CO 量增多;中等负荷时,混合气变稀,燃烧效率高,CO 和 HC 排放量减少,而 NO 增多;怠速和小负荷时,NO 排放量减少,而 CO 和 HC 显著增多。

2. 负荷对柴油机排气污染物的影响

柴油机的负荷调节是靠喷油量来控制的,每循环的进气量相差不大。在怠速和小负荷时(发动机输出功率 N_e 较小),混合气很稀,HC 排放量相对较高,见图 8-5。随负荷增大,HC 排放量逐渐减少。CO 在怠速和小负荷时,排放量也较高;中等负荷时最低;在接近全负荷时,CO 排放增加。

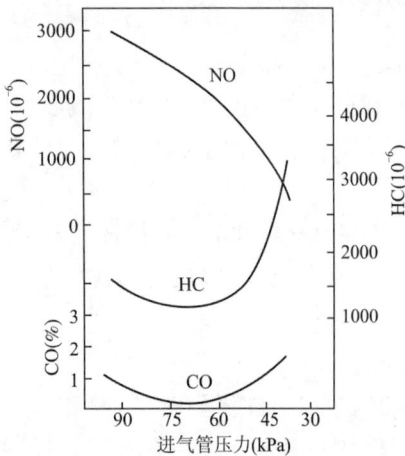

图 8-4　汽油机的负荷排放特性

柴油机在大负荷时,燃烧室的局部区域和混合气过浓,会形成较多炭烟。

（三）发动机转速的影响

曲轴转速对排气污染物浓度的影响见图8-6。汽油机怠速运转时,由于混合气过浓,燃烧不充分,CO 和 HC 排放量较大,提高怠速转速可使 CO 和 HC 量下降。当发动机的转速增加时,HC 和 CO 含量减少。而 HC 排放量在高速时,由于燃烧时间短,易于产生未燃烃使 HC 含量增加。当曲轴转速达到最大转速的65%～75%时,排气中 NO 达到最大值。

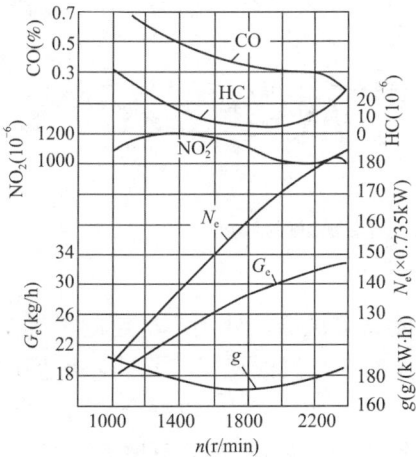

图8-5　柴油机的负荷排放特性
N_e-功率;G_e-燃油消耗量;g-燃油消耗率

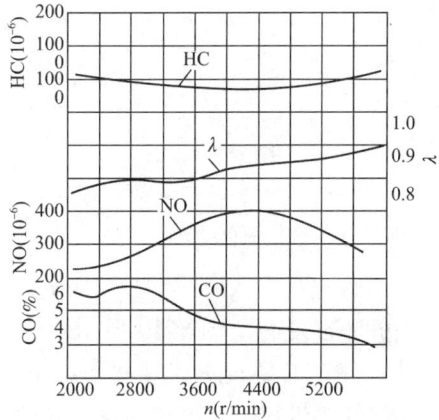

图8-6　曲轴转速对排气污染浓度的影响

发动机的转速对不同空燃比的混合气燃烧生成 NO 的速度有不同影响。当混合气较浓时,由于散热时间短,燃烧室内温度升高,NO 生成速度较快。当混合气较稀时,NO 生成速度较慢。

（四）点火提前角/喷油提前角的影响

汽油机点火提前角对排气中 CO 浓度的影响较小,但对 HC 浓度的影响较大。点火提前角减小时,HC 浓度减小,但如果点火过迟,因燃烧速度慢,HC 浓度又会增大,见图8-7。

点火提前角增大时,汽缸温度升高,排气中 NO_x 浓度随之增大;反之则减小,见图8-8。

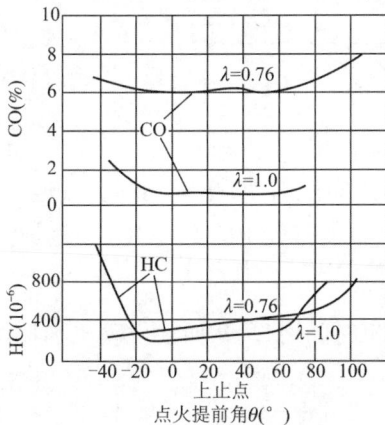

图8-7　点火提前角对汽油机 CO 和 HC 浓度的影响

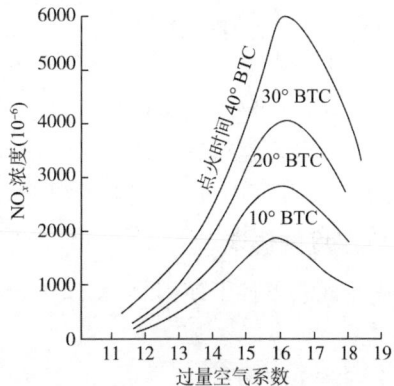

图8-8　点火提前角对汽油机 NO_x 浓度的影响

柴油机中,随着喷油提前角的减小,排气中NO浓度下降,HC浓度增加,而CO和CO_2浓度基本不变,见图8-9。

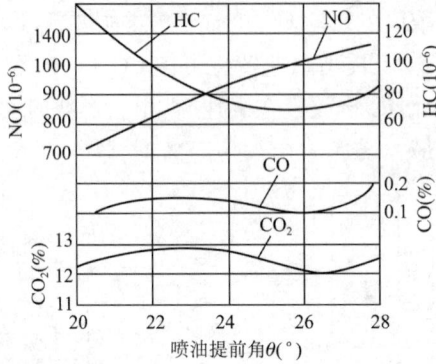

图8-9 喷油提前角对柴油机排气污染物浓度的影响

(五)汽车运行工况的影响

汽车在运行过程中,经常会加速、减速、停车,使发动机经常处于不稳定的工况,其负荷和转速随时间不断变化。图8-10所示为汽车运行工况对汽油机排气污染物浓度的影响。汽车在减速和停车工况下,汽油机排气中HC和CO浓度较大;柴油机混合气由于空气量充足,HC和CO的含量很少。汽车加速使发动机转速较高时,NO浓度明显增大。

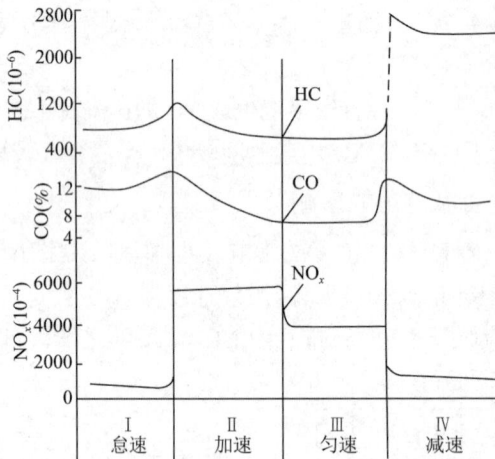

图8-10 汽车运行工况对汽油机排气污染物浓度的影响

汽车在市区内运行,很多时候处于强制怠速(即发动机制动)工况,此时,汽油发动机转速较高,节气门开度小,进入汽缸的混合气浓度很大,致使排气中的CO、HC浓度都很高。

(六)温度的影响

汽车在低温条件下使用时,发动机起动困难,暖机时间增长,从而使发动机油耗增加,排气污染增大。

1.冷却液温度的影响

汽车发动机冷却液的正常温度范围一般为85~95℃,现代轿车发动机约为95~105℃。

冷却液温度升高时,排出的 HC 减少,这种情况在过量空气系数 λ 较大时尤为明显,见图 8-11。

NO_x 排放量随着冷却液温度的升高而增加。对于汽油机来说,冷却液温度从 30℃ 提高到 80℃ 时,NO_x 增加 $500 \times 10^{-6} \sim 700 \times 10^{-6}$。

2. 进气温度的影响

进气温度对排放污染物的浓度也有影响,见图 8-12。随着进气温度的提高,NO_x 和 CO 的含量增加,HC 的浓度减小,在 HC 浓度最小处 NO_x 达到最大值。

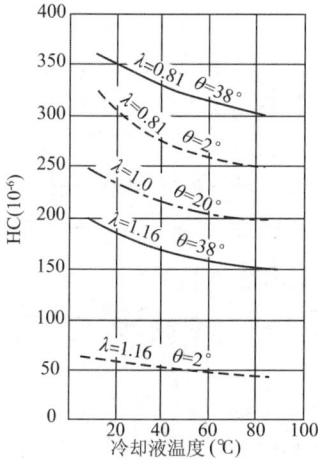

图 8-11　冷却液温度对排放污染物浓度的影响
θ-点火(喷油)提前角

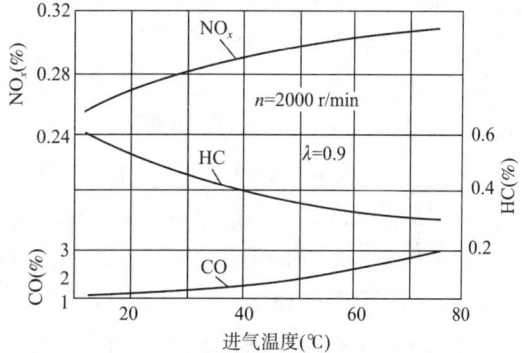

图 8-12　进气温度对排放污染物浓度的影响

除上述因素以外,汽车本身技术状况的下降同样会造成排气公害的增加。但每个因素对 NO_x、HC 和 CO 的影响程度都不相同,而且往往对减少排放量有利的措施都会造成汽车本身动力性和经济性的下降,因此,在实际操作过程中还要综合考虑。

三、汽车排气污染物的控制

(一)设计措施

控制汽车排放污染的措施从设计上主要分为机内控制法和机外控制法。机内控制法是指根据有害排放物生成机理,对发动机结构和控制系统进行改造和设计,采用新材料、新工艺、新技术和新的控制方法,使混合气充分高效地燃烧,以减少有害气体排放。机外控制法是将汽车排气通过循环、过滤、催化反应等装置,使它们重新进入汽缸燃烧或在排放过程中被氧化、还原,变成无害物质排出车外,以减少排放污染。

1. 改进发动机结构,改善发动机的燃烧过程

如增大汽缸直径和减小活塞行程,可以有效提高缸壁温度,改善缸壁周围不充分燃烧现象;改善燃烧室形状和减小喷油提前角,可以降低发动机工作的最高温度,控制燃烧条件,使燃烧较为完全,CO、HC 和炭烟减少。

2. 对发动机的燃油和空气进行预先处理

如柴油中加入水或含钡的消烟添加剂可以减少炭烟的排放;汽油中掺入一定量的甲醇

燃料或者采用含 10% 水分的水-汽油燃料,能在一定程度上减少或消除 CO、NO_x 和 HC。若采用甲醇-汽油燃料(或其他醇类同汽油混合制成的燃料),当甲醇比例达到 30% ~40% 时,汽车排气污染物可基本上消除。

3. 选用恰当的润滑剂——机械摩擦改进剂

在机油中添加一定量(比例为 3% ~5%)石墨、二硫化铝和聚四氟乙烯等固体添加剂,可节约发动机燃油 5% 左右,同时可使发动机汽缸密封性大大改善,汽缸压力增加,燃烧完全,排放的 CO 和 HC 含量随之下降。

4. 开发新能源,生产零排放汽车

采用多种燃料作为汽车动力的来源。随着科学技术的发展,汽车中可逐步推广使用新的能源,比如太阳能、电力、压缩天然气等,这样可大大减少甚至消除汽车排放对大气的污染。

5. 采用汽车排气净化技术

目前所使用的净化技术主要是在汽车的排气系统中安装各种净化装置,采用物理的、化学的方法减少排气中的污染物,如曲轴箱强制通风装置、废气再循环装置、燃油蒸发污染物排放控制装置、二次空气吸入装置、氧化催化转换器和三元催化转换器等。

(1)曲轴箱强制通风装置(Positive Crankcase Ventilation,PCV)。曲轴箱强制通风装置的作用是把窜入曲轴箱内的混合气引入汽缸内燃烧掉,见图 8-13。

(2)废气再循环(Exhaust Gas Recirculation,EGR)装置。废气再循环装置是目前用于降低 NO_x 排放的一种有效措施,见图 8-14。其作用是把一部分排气引入进气管与新鲜混合气混合后进入汽缸燃烧,从而实现再循环。这样就可使燃烧温度下降,抑制了因高温富氧形成的 NO_x 的生成。

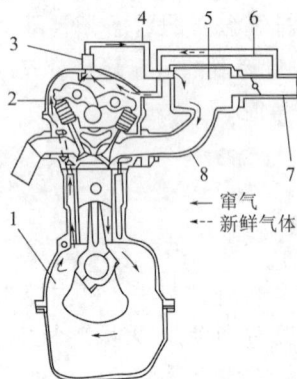

图 8-13　曲轴箱强制通风装置工作原理简图
1-曲轴箱;2-汽缸盖罩;3-PCV 阀;4-回流管;
5-稳压器;6-通风管;7-进气总管;8-进气歧管

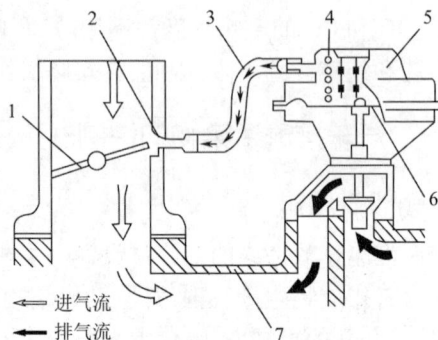

图 8-14　废气再循环装置工作原理简图
1-节气门;2-进气真空口;3-真空软管;4-弹簧;5-EGR 阀;
6-隔膜;7-进气歧管

采用 EGR 装置,会使混合气的着火性能和发动机输出功率下降,因此,应选择 NO_x 排放量多的发动机工作范围,进行适当的控制。

(3)燃油蒸发污染物排放控制装置。燃油蒸发污染物排放控制装置的作用是限制燃油蒸发气体直接排入大气,避免对大气的污染,并把它重新引入汽缸进行燃烧,见图 8-15。

(4)二次空气吸入装置。二次空气吸入装置的作用是利用排气管中废气压力有规律的突然变化,打开和关闭片簧阀,把新鲜空气吸入排气歧管,利用废气的热量,使废气中残留的 HC 和 CO 与空气相混合后燃烧,转化为对人体无害的成分如水蒸气等,达到排气净化的目的,见图 8-16。

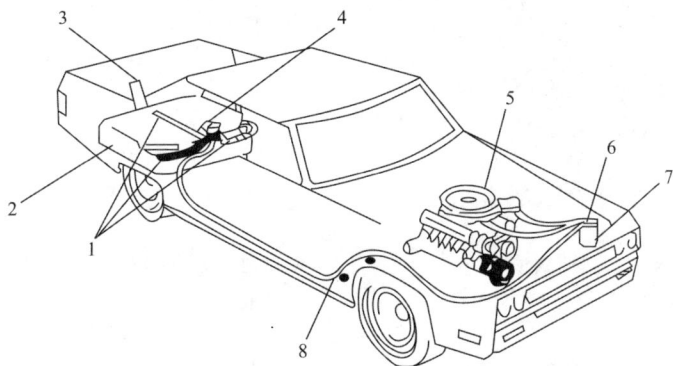

图 8-15   燃油蒸发污染物排放控制装置的布置

1-回油管;2-燃油箱;3-压力真空释压盖;4-液体蒸气分离阀;5-空气滤清器;6-清除阀;7-活性炭罐;8-燃油箱至活性炭罐的管路

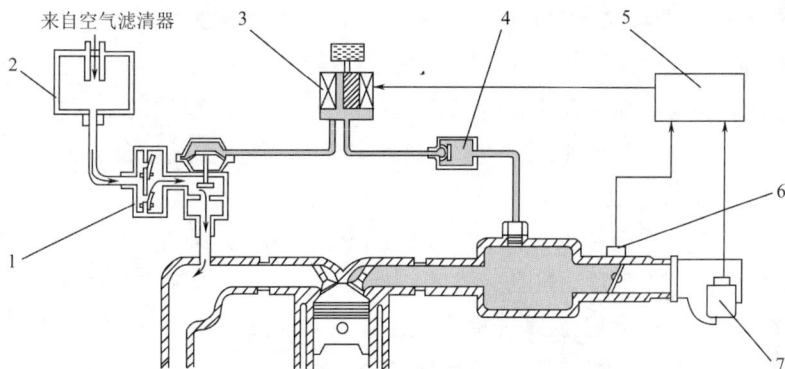

图 8-16   二次空气吸入装置的工作原理简图

1-片簧阀;2-谐振器;3-电子式真空通道控制阀;4-止回阀;5-电子控制单元;6-节气门位置传感器;7-空气流量计

(5)氧化催化转换器。氧化催化转换器是利用沉积在面容比很大的载体表面上的催化剂作为介质,当发动机排气通过时,HC 和 CO 的再氧化反应能在较低的温度下更快进行,使排气中 HC、CO 与排气中的余氧结合,生成无害的 H_2O 和 CO_2,从而达到净化的目的。其外观和使用条件与三元催化转换器基本相同。

(6)三元催化转换器。由于氧化催化转换器对 NO_x 的净化毫无结果,NO 必须使用还原反应,使 NO_x 量减小,其中的氧转入 HC、CO 中,生成 N_2、CO_2 和 H_2O。三元催化转换器不仅能促使 CO、HC 的氧化反应,也能促使 NO_x 的还原反应,从而使 CO、HC 和 NO_x 三种有害成分都得到净化,其结构见图 8-17。

图 8-18 表示了三元催化转换器的净化效率与空燃比的关系。由图可以看出,三元催化剂在以理论空燃比为中心的某一狭小范围内同时具有氧化、还原反应,使 CO、HC 和 NO_x 净化率都较高。因此,使用三元催化转换器时,必须装氧传感器和空燃比反馈控制系统。

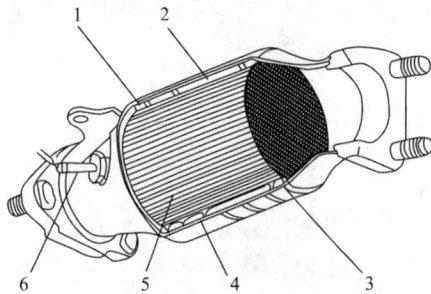

图 8-17 三元催化转换器

1、3-支承环;2-波纹网眼环;4-密封垫;5-催化转换器;
6-排气温度传感器

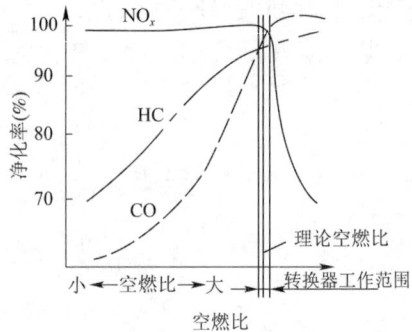

图 8-18 三元催化转换器的净化效率与空燃比的关系

（二）使用措施

使用措施主要是指保持发动机良好的技术状况和提高驾驶技术等。

1. 保持发动机良好的技术状况

发动机良好的技术状况对节约燃油和控制排放污染有重要作用。发动机的技术状况主要是指发动机汽缸的压缩压力、供油系统和点火系统的技术状况。

(1) 保持汽缸正常的压缩压力。随着汽车的使用，发动机零件产生磨损，当使汽缸的压缩压力降低时，发动机不易起动，发动机燃烧不完全，不但使油耗增加，HC 和 CO 化合物的含量也增加。

(2) 正确调整供油系统和点火系统。正确调整供油系统，保证发动机在各种工况下都具有合适的空燃比;在不降低发动机动力性的前提下，尽可能采用稀的混合气。

点火系统应保证在各种工况下能够产生足够点火能量的电火花，不应出现断火或弱火，使某缸燃烧不良，排放污染物增加。适当地推迟点火时刻，可以提高排气温度，减少 HC 和 NO 的排放量，特别是在息速工况下，供给的混合气较浓，点火稍迟可以大大减少排放污染。但点火提前角过小会使发动机动力性和经济性明显下降，可靠性也下降。

2. 提高驾驶技术

(1) 对发动机的技术状况做到心中有数，特别是供油系统和点火系统的技术状况应处于良好状态;尽量减少起动次数。

(2) 汽车行驶时，根据道路、交通情况，适当调整节气门开度，以保持汽车在经济速度下稳定行驶;避免急加速或急减速。

(3) 保持发动机正常工作温度。

(4) 在较长时间等候时，应及时关闭发动机，以减少燃油消耗和污染物排放。

（三）环境措施

(1) 严格执行国家质量技术标准，控制燃料标准。按国家规定，质量不合格的燃料不能使用，市场上不准出售质量低劣的燃料。有关部门要加强市场上燃料质量标准的监督管理，积极鼓励使用清洁能源车辆。

（2）开展机动车辆污染申报登记工作，为建立机动车辆防治管理档案和信息系统奠定良好基础。

（3）加大机动车辆污染控制力度，开展路检执法和治理工作。加大对上路行驶车辆排放超标行为的查处力度，对超标车辆给予行政处罚或责令限期整改。

（4）加强在用汽车的维护。良好的技术状态是控制在用汽车污染物排放的基本原则，所以应加强在用汽车维护，使其在规定使用期限内的排放达到国家标准要求。

四、汽车排气污染物排放限值标准和测量方法

为了控制汽车排放污染物对生态环境的危害，世界上许多国家对排放标准制定了严格的法规。我国在吸收发达国家的成功经验后，制定了一系列适合我国国情的汽车排放标准，其中在用汽车检测标准对在用汽车排放污染物的测量方法和排放限值做了统一的规定，适用于对这类汽车的年检和抽样检测。

在用汽车污染排放控制是汽车污染排放控制的重要环节，我国国家环境保护总局和国家质量监督检验检疫总局于 2005 年先后颁布了 9 项国家污染物排放新标准，其中 7 项为汽车排放污染物排放限值和测量方法标准，见表 8-3。

我国汽车排放标准　　　　　　　　　　　　　　　　表 8-3

序号	标 准 项 目	标准编号	标准适用范围	实施日期
1	车用压燃式发动机和压燃式发动机汽车排气烟度排放限值及测量方法	GB 3847—2005	压燃式发动机	2005 年 7 月 1 日
2	点燃式发动机汽车排气污染物排放限值及测量方法（双怠速法及简易工况法）	GB 18285—2005	点燃式发动机（新生产和在用汽车）	2005 年 7 月 1 日
3	装用点燃式发动机重型汽车燃油蒸发污染物排放限值及测量方法	GB 14763—2005	点燃式发动机重型汽车	2005 年 7 月 1 日
4	装用点燃式发动机重型汽车曲轴箱污染物排放限值及测量方法	GB 11340—2005	—	2005 年 7 月 1 日
5	摩托车和轻便车排气烟度排放限值及测量方法	GB 19758—2005	—	2005 年 7 月 1 日
6	车用压燃式、气体燃料点燃式发动机与汽车排气污染物排放限值及测量方法	GB 17691—2005	设计车速 >25km/h，车用压燃式（含气体燃料点燃式）发动机	2007 年 1 月 1 日
7	轻型汽车污染物排放限值及测量方法（中国Ⅲ、Ⅳ阶段）	GB 18352.3—2005	点燃式、压燃式发动机，最大设计车速 ≥50km/h 轻型汽车	2007 年 7 月 1 日

2013 年 9 月,环境保护部和国家质量监督检验检疫总局发布了《轻型汽车污染物排放限值及测量方法(中国第五阶段)》(GB 18352.5—2013),已于 2018 年 1 月 1 日实施,用于代替 GB 18352.3—2005。从 2018 年 1 月 1 日起,所有销售和注册登记的轻型汽车应符合本标准要求。在 2023 年 1 月 1 日之前,第三、四阶段轻型汽车的"在用符合性检查"仍执行 GB 18352.3—2005 的相关要求。

2016 年 12 月,环境保护部国家质检总局联合发布了《轻型汽车污染物排放限值及测量方法(中国第六阶段)》(GB 18352.6—2016),将于 2020 年 7 月 1 日起实施,用于代替 GB 18352.5—2013。

2018 年 6 月,生态环境部与国家市局监督管理总局联合发布了《重型柴油车污染物排放限值及测量方法(中国第六阶段)》(GB 17691—2018),将于 2019 年 7 月 1 日起实施,用于代替 GB 17691—2005 中气体燃料点燃式发动机部分的内容。自 2019 年 7 月 1 日起,所有生产、进口、销售和注册登记的燃气汽车应符合本标准要求;自 2020 年 7 月 1 日起,所有生产、进口、销售和注册登记的城市车辆应符合本标准要求;2021 年 7 月 1 日起,所有生产、进口、销售和注册登记的重型柴油车应符合本标准要求。

(一)排气污染物排放量的表示方法

污染物的排放量根据不同的场合,常用浓度排放量、质量排放量和比排放量来表示。

1. 浓度排放量

浓度排放量常用体积分数和质量浓度表示。体积分数是指排气体积中污染物所占的体积比,根据实际污染物浓度的不同,可分别用%、$\times 10^{-6}$ 或 $\times 10^{-9}$ 表示。例如,在用汽车排气中浓度较高的 CO 和 CO_2 一般用%表示;对浓度较低的 HC 和 NO_x 用 $\times 10^{-6}$ 表示;而对浓度更低的成分可用 $\times 10^{-9}$ 表示。质量浓度是指单位排气体积中污染物的质量,常用 mg/m^3 单位计量。

2. 质量排放量

质量排放量是指实际检测时每小时或每测试循环发动机排放的污染物质量,常用 g/h (或 g/测试)来表示。在实际环境治理工作中,若对排放污染物进行总量监测,或在汽车排放检测中按规定的工况循环测量排放量,则可用质量排放量表示。

3. 比排放量

比排放量是指检测时汽车单位行驶里程所排放的污染物质量或发动机单位功所排放的污染物质量。常用的比排放量量纲为 g/km 或 $g/(kW \cdot h)$。在整车试验时,用单位测试循环的质量排放量(g/测试)除以每测试循环的运转公里数可得到每公里的排放量(g/km),这是排放法规中最常用的计量单位。

(二)排气污染物的排放限值

1. 点燃式发动机汽车排气污染物排放限值

根据 GB 18285—2005 的规定,各类点燃式发动机汽车排气污染物排放限值见表 8-4。根据 GB 18352.5—2013 的规定,各类点燃式发动机汽车排气污染物排放限值见表 8-5。根据 GB 18352.6—2016 的规定,各类点燃式发动机汽车排气污染物排放限值见表 8-6。

点燃式发动机汽车排气污染物排放限值(根据 GB 18285—2005)　　表 8-4

车　　型	类　　别			
	怠速		高怠速	
	一氧化碳 CO (%)	碳氢化合物 HC (×10⁻⁶)	一氧化碳 CO (%)	碳氢化合物 HC (×10⁻⁶)
1995 年 7 月 1 日前生产的 轻型汽车①	4.5	1200	3.0	900
2000 年 7 月 1 日起生产的 第一类轻型汽车②	0.8	150	0.3	100
2001 年 10 月 1 日前生产的 第二类轻型汽车③	1.0	200	0.5	150
2005 年 7 月 1 日起生产的 第一类轻型汽车	0.5	100	0.3	100
2005 年 7 月 1 日起生产的 第二类轻型汽车	0.8	150	0.5	150
1995 年 7 月 1 日起生产的 重型汽车④	4.5	1200	3.0	900
2004 年 9 月 1 日起生产的 重型汽车	1.5	250	0.7	200
2005 年 7 月 1 日起生产的 重型汽车	1.0	200	0.7	200

注:①轻型汽车一般是指装点燃式或压燃式四冲程发动机,最大总质量小于 3500kg 的乘用车(M 类)和商用车(N₁ 类)。

②第一类轻型汽车是指包括驾驶人座位在内,座位数不超过 6 个,且最大总质量不超过 2500kg 的 M₁ 类汽车。

③第二类轻型汽车是指该标准适用范围内除第一类轻型汽车以外的其他所有轻型汽车。

④重型汽车是指总质量超过 3500kg 的车辆。

轻型汽车污染物排放限值(根据 GB 18352.5—2013)　　表 8-5

车型	级别	基准质量 RM (kg)	污染物排放限值					
			一氧化碳 CO (g/km)	总碳氢化合物 THC (g/km)	非甲烷碳 氢化合物 NMHC (g/km)	氮氧化物 NOₓ (g/km)	颗粒物 PM① (g/km)	粒子数量 PN (g/km)
第一类车	—	全部	1.0	0.1	0.068	0.060	0.045	6×10¹¹
第二类车	I	RM≤1305	1.0	0.100	0.068	0.060	0.045	6×10¹¹
	II	1305 < RM≤1760	1.81	0.130	0.090	0.075	0.045	6×10¹¹
	III	RM > 1760	2.27	0.160	0.108	0.082	0.045	6×10¹¹

注:①仅适用于装缸内直喷发动机的汽车。

轻型汽车污染物排放限值（根据 GB 18352.6—2016） 表 8-6

阶段	车型	级别	基准质量 RM（kg）	污染物排放限值								
				一氧化碳 CO（g/km）		碳氢化合物 THC（g/km）		氮氧化合物 NO$_x$（g/km）		碳氢化合物+氮氧化合物（HC+NO$_x$）（g/km）		颗粒物 PM（g/km）
				汽油	柴油	汽油	柴油	汽油	柴油	汽油	柴油	柴油
III	第一类车	—	全部	2.3	0.64	0.2	—	0.15	0.50	—	0.56	0.050
	第二类车	I	RM≤1305	2.3	0.64	0.2	—	0.15	0.60	—	0.56	0.050
		II	1305<RM≤1760	4.17	0.80	0.25	—	0.18	0.65	—	0.72	0.070
		III	RM>1760	5.22	0.95	0.29	—	0.21	0.78	—	0.86	0.100
IV	第一类车	—	全部	1.0	0.5	0.1	—	0.08	0.25	—	0.30	0.025
	第二类车	I	RM≤1305	1.0	0.5	0.1	—	0.08	0.25	—	0.30	0.025
		II	1305<RM≤1760	1.81	0.63	0.13	—	0.10	0.33	—	0.39	0.040
		III	RM>1760	2.27	0.74	0.16	—	0.11	0.39	—	0.46	0.060

2. 压燃式发动机汽车排气污染物排放限值

装配压燃式发动机的在用汽车，其排气污染物是指排气管排出的可见污染物。根据 GB 3847—2005，其自由加速试验排气可见污染物限值见表 8-7，根据 GB 17691—2018，其排气可见污染物限值见表 8-8。

压燃式发动机汽车排气污染物限值（根据 GB 3847—2005） 表 8-7

车　型	排　气　污　染　物　限　值	
1995 年 7 月 1 日前生产的汽车	波许烟度值≤5.0Rb[1]	
1995 年 7 月 1 日起至 2001 年 9 月 30 日期间生产的汽车	波许烟度值≤4.5Rb	
2001 年 10 月 1 日起至 2005 年 7 月 1 日期间生产的汽车	自然吸气式	光吸收系数≤2.5m^{-1}
	涡轮增压式	光吸收系数≤3.0m^{-1}
2005 年 7 月 1 日起生产的汽车	光吸收系数不应大于车型核准批准的自由加速排放限值再加 0.5m^{-1}	

注：①波许烟度范围为 0~10Rb，Rb0 表示无色，Rb10 表示纯黑。

压燃式和燃料点燃式发动机汽车排气污染物限值（根据 GB 17691—2018） 表 8-8

发动机类型	CO（mg/kWh）	THC（mg/kWh）	NO$_x$（mg/kWh）	粒子数量 PN（mg/kWh）
压燃式	6000	—	690	1.2×10^{12}
点燃式	6000	240（LGP） 750（NG）	690	—
双燃料	6000	1.5×WHTC（瞬态循环）限值	690	1.2×10^{12}

（三）汽油机汽车排气污染物排放的测量方法

1. 准备工作

被检测汽车处于制造厂规定的正常状态，发动机冷却液、润滑油温度达到正常。使用不分光红外线分析仪（见图 8-19），并预热至正常的工作状态。

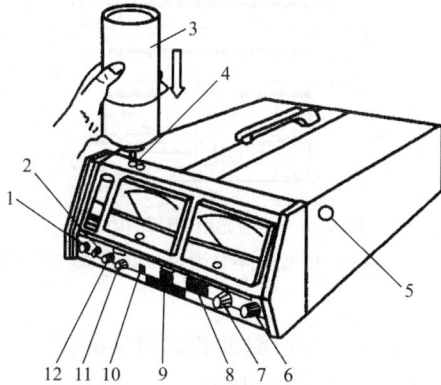

图 8-19　不分光红外线分析仪

1-电源开关；2-泵开关；3-标准气瓶；4-标准气入口；5-简易校正值调节电位器；6-HC 量程旋钮；7-HC 零位旋钮；8-HC 量程切换开关；9-CO 量程切换开关；10-机械检查开关；11-CO 量程旋钮；12-CO 零位旋钮

2. 测量步骤

采用双怠速工况法测量排放量。

（1）发动机从怠速状态加速至 70% 额定转速，运转 30s 后降至高怠速转速（50% 额定转速或制造厂规定的高怠速转速）状态。

（2）将分析仪的取样探头插入排气管中，深度不小于 400mm，并固定在排气管上。

（3）发动机在高怠速状态维持 15s 后，读取 30s 内的最高值和最低值，其平均值即为高怠速污染物测量结果。

（4）发动机从高怠速降至怠速状态 15s 后，读取 30s 内的最高值和最低值，其平均值即为怠速污染物测量结果。

（5）对于使用闭环控制电子燃油喷射系统和三元催化转换器的汽车，还应同时读取过量空气系数 λ 的值。

（6）若为多排气管时，取各排气管测量结果的平均值作为汽车污染物排放测量结果。

3. 测量结果分析

把测量结果和表 8-4 规定的限值进行比较，若有一项超过限值，则认为排放不达标；使用闭环控制电子燃油喷射系统和三元催化转换器的汽车，若 $\lambda \geqslant (1.00 \pm 0.03)$ 或超过制造厂规定的范围，则认为排放不达标。

（四）柴油机汽车排气污染物排放的测量方法

1. 2001 年 10 月 1 日起生产汽车的排放测量方法

2001 年 10 月 1 日起生产并投入使用的汽车，采用不透光烟度计（其结构见图 8-20）进行自由加速试验，测量排气的光吸收系数值。测量方法如下：

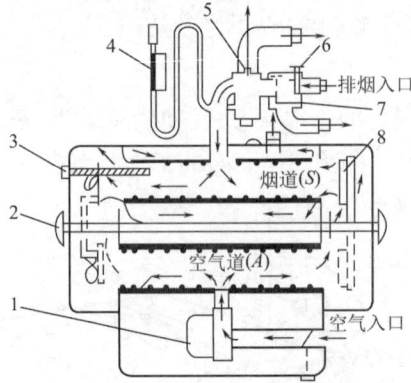

图 8-20　不透光烟度计结构简图
1-电风扇;2-光源灯;3、6-温度计;4-压力表;5-安全阀;7-旁通阀;8-光电管

1）准备工作

（1）发动机预热至达到规定的冷却液温度和润滑油温度。

（2）目测被检测汽车的排气系统,应无泄漏。

（3）采用至少三次自由加速过程对排气系统进行吹拂,吹净残余废气。

2）测量步骤

（1）在发动机怠速工况下,将不透光度计的取样探头插入排气管内,深度为 300mm,并固定在排气管上。

（2）迅速操作加速踏板,使喷油泵在最短时间内供给最大油量。在发动机达到调速器允许的转速前保持此位置。

（3）一旦发动机达到最大转速,立即松开加速踏板,使发动机恢复至怠速转速。

（4）上述操作至少进行六次,应观察每次连续加速中不透光度计的最大读数值,直到得到稳定读数。若读数值连续四次均在 $0.25m^{-1}$ 的带宽内,并且没有继续下降的趋势,则认为读数值是稳定的。所记录的光吸收系数应为这 4 个读数值的算术平均值。

2. 2001 年 10 月 1 日前生产汽车的排放测量方法

对于 2001 年 10 月 1 日前生产的汽车,采用滤纸式烟度计(其工作原理见图 8-21)进行自由加速烟度试验,测量排气的波许烟度值。其检测规范见图 8-22。

1）准备工作

（1）发动机预热至达到规定的最高额定转速和最大额定功率;变速器置于空挡位置。

（2）目测被检测汽车的排气系统,应无泄漏。

2）测量步骤

（1）将滤纸式烟度计的脚踏板安装在加速踏板上;取样探头插入排气管内,深度为 300mm,并固定在排气管上。

（2）在发动机怠速工况下,将加速踏板迅速踩到底,维持4s后松开,如此重复三次,以吹净排气系统的沉积物。

（3）将加速踏板迅速踩到底,维持4s后松开,然后按照图 8-22 的规范测量四次,取后三次的读数的平均值作为测量结果。

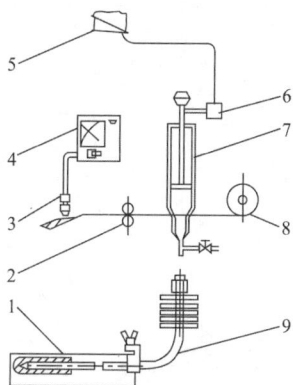

图 8-21　滤纸式烟度计工作原理图

1-排气管;2-滤纸进给机构;3-光电传感器;4-指示仪表;5-脚踏板;6-电磁阀;7-抽气泵;8-滤纸卷;9-取样探头

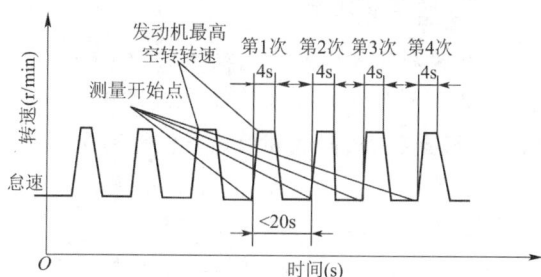

图 8-22　柴油机汽车自由加速烟度试验规范

对于 GB 17691—2018 排放规定,CO、THC 和 NO_x 的测量方法同前,粒子数量的测量则须通过颗粒物个数测量系统测得,方法见该标准。

3. 测量结果分析

把测量结果和表 8-5 规定的限值进行比较,若超过限值,则认为排放不达标。

第二节　汽车噪声公害及其控制

一、汽车的噪声及其危害

在人们生活的环境里,有各种各样的声音(指可听范围内的声波,频率为 20 ~ 20000Hz),或使人愉快,或使人烦恼。不同频率、不同强度、毫无规律组合的声音,对人们生活和工作有妨碍的声音,人们不需要并希望用一定措施加以控制和消除的声音,统称为噪声。噪声对人类和环境的危害是严重的,白天室外 50dB、夜间室外 35 ~ 40dB 会使人感觉烦躁;高于 70dB 易使人疲劳、影响工作效率,引起头痛、失眠、记忆力下降等。国际和我国的环境噪声标准见表 8-9。

国际和我国的环境噪声标准　　　　　　　　　　　　表 8-9

ISO 规定的环境噪声允许值(dB)		我国规定的保证健康安宁的环境噪声允许值(dB)		
适用范围	噪声值	适用范围	理想值	极限值
寝室	20 ~ 25	睡眠	35	50
生活室	30 ~ 60	交谈	50	70
办公室	25 ~ 60	听力保护	75	90

城市环境噪声包括交通噪声、生产噪声、建筑噪声和生活噪声等。交通噪声是环境噪声的主要部分,其主要声源是汽车。汽车噪声一般是 70 ~ 85dB 的中等强度噪声,重型车噪声超过 90dB,危害较大。

二、汽车噪声的来源及其控制

(一) 噪声的来源

汽车噪声主要来源于发动机、传动系统、轮胎、车体振动、车身干扰空气噪声和喇叭声，见图8-23。这些噪声随着汽车和发动机形式的不同而不同，还与使用过程中的车速、发动机转速、加减速状态、荷载和道路条件等有关。

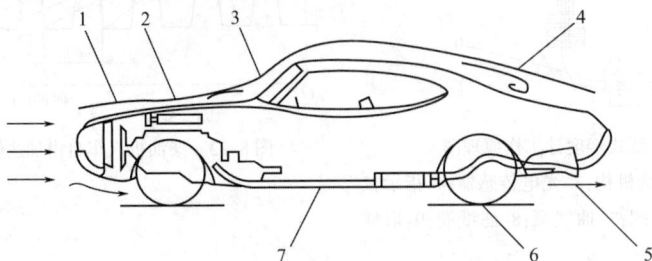

图 8-23　汽车噪声主要来源

1-冷却系统噪声;2-发动机噪声;3-车身振动噪声;4-空气动力噪声;5-排气系统噪声;6-轮胎噪声;7-传动系统噪声

1. 发动机噪声

发动机噪声包括燃烧、机械、进气、排气、冷却风扇和其他部件发出的噪声。

燃烧噪声是可燃混合气在汽缸中燃烧时，因压力急剧上升的气体冲击而产生的。汽油机产生爆燃、表面点火等不正常燃烧时，汽缸压力剧增，燃烧噪声也增大。

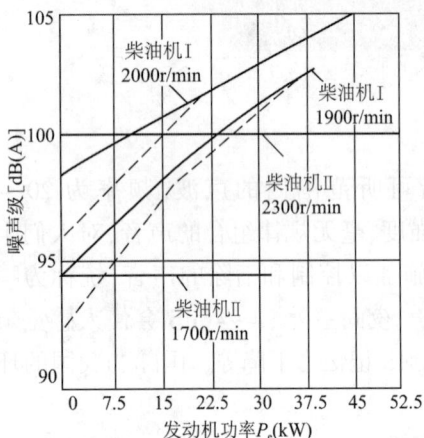

图 8-24　负荷对柴油机噪声的影响

燃烧噪声在柴油机总的噪声中占很大比例。柴油机转速升高时，汽缸压缩压力和温度升高，燃烧噪声增大。小负荷时，着火延迟期内喷入汽缸的燃料少，压力增长慢，燃烧噪声下降，见图8-24。

机械噪声包括活塞敲击声、气门机构声和正时齿轮声等。在柴油机中正时齿轮的噪声是很大的噪声源。

风扇噪声与发动机转速有直接关系，一般情况下，风扇噪声比发动机本体噪声低很多，随发动机高速运转，噪声迅速升高。

2. 传动系统噪声

传动系统噪声是汽车行驶时由于传动系统和路面的振动所引起的噪声，频率为400～20000Hz，其中齿轮传动的机械噪声是主要部分。产生齿轮噪声的原因有轮齿啮合时产生的撞击声，轮齿之间的摩擦声以及因齿轮误差与刚性的变化而引起的撞击声等。

齿轮噪声引起变速器、驱动桥的激振并经轴、轴承、外壳使各部分产生振动变成噪声而传播。齿轮噪声随汽车行驶状态如速度、负荷的变化而变化。转速和负荷对变速器齿轮噪声的影响分别见图8-25和图8-26。

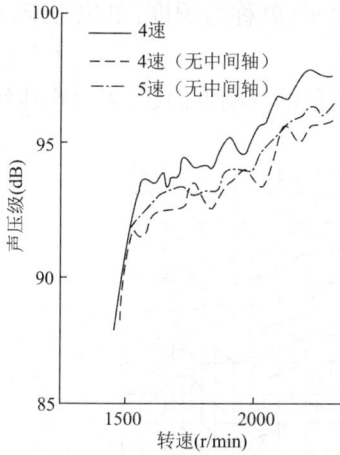

图 8-25　转速对变速器齿轮噪声的影响

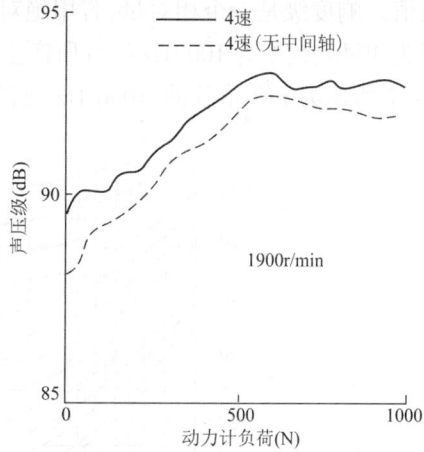

图 8-26　负荷对变速器齿轮噪声的影响

3. 轮胎噪声

产生轮胎噪声的最主要因素是轮胎的花纹。汽车行驶时,轮胎胎面槽内的空气与地面接触时被挤压,并有规律地放出而产生噪声。花纹不同噪声也不同,车速、负荷和路面状况等使用因素对轮胎噪声的影响也很大。轮胎噪声与车速具有一定的线性关系,即车速增加10 倍时,噪声增加 30 倍。

汽车噪声的产生除了上述原因外,还有在高速行驶时产生的车身干扰空气噪声、制动噪声、储气筒放气声、喇叭声以及各种专用汽车上的动力装置所传出的噪声等。

(二) 噪声的度量

根据声学原理,表示声音的物理量有声压级和响度级。

1. 声压级

人耳能听到的声音的频率范围为 20 ~ 20000Hz,其声压范围为 $2 \times 10^{-5} \sim 20$Pa。由于人耳对声音的响度感觉和声音强度的对数成正比,引入声压级的概念,即:

$$L_p = 20 \lg \frac{p}{p_0} \qquad (\text{dB})$$

式中:L_p——声压级,dB;

p——声压,Pa;

p_0——基准声压,$p_0 = 2 \times 10^{-5}$Pa。

当引入声压级这一概念后,就把可阈声声压 $2 \times 10^{-5} \sim 20$Pa 的变化范围变至 0 ~ 120dB 的变化范围,这样就显著减少了数量级。在噪声测量中,通常是测定它的声压级。然而,人耳对声音的主观感觉,不仅与声压有关,而且还与声音的频率有关。声压级相同、频率不同的声音,听起来不一样响;不同频率、声压级不同的声音,有时听起来却一样响。因此,在噪声研究中,对噪声的评价常采用下列与人耳主观感受相适应的指标。

2. 响度级与响度

响度级与响度表示声音的强弱程度,同时考虑了声音频率和声压级对人耳听觉感受的影响,更符合人耳接受声音的实际情况。响度级的单位是方(Phon),方是 1000Hz 纯音的声压级分贝值。响度级是一个相对量,若用绝对值来表示,就称为响度,单位为宋(sone),1 宋是声压级为 40dB、频率为 1000Hz 纯音所产生的响度。

图 8-27 所示为 ISO 推荐的、1000 Hz 纯音各分贝值的等响度曲线,表示声压级与响度级的关系。

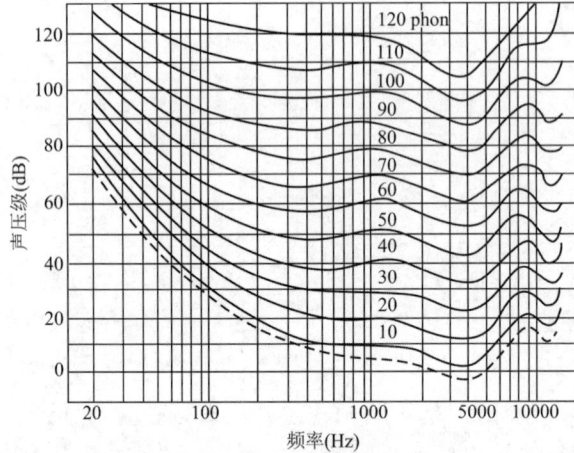

图 8-27   ISO 推荐的等响度曲线

凡在同一条曲线上的各点,虽然它们代表着不同频率和声压级,但其响度是相同的。每条等响度曲线代表的响度级的大小由该曲线在 1000 Hz 时的声压级的分贝值而定。即以 1000 Hz 纯音作为基准声音,当某一噪声听起来与该纯音一样响时,则该噪声的响度级(方值)就等于这个纯音的声压级(分贝值)。例如,某噪声听起来与声压级 85dB、频率 1000Hz 的基准声音一样响,则该噪声的响度级就是 85 方。

3. A 声级

声级计是测量声音强弱的仪器。声级计的"输入"是声音客观存在的物理量——声压和频率,"输出"是声压级和响度级。但声压级没有反映出频率的影响,为使声级计的输出符合人耳的听觉特性,应通过一套电学的滤波器网络对某些频率成分进行衰减,这种特殊的滤波器称为计权网络,对应的声压级称为计权声级。

通常,声级计设有 A、B 和 C 三种计权网络,它们对不同频率的声音信号进行不同程度的衰减。A 计权网络对低频和中频声音有较大的衰减,B 计权网络对低频声音有一定的衰减,C 计权网络不产生衰减,所以可用 C 计权网络测得的读数代表总声压级。

由于噪声的 A 声级与人耳的主观感觉比较接近,测量也比较方便,因此,A 声级已成为国际标准化组织和绝大多数国家作为评价噪声的主要指标。经过 A 计权网络测出的 dB 读数称 A 计权声级,简称 A 声级(L_A),单位为分贝 dB(A)。

(三)汽车噪声的控制

世界各国为降低汽车噪声采取了许多措施:

(1)制定汽车噪声限制法规。

(2)汽车制造厂针对噪声源,在汽车设计制造中努力采取降噪措施。例如,采用吸振、隔音技术,将高噪声的喇叭改装成低噪声喇叭等。

（3）汽车使用、维修中，严格执行汽车噪声限值和测量方法的国家标准。

（4）在噪声集中路段建立隔声板或隔声墙，在隔离带中种植物；修建吸音路面等。

（5）加强管理，在一些路段采取禁鸣喇叭措施。

三、汽车噪声的检测标准和检测方法

（一）噪声的检测标准

《机动车运行安全技术条件》（GB 7258—2017）规定：汽车（纯电动汽车、燃料电池汽车和低速汽车除外）驾驶人耳旁噪声声级应小于等于90dB（A）。机动车（手扶拖拉机运输机组除外）应设置具有连续发声功能的喇叭，喇叭声级在距车前2m、离地高1.2m处测量时，发动机最大净功率（或电机额定功率总和）为 7kW 以下的摩托车为 80～112dB（A），其他机动车为 90～115dB（A）。乘用车、专用校车喇叭在车钥匙取下及车门锁止时在车内应仍能正常使用；教练车（三轮汽车除外）还应设置辅助喇叭开关，其工作应可靠。《客车车内噪声限值及测量方法》（GB/T 25982—2010）规定：客车车内噪声不超过表8-10 规定的数值。

客车车内噪声限值　　　　　　　　　　　　　　　表8-10

车　辆　类　型		车内噪声声压级限值［dB（A）］
城市客车	前置发动机	驾驶区　　　86
		乘客区　　　86
	后置发动机	驾驶区　　　78
		乘客区　　　84
其他客车	前置发动机	驾驶区　　　82
		乘客区　　　82
	后置发动机	驾驶区　　　72
		乘客区　　　76

（二）噪声的检测方法

1. 测量仪器

采用声级计（图8-28），其测量误差应不超过 ±2dB。在测量前后，仪器应按规定进行校准。

2. 驾驶人耳旁噪声测量

1）测量条件

（1）汽车空载，处于静止状态且置变速器于空挡。

（2）发动机处于额定转速状态。当发动机正常工作状态下无法达到额定转速时，则采用可达到的最大转速进行测量，并对测量转速进行记录说明。

（3）门窗紧闭。

（4）环境噪声应低于被测噪声值至少 10dB（A）。

（5）车内除驾驶人和测量人员外，不应有其他人员。

2）测量位置

（1）在驾驶人耳旁附近布置测点，话筒朝向汽车前进方向。

（2）驾驶人耳旁噪声测点位置在驾驶人座椅上方，见图8-29。

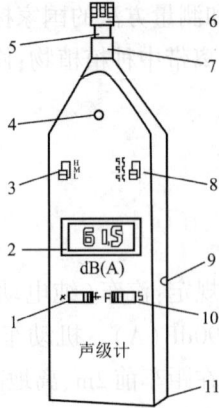

图 8-28　声级计

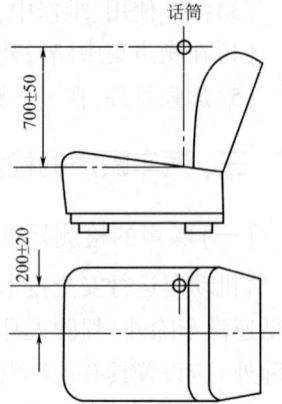

图 8-29　驾驶室内噪声测点位置

1-电源开关;2-显示器;3-量程开关;4-灵敏度调节;5-传声器;6-防风罩;7-前置
放大器;8-输出插孔;9-复位按钮;10-时间计权;11-电池盖板

3）测量方法

声级计置于 A 级计权、快档，在发动机处于额定转速时读取声级计的值。

3. 客车车内噪声测量

1）测量条件

（1）测量路段应是清洁、干燥、平坦且无冻结的硬路面，且不应有接缝、凸凹不平或类似的表面结构；测量区间路线应平直。

（2）沿测量路线在约 1.2m 高度的风速应不大于 5m/s。

（3）测量时汽车门窗应关闭；车内若有其他辅助设备是噪声源，测量时是否开动应按正常使用情况而定。

（4）由背景噪声和仪器内部电噪声而测定的动态范围下限应至少低于所测声级 15dB（A），并保证测量不被偶然的其他声源所干扰。

（5）测量时应避免通过隧道、桥梁、道岔、车站及会车。

（6）车内除驾驶人和测量人员外，不应有其他人员。

2）测量位置

（1）一个测量点选在驾驶人耳旁。

（2）对于城市客车，在乘客区按照车内尺寸选取测量点，每节车厢分别取中心线上的前中后 3 个点进行测量。

（3）对于其他客车，在乘客区的前部、中部和后部也应各布置 1 个测量点。沿汽车纵向轴线附近，前排、中间排（如果是偶数排，排数为 n，对中后置发动机汽车则取 $n/2 + 1$ 排，对前置发动机汽车则取 $n/2 - 1$ 排）和最后排左侧的第一个座位位置作为测量点。

（4）对于卧铺客车，中间列卧铺的前部、中部和最后部的下铺作为测量点。对于 2 列卧铺，测量纵向轴线左侧的铺位。

（5）对于双层客车，增加上层乘客区的后排中间座位作为测量点。

（6）座位处噪声测量位置在座椅上方，见图 8-29；话筒朝向汽车前进方向。卧姿的测量位置，话筒应放在无人枕头的中间向右距离为（200 ± 20）mm 以上（150 ± 20）mm。

3）测量方法

（1）声级计使用 A 频率计权特性、F 时间计权特性。

（2）对于城市客车，汽车分别在Ⅰ挡 15km/h、Ⅱ挡 35km/h 进行节气门全开加速试验，每个测量点进行往返各 1 次测量，并记录；自动挡汽车测量 10 ~ 50km/h 节气门全开加速过程。分别计算驾驶人耳旁噪声和乘客区各测量点 4 次结果的算术平均值作为中间结果。

（3）对于其他客车，按 90km/h 或最高设计车速的 80%（两者取较小值）进行匀速行驶试验，每个测量点进行往返 1 次测量，分别计算驾驶人耳旁噪声和乘客区各测量点 2 次结果的算术平均值作为中间结果。

（4）分别取驾驶人耳旁噪声和乘客区噪声中间结果的最大值作为驾驶人耳旁和乘客区噪声的最终测量结果。

4. 汽车喇叭声级的测量

汽车喇叭声级的检测点位置见图 8-30。测量时应注意不被偶然的其他声源峰值所干扰。调整声级计到 A 级计权、快挡位置，按喇叭并保持 3s 以上。测量次数宜 2 次以上，测取声压级，并注意监听喇叭声音是否悦耳。

图 8-30 汽车喇叭声级的测量位置

5. 噪声测量值的修正

被测对象所处环境的本底噪声应比测量噪声至少低 10dB（A），否则应进行修正，以保证测量结果的准确性。修正方法如下：

当被测对象噪声值与环境噪声值之差小于 10dB（A）时，从被测对象的噪声测量值中减去表 8-11 所列的修正值，所得差值即为被测对象噪声的实际值。即：

被测对象噪声的实际值 = 测量值 − 修正值

测量噪声修正值表［dB（A）］   表 8-11

测量噪声与环境噪声之差	≯3	3	4	5	6	7	8	9	≥10
修正值	换场地	3	2		1				不必修正

第三节 汽车电磁波公害及其控制

一、汽车电磁波公害的来源

电磁波公害是指汽车上的电器设备产生的电磁波对汽车周围环境中的电视机、收音机、无线电装置和汽车内其他电器设备等造成的干扰。汽车电磁波不但影响汽车周围的环境，而且影响汽车自身的安全性和可靠性。

汽车的电磁波干扰以传导和辐射的形式进行传播，主要来源有电磁辐射、电路网络、静电放电和车载通信设备等。

1. 电磁辐射

电磁辐射是汽车电磁波干扰的主要来源，它发生在电路或触点接通或断开的瞬间，此间电路中会出现各种瞬变电压，产生电磁波，影响车内外无线电的接收，对车上其他电器设备也有一定的影响。如发电机、点火线圈、继电器、电动机、电喇叭或点火开关等处。

2. 电路网络

电路网络的干扰主要来自汽车上的电器设备，如各种电压不同、电流不同的电路导线捆扎在一起，一些敏感电子元件安装位置不合适、质量不过关等原因，都会产生电路网络，干扰附近和车内电器设备的正常工作。

3. 静电放电

乘客和座椅之间的摩擦以及汽车行驶时车身与空气的摩擦会造成电荷积累，形成静电，聚集过多的高压静电放电时会影响电器设备的工作。

4. 车载通信设备

汽车上安装的通信设备不仅能引起对车外环境，如飞机场、加油站、移动通信、数字通信和卫星通信等的干扰，而且能干扰车内其他电器设备的正常工作。

二、汽车电磁波公害的控制

为减轻电磁波干扰的影响，可采取以下一些防范和抑制措施。另外，在汽车使用和维护中，应注意正确的操作方法，防止削弱控制效果。

1. 合理布线，减少电路网络干扰

合理布置电线及其走向，抑制电路网绎干扰源的输出，是防止电磁波干扰的有效途径。如对于干扰敏感的部件可采用独立电源或在输入端加抗干扰衰减滤波器；在音响电路中引入调频波段抑制噪声电路；电源的馈电系统加设 RC 滤波电路等。

2. 使用高压阻尼线或串接阻尼电阻

汽油机点火系统的高压电是最主要的电磁污染源，在点火线圈的高压导线引出端或火花塞上串入阻值为 $10 \sim 20 k\Omega$ 的阻尼电阻，可以有效地抑制电磁辐射的生成。在汽车使用和维护时应根据车型要求检查电阻值是否符合要求，高压导线更换时应使用专用导线。

3. 并联抗干扰电容

如在调节器电池接线柱与搭铁接线柱之间、发电机接线柱与搭铁之间、水温表与机油压力表传感器触点之间、闪光器和喇叭的触点之间并联相应容量的电容，均能吸收火花能量，减轻电磁波干扰。

4. 采用无触点或无分电器的点火系统

触点式点火系统利用断电器触点的导通和断开来控制点火线圈初级电流，各触点在断开和接通时，会产生很强的电磁辐射。无触点点火系统以脉冲发生器和点火控制模块取代了机械断电器触点和凸轮,无分电器电子点火系统采用微电脑控制点火,取消了分火头和断电器触点,消除了干扰源,大大降低了电磁辐射。

5.利用电子控制,降低触点的电流

当电喇叭触点闭合时,电流可以达到3A,这么大的电流在触点开闭时会产生电火花。如将电路稍加改动,设置一个三极管开关电路,以三极管基极电流为触点电流,则触点的闭合电流仅为几十毫安,可减少电火花。

6.采用金属屏蔽

金属屏蔽是最常见的减少电磁波干扰的措施。在容易产生电火花的电器,如点火线圈、发电机、调节器、仪表和传感器等处用金属罩遮盖,将高频电流通过的导线用金属网或金属管屏蔽并可靠搭铁,可有效防止和消除电磁波的辐射和传播。

第四节　汽车有害废弃物及其处理

一、汽车有害废弃物的种类和危害

(一)汽车有害废弃物的种类

汽车有害废弃物是指汽车报废场或汽车维修厂等场所产生的有害废弃物,主要包括废油(废润滑油、废燃油)、废液(废零件清洗液、废防冻液)、废旧蓄电池、废旧橡胶(废旧轮胎、废旧胶管、废旧胶带)、废旧塑料(废旧装饰材料、废保险杠)、废旧风窗玻璃、废摩擦片和电子废弃物等。

(二)汽车有害废弃物的危害

1.废润滑油的危害

车用润滑油、齿轮油、润滑脂等对汽车正常使用具有重要作用。但在汽车维护和报废时更换的废油,含有致癌致畸物质、废酸和重金属等,属易燃性危险废弃物,随意倾倒会对土壤和水质造成严重污染,对人类健康造成极大威胁。

2.废清洗液的危害

汽车和总成维修解体后,进行清洗所采用的清洗液主要是碱性溶液,清洗零件后其成分中含有重金属物质,而且碱性较强,对土壤和水质污染较严重,如不通过回收处理会造成严重影响。

3.废旧电池的危害

电池的种类很多,对国民经济的发展和人们生活水平的提高起到了很大的作用。但是当他们被丢弃成为固体垃圾时,废旧电池中所含的汞、铅、镍和锌等重金属,酸、碱等电解质溶液会严重破坏土壤和水质,对人体和环境都会产生较大的危害。

4.废旧橡胶制品的危害

废旧橡胶制品主要来源于废旧轮胎、废旧胶管和废旧胶带等,其中废旧轮胎数量庞大,随意丢弃形成了"黑色污染"。这种高分子材料不易分解,如焚烧会产生大量的烟雾和CO,严重污染大气环境。

5. 废弃电子产品的危害

汽车上大量电子产品的广泛使用，很好地改善了汽车的使用性能，但也带来了一定程度的污染。汽车维修厂、报废场产生的废安全气囊、催化装置和电子控制元件等，都属于不可再利用元件，而且安全气囊中气体发生剂对人的眼、鼻等有刺激，废弃的气体发生物及其燃烧产物、催化装置中的催化剂和电子控制元件等都对环境有污染。

二、汽车有害废弃物的处理

汽车有害废弃物的危害已引起广泛的关注。我国也制定了相应的法律法规，规范汽车的报废程序和汽车有害废弃物的处理。

1. 废润滑油的处理

润滑油中含有多种添加剂，经使用后发生变质、焦化。一般作如下处理：变质较轻的润滑油经过沉淀、过滤、脱水等物理净化过程恢复其原有品质；变质严重的润滑油，则经过化学精制去除变质后生成的酸类、酚类、胶质和沥青质等，然后补充一定数量的添加剂，成为可再次使用的润滑油。如果净化再生工艺条件得当，完全可以把用过的废润滑油再生成为质量接近或达到新油标准且性能良好的润滑油。

2. 废电池的处理

关于废电池的处理，国家环境保护部发布《废电池污染防治技术政策》和《铅蓄电池生产及再生污染防治技术政策》(环发〔2016〕82)，要求：废电池污染防治应遵循闭环与绿色回收、资源利用优先、合理安全处置的综合防治原则。重点控制的废电池包括废的铅蓄电池、锂离子电池、氢镍电池、镉镍电池和含汞扣式电池。应根据废电池特性选择干法冶炼、湿法冶金等技术利用废电池。铅蓄电池行业应对含铅废气、含铅废水、含铅废渣及硫酸雾等进行重点防治，防止累积性污染。其中，废铅酸蓄电池的处理过程见图8-31。

废品回收 → 清洗 → 拆解 → 预处理 → 铅还原 → 废液处理

图8-31　废铅酸电池的回收利用流程

3. 废旧轮胎的处理

废旧轮胎热裂解工艺制取燃料油和炭黑是最彻底的处理方法之一，其流程见图8-32。

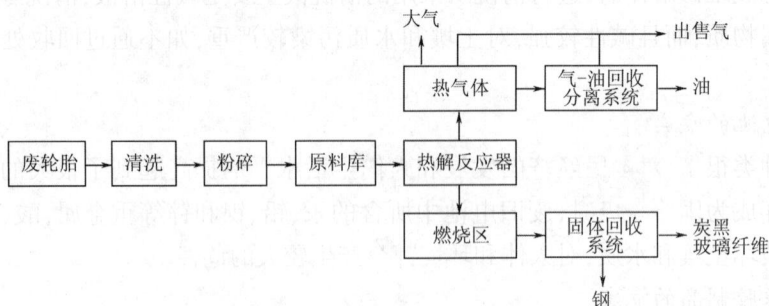

图8-32　废旧轮胎裂解制取燃料油的流程

废旧轮胎也可以直接利用作为护舷、浮标、园林装饰等，用机械方法粉碎制成再生胶或胶粉，作为工业用原料等。

复习思考题

1. 汽车的公害包括哪几个方面？
2. 汽车排气污染物的主要成分有哪些？有什么危害？
3. 简述影响汽车排气污染物排放的各种因素。
4. 如何控制汽车排气污染物排放？
5. 我国对汽车排气污染物排放的限值是如何规定的？
6. 汽车噪声的危害有哪些？
7. 汽车噪声的来源有哪些？它们是怎样形成的？
8. 我国对汽车噪声的限值是如何规定的？
9. 什么叫汽车电磁波干扰？如何防范和减少汽车电磁波干扰？
10. 汽车有害废弃物种类主要有哪些？各有何危害？

第九章　汽车行驶安全

学习目标

1. 掌握我国道路通行的基本原则和汽车行驶的规定；
2. 掌握汽车的行驶安全及其影响因素；
3. 掌握道路交通事故的影响因素和处理程序；
4. 掌握道路交通事故的预防措施。

第一节　道路通行原则和汽车行驶规定

一、道路通行原则

1. 右侧通行原则

右侧通行是我国道路交通实行的一项最基本的制度(港、澳地区除外)。机动车、非机动车实行右侧通行。在国际上,一些国家或地区实行的也是右侧通行的制度,如美国、俄罗斯等;有一些国家或地区实行的是左侧通行的制度,如英国、日本等。规定是右侧通行还是左侧通行是其他一切通行原则的前提。

2. 分道行驶原则

分道行驶原则也称各行其道原则或路权原则。机动车、非机动车、行人必须各行其道,才能确保道路通行秩序良好。没有划分机动车道、非机动车道和人行道的,机动车在道路中间通行,非机动车和行人在道路两侧通行。道路划设专用车道的,在专用车道内,只准许规定的车辆通行,其他车辆不得进入专用车道内行驶。

3. 优先权原则

优先权原则包括流向优先和交通物体优先。

流向优先:直行车辆优先于转弯车辆,干道上行驶的车辆优先于支路上行驶的车辆;车辆行至无管制交叉路口时,只有在右边无车辆驶入路口时才可通行。

交通物体优先:火车和有轨电车在行驶时,优先于其他一切交通物体;一切车辆在道内通行时,优先于行人;紧急车辆(如警车和护卫的车队、消防车、工程救险车)优先于其他车辆;在人行横道内行走的行人优先于车辆。

4. 确保安全、畅通的原则

车辆、行人应当按照交通信号通行;遇有交通警察现场指挥时,应当按照交通警察的指挥通行;在没有交通信号的道路上,应当在确保安全、畅通的原则下通行。

二、汽车行驶规定

1. 行驶速度

汽车行驶速度与行车安全、油量消耗、机件磨损有直接关系。车速过高,不仅增加油量消耗,加速机件磨损,而且容易发生行车事故;车速过低,也会使油量消耗增加,运输效率降低,所以必须根据车型、道路、气候条件和交通流状况来确定行车速度。在有限速标志的路段,不得超过限速标志标明的最高时速。在没有限速标志的路段,应当保持安全车速。

2. 行驶间距

同车道行驶的机动车,后车应当与前车保持足以采取紧急制动措施的安全距离。不得跟车太近,同时注意前车的行车信号(转向灯、制动灯)。

3. 让车、会车、超车、停放

(1)让车。机动车在行车中应严格遵守优先权原则。遇有流向优先和交通物体优先时须停车或减速瞭望,确认安全后方准通行。

(2)会车。在没有中心隔离设施或者没有中心线的道路上,机动车遇相对方向来车时应减速靠右行驶,并与其他车辆、行人保持必要的安全距离;在有障碍的路段,无障碍的一方先行;但有障碍的一方已驶入障碍路段而无障碍的一方未驶入时,有障碍的一方先行;在狭窄的坡路,上坡的一方先行;但下坡的一方已行至中途而上坡的一方未上坡时,下坡的一方先行;在狭窄的山路,不靠山体的一方先行;夜间会车应当在距相对方向来车150m以外改用近光灯,在窄路、窄桥与非机动车会车时应当使用近光灯。

(3)超车。机动车超车时,应当提前开启左转向灯,变换使用远、近光灯或者鸣喇叭。在没有道路中心线或者同方向只有一条机动车道的道路上,前车遇后车发出超车信号时,在条件许可的情况下,应当降低速度、靠右让路。后车应当在确认有充足的安全距离后,从前车的左侧超越,在与被超车辆拉开必要的安全距离后,开启右转向灯,驶回原车道。

(4)停放。机动车必须在停车场或准许停放车辆的地点依次停放,不准在行车道、人行道或其他妨碍交通的地点停放。机动车停放时,须关闭电路,拉紧驻车制动器,锁好车门。机动车在停车场以外的地点临时停车,须按顺行方向靠道右侧停留,驾驶人不准离开车辆,妨碍交通时必须迅速驶离;车辆未停稳前,不准开门和上下人,开门时不准妨碍其他车辆和行人通行。在有禁停标志路段不准停车。

4. 掉头、倒车

(1)掉头。机动车在有禁止掉头或者禁止左转弯标志、标线的地点以及在铁路道口、人行横道、桥梁、急弯、陡坡、隧道或者容易发生危险的路段,不得掉头。

机动车在没有禁止掉头或者没有禁止左转弯标志、标线的地点可以掉头,但不得妨碍正常行驶的其他车辆和行人的通行。

(2)倒车。机动车倒车时,应当观察车后情况,确认安全后倒车。不得在铁路道口、交叉路口、单行路、桥梁、急弯、陡坡或者隧道中倒车。

5. 通过交叉路口

机动车通过有交通信号灯控制的交叉路口，遇放行信号时，依次通过；交通信号与交通警察指挥不一致时，服从交通警察指挥；遇停止信号时，依次停在停止线以外，没有停止线的，停在路口以外。

机动车通过没有交通信号灯控制也没有交通警察指挥的交叉路口时，有交通标志、标线控制的，让优先通行的一方先行；没有交通标志、标线控制的，在进入路口前停车瞭望，让右方道路的来车先行；转弯的机动车让直行的车辆先行；相对方向行驶的右转弯的机动车让左转弯的车辆先行。

机动车遇有前方交叉路口交通阻塞时，应当依次停在路口以外等候，不得进入路口。

机动车在遇有前方机动车停车排队等候或者缓慢行驶时，应当依次排队，不得从前方车辆两侧穿插或者超越行驶，不得在人行横道、网状线区域内停车等候。

机动车在车道减少的路口、路段，遇有前方机动车停车排队等候或者缓慢行驶的，应当每车道一辆依次交替驶入车道减少后的路口、路段。

6. 机动车装载

（1）机动车载物。机动车载物应当符合核定的装载质量，严禁超载；载物的长、宽、高不得违反装载要求，不得遗洒、飘散载运物。

机动车运载超限的、不可解体的物品，影响交通安全的，应当按照公安机关交通管理部门指定的时间、路线、速度行驶，悬挂明显标志。在公路上运载超限的、不可解体的物品，并应当依照《中华人民共和国公路法》的规定执行。

机动车运载爆炸物品、易燃易爆化学物品以及剧毒、放射性等危险物品，应当经公安机关批准后，按指定的时间、路线、速度行驶，悬挂警示标志并采取必要的安全措施。

（2）机动车载人。机动车载人不得超过核定的人数，客运车辆不得违反规定载货。禁止载货汽车载客；载货汽车需要附载作业人员的，应当设置保护作业人员的安全措施。

第二节　汽车行驶安全及其影响因素

道路交通安全与否，取决于人、车、路、交通环境相互依赖、相互影响的闭环系统。由交通因子——人、车、路、交通环境组成的交通系统，具有宽松的平衡关系，即交通因子偏离平衡关系，不一定会导致交通事故，但任一交通事故必然是交通因子——人、车、路、交通环境之一失衡引起的。

一、人与行车安全

人是交通安全的主体。在交通环境中，人既是交通事故的制造者，又是交通事故的受害者，是交通环境中的客观对象，如果不能全面地感知，正确地思维，就容易出现判断失误或反应不及时，酿成交通事故。在交通环境中，有强者和弱者之分。作为交通强者的机动车驾驶人是车辆的直接操纵者，掌握着交通安全的主动权，是发生交通事故的主要因素。

（一）驾驶人的身体条件和心理现象对行车安全的影响

1. 驾驶人的身高对行车安全的影响

驾驶人身高对视线距离和视野开阔程度都有一定的影响。人的眼睛处于水平状态时，视野最为开阔，反之，无论仰视还是俯视，视野都会受到一定的限制。身材矮小，眼睛向上仰视，距车前较近的物体则不容易发现，甚至视线有可能被车辆前部的某些部位所遮挡；身材过于高大，眼睛向下俯视，视距较短，不易发现远距离的障碍物。上述两种情况，对夜间行车的交通安全影响更大。

制动力的大小与驾驶人的身高、四肢长度有密切关系。如驾驶人身材矮小，四肢与身高成正比缩短，就无法对制动踏板施加足够的压力，从而使制动力减弱而延长制动距离。在关闭点火开关、打开百叶窗或操纵驻车制动操纵杆时，由于上肢较短，必须以身体前倾的动作使上肢迅速接触操作手柄，这就势必影响操作的灵敏程度而危及安全。与此相反，身体过于高大，肢体操作不够灵活方便，尤其是驾驶室小，座椅很低，下肢必然处于弯曲状态，同样对制动踏板不能施加足够压力。

机动车驾驶人身体高矮对行车安全虽然有一定的影响，但可以通过调整座椅来做适当的弥补和修正（见图9-1）。

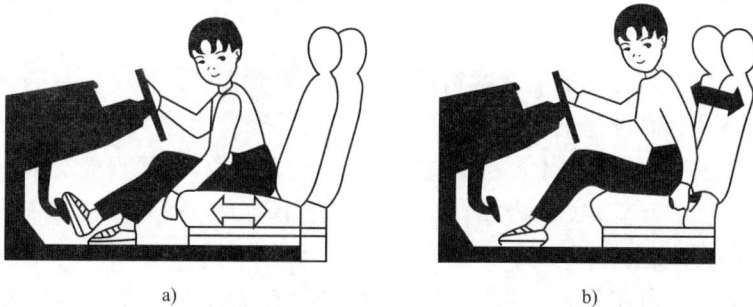

图9-1　座椅的调整
a) 调整前后距离；b) 调整靠背角度

2. 驾驶人的视觉对行车安全的影响

外界刺激信息（如光线、声音、气味、振动等）是通过眼、耳、鼻等感觉器官，由神经系统传入驾驶人大脑中枢，经过大脑加工，在大脑中产生感知觉。在驾驶人的感觉器官中，与行车安全直接有关的是视觉、听觉、味觉和触觉，最重要的是视觉，其对外界信息的接受率约占80%。

车辆在行驶时，驾驶人的动视野与行驶速度有密切关系，行驶速度越高，注视点越凝视着远方，视野变得越窄。试验表明：行驶速度为40km/h时，注视点在车前方约180m处，而视野范围可达90°~100°；速度提高到70km/h，注视点在车前方360m处，视野范围只有60°；速度增加到100km/h，注视点移到车前方600m处，而视野范围只有40°。如果驾驶人边缘视力差或有损伤，就不能看清道路环境的全面情况，也就不能发现附近突然发生的事情（如拐角驶出的车辆、跳入道路的儿童等），会影响驾驶安全。

视力与亮度有关，亮度加大可以增强视力。对机动车驾驶人来讲，黄昏是最难驾驶的时刻,因为此时光线较暗,且车辆打开前照灯时,其亮度与周围的亮度相差不大,因此驾驶人不易看清周围的车辆和行人。另外,夜间视力与驾驶人的年龄有关,年龄愈大,夜间视力愈差,20~30岁之间的驾驶人的夜间视力最好;夜间视力还与行驶速度有关,速度增加,视力下降。

人的视觉在明暗之间转换时,要有一段适应时间,驾驶人从光亮的地方进入黑暗的地方(如从明亮的公路驶入隧道)时,起初视觉感受性很低,然后逐渐提高,这个适应过程叫做暗适应,同样道理,驾驶人从暗处进入明亮处,有个恢复视力过程,称为明适应。暗适应过程的适应时间较长,通常要15min才能完成。而明适应只需1~2min即可完成,根据这一特性,为防止视觉损伤,应当减少由亮到暗的光差,应当逐渐地减低光强度,例如在隧道入口处设置缓和照明或提示驾驶人注意开灯的指示标志,都可以减少光强度的突变性。

灯光的颜色对驾驶人的心理有很大作用,试验表明:红色注目性强,视认性好,等距离观望时,红色比绿色、蓝色有接近感,因此,把红、黄色叫前进色,把绿、蓝色叫后退色。虽然绿色的视认性和注目性差些,但人在心理上产生安全感。总之,安全色可以唤起人们注意,起到"警惕"作用,如红、绿、黄三色。

当车辆行驶在多烟雾的城区和山区道路时,烟雾对驾驶人的视觉影响很大。烟雾也影响色觉,如果是烟雾天气,驾驶人除黄色外,几乎不能分辨其他颜色,所以雾灯通常设为黄色。

交通视觉干扰,是指交通所需要的情况以外的视觉要素。街道上的广告、商标,夜间的霓虹灯等,对驾驶人辨认路旁的交通标志等交通信息是有妨碍的,不利于交通安全,属于交通视觉干扰。交通视觉干扰还可能延长驾驶人的反应时间。因此,设置交通标志时应尽量远离商标、广告。另外还应加强对驾驶人的训练,以提高他们对交通标志的视认能力。

3. 驾驶人的听觉对行车安全的影响

听觉是辨别外界物体声音特性的感觉。驾驶人的正常听力要求两耳距离声音相差50cm都能辨清声音的方向,低于这个数值就不能从事机动车驾驶工作。

驾驶人在行车中除视觉观察外,还要收集车外信息,以便准确判断情况,正确采取措施。如后车鸣喇叭要求超越时,前车驾驶人主要是依据听觉来判断后车有无超越意图。车辆通过受阻的路段,或掉头、倒车与车辆、行人交会时,以及发现车辆故障时均要依靠听觉来判断,以便及时处理,防止发生意外。

外界声音对于人来说,只能在一定频率范围以内才能起作用,一般情况下,对1000Hz附近的声音感受性最高。音响强度太大,会引起耳膜疼痛。此外,在疲劳情况下,会使听觉器官机能出现疲劳现象,使驾驶人听力分散,分辨不清音响的性质或觉察不出有可能造成后果的危险声音,如行人的声音。此时,驾驶人需要休息,以消除疲劳。听觉的疲劳恢复比较快,一般经过15s就可以完全恢复。

4. 驾驶人的嗅觉、触觉和空间知觉对行车安全的影响

嗅觉和触觉虽然收集的信息较少,但判断车辆故障的作用不可忽视。在行车过程中,车辆某些部位如发出异味,就是通过嗅觉感知的。一旦有异味发出,应立即停车寻找原因,以避免事故的发生。

凭触觉可以发现操纵机构的异常,如转向盘、离合器和制动踏板发生故障时,手脚会有不同的感觉,可以及时采取措施。

空间知觉是对物体的形状、大小、远近、方位等特性的反映。车辆在行驶中,驾驶人要掌握空间知觉。如会车时,认清对方来车的形状和大小;通过道路狭窄处,要判断两车能否通过;同方向行驶时,判断与前车相距多远;超车时,控制跟车距离,掌握超越时机,以及何时回正方向等。这些都要通过多种感觉器官协同活动才能得以正确实现。

空间知觉是驾驶人在长期实践中逐渐形成的。有经验的驾驶人判断误差较小,缺乏经验的驾驶人则误差较大,另外天气条件也往往会影响驾驶人的空间知觉能力。因此,驾驶人必须努力实践,提高自己的空间知觉能力,才能正确地处理各种复杂问题,保证驾驶安全。

5. 驾驶人的性格对行车安全的影响

性格是人的个性心理特征,是区别人与人之间差异的主要标志之一。性格不同的人,处理问题的方法和效果就不一样。性格不同的驾驶人对交通安全有着直接的影响。有的人抱着严肃认真的态度,凡事细心周到,遇事有预见、有准备、有措施,保证了行车安全;有的人粗心大意、马马虎虎,有的人遇事缺乏果断、优柔寡断、决定行动迟缓,当发生突然情况时惊慌失措、手脚忙乱。

可见,驾驶人的优良性格是行车安全的重要条件,每一位驾驶人,应当加强学习,注意思想修养,在实践中善于总结经验不断锻炼和提高自己,逐渐培养自己的优良性格。

6. 驾驶人的气质对行车安全的影响

气质决定心理过程的速度和稳定、心理活动的强度和指向性,心理学家把气质分为四种类型。

(1)多血质。该类型的人往往活泼、好动、情感外倾。具有多血质的驾驶人驾驶车辆时胆大心细、机动灵活,对道路条件适应快,反应能力强。但注意力容易转移,耐久力较差。

(2)胆汁质。该类型的人多为精力充沛、行动敏捷、反应迅速、兴奋性强、直爽胆大,易激动、急躁、鲁莽、傲慢。具有胆汁质的驾驶人驾驶车辆时胆大气粗,反应迅速敏捷,精力旺盛,但往往好强争胜、超速行车、强行超车、争道强行等。

(3)黏汁质。该类型的人安静、稳重、情感深,反应缓慢而持久,动作迟缓而不灵活。沉默寡言、内向,具有黏汁质的驾驶人驾驶车辆时四平八稳,遵章守纪,不气急、不冒火,但在突然情况面前应变能力差、反应迟钝。

(4)抑郁质。该类型的人行动迟缓,情感深沉、孤僻,感情脆弱、内向,忧郁伤感。具有抑郁质的驾驶人驾驶车辆时处理情况犹豫不决,在困难的局面下优柔寡断,遇到危险惊慌失措,面临危险情况时感到极度恐惧,但细心、谨慎、尽职、遵章守纪,体验深刻,善于观察。

了解驾驶人的气质和驾驶能力之间的关系,可使驾驶人根据自己的气质特点有针对性地改造不利于驾驶工作的气质。

7. 驾驶人的情绪、情感对行车安全的影响

情绪是人们对待客观事物的一种态度,不同的情绪给汽车驾驶人在行车安全上带来不同的效果,情绪有三种状态。

(1)心境。人们在工作上称心如意,家庭美满幸福时,心境就好;反之心境欠佳,会减弱工作精力,导致交通事故。

（2）激情。积极的激情起增力作用,消极的激情起减力作用。一般来说,自尊心、妒忌心过强,意志薄弱的驾驶人容易产生消极的激情,克服和控制消极的情绪,是减少交通事故的重要因素。这需要驾驶人做到:一是增强道德观念和法制观念;二是认清消极情绪的危害性;三是善于转移注意力。驾驶人应把"制怒勿躁"这句话作为座右铭,经常告诫自己抑制愤怒和急躁,谨防不良的激情干扰心态和行为。

（3）应激。应激是出乎意料的紧张情况所引起的情绪状态。驾驶人的应激情绪有时会导致交通事故,驾驶人在应激状态下可能做出不适当的反应,一般是在险情出现之前缺乏足够的思想准备引起的,因此,驾驶人遇到险情时,最关键的是要沉着果断,处变不惊,采取相应的对策,才能化险为夷,转危为安。

情感包括道德感、理智感和美感。驾驶人有无高尚的道德感,直接关系到交通安全,具有良好道德感的驾驶人能够认识行车安全是对自己、对他人、对社会、对国家应尽的责任义务,能够自觉维护社会公德和纠正有碍公德的行为,而那些缺乏道德感的驾驶人往往成为违章的肇事者。此外,理智感和美感在交通安全工作中也具有重要作用。

8. 驾驶人的意志对行车安全的影响

意志是自觉地确定目的,根据目的支配和调节自己的行动,从而实现预定目的的心理过程,体现在四个方面:

（1）自觉性。自觉性是指一个人在行动中具有明确的目的性,并充分认识行动的社会意义,使自己的行动服从于社会的要求方面的品质。驾驶人明确自己行动的目的,充分认识这一行动的社会意义,就能意志坚决,坚持原则,自觉遵章守纪,主动安全地驾驶车辆;与意志自觉性相反的品质是盲目性,一些驾驶人驾驶时盲目从事,轻举妄动,或者随心所欲,冒险蛮干,实质上是意志薄弱的一种表现。

（2）果断性。果断性是指一种明确是非,迅速而合理地采取行动并实现所作决定的品质。果断的人,能全面而深刻地考虑行动的目的,以及达到目的的方法,懂得所作决定的重要性和可能产生的后果,在危急情况下,摆脱任何杂念,坚决地采纳一个目的和一种实现目的的方法,在生命攸关的紧急关头,能够坚决勇敢地把安全让给他人,把危险留给自己。

（3）自制性。自制性是指一个人在意志行动中,善于控制自己的情绪,约束自己的言行方面的品质,自制力强的驾驶人会克服不良倾向,不急不躁、不斗气,始终保持良好的心境,安全驾驶车辆。

（4）坚持性。坚持性是指执行决定时长期保持充沛的精力,顽强地克服困难坚持到底的品质。机动车驾驶人必须以饱满的情绪,充沛的精力驾驶车辆,特别是长时间驾驶后或遇到气候变化、道路艰难、交通繁忙时,始终保持克服困难的毅力,保证行车安全。

（二）疲劳对行车安全的影响

1. 驾驶疲劳与交通事故

驾驶疲劳是指驾驶人在行车中,由于驾驶操作使生理机能和心理机能失调引起的疲劳。驾驶人长时间坐在固定的座位上,动作受到一定限制,且注意力高度集中,忙于判断车内外信息,精神状态格外紧张,从而出现驾驶疲劳。

人在疲劳时,感觉机能弱化,听觉和视觉敏锐度降低,判断错误增多,动作准确性下降。驾驶人的疲劳是引发死亡事故的重要原因之一。国内外有关交通事故统计资料表明,因驾驶疲劳而发生的交通事故占交通事故总数的 10% ~15% 。

2. 驾驶疲劳的原因

从疲劳恢复时间来看,可把疲劳分为一次性(急性)疲劳、慢性疲劳和积蓄性疲劳。一次性疲劳是经过短期的休息就可以恢复的疲劳,这是由于日常劳动所引起的疲劳,正常驾驶疲劳属于这一种;慢性疲劳是由于长期处于疲劳状态而引起的,这种疲劳使劳动质量下降,影响身心健康;积蓄疲劳不能用短时间的睡眠来恢复,这是由于时间过长而积蓄起来的疲劳,要经过长时间休养和十分充足的睡眠,否则这种积蓄疲劳会发展成慢性疲劳。积蓄疲劳严重者也和慢性疲劳相似,都不宜驾驶车辆。

造成驾驶疲劳的原因除驾驶操作方面之外,还包括驾驶人身体条件(如性别、年龄)和生活环境等。

从主观因素看,连日行车造成睡眠不足。据国外研究,若前一天的睡眠时间少于 4 ~5h,肇事率会提高。家务事多,夫妻不和睦,驾驶人不但休息不好,而且精神负担重,容易导致事故。从驾驶人的身心条件看,青年容易感到疲劳,也容易消除疲劳;老年人的疲劳消除能力弱;女性比男性更易疲劳;健康者与体弱者相比既不易疲劳,又容易消除;技术熟练的不易产生疲劳,技术差的驾驶人或新驾驶人,行车中多余动作多,容易产生疲劳;车速太快,耗费精力过大,或车速太慢,感到厌倦都会感到疲劳。

从客观因素看,车内环境差(如车内温度太高或太低、噪声过大、剧烈振动、座椅不合适、驾驶室面积太窄),路面状况不好,线形不协调或单调,转弯大多而过急,较长时间的上下坡道,交通环境复杂,车辆行人过多,交通拥挤,气候条件不良,雨雪天气驾车时间太久等都可能引起疲劳。

3. 驾驶疲劳的预防

(1)严禁在过度疲劳的时候驾驶车辆。

(2)根据疲劳的性质采取不同的措施:急性疲劳只要及时休息,很快就能消除;慢性疲劳则应安排较长时间休息后,才能驾驶车辆。

(3)根据不同年龄、性别,采取不同的措施:年老的驾驶人要安排比青年人长一些的休息时间,对于妇女的特殊情况可酌情处理,休息时间比同龄男性稍长些。

(4)强调劳逸结合,讲究科学驾车:要保证有充足、必要的睡眠时间,一般每日睡眠 8h,白天睡眠效果比夜间差,因此,白天睡眠时间还要适当增加;一天行车时间不超过 8h 为最好;深夜行车不得连续超过两次;如果正副驾驶人在夜间交换驾驶时,在 10h 中每人的实际驾驶时间应以 4 ~6h 为宜。

(5)注意休息的方式和环境:驾驶人可以在驾驶室内调整一下局部疲劳部位的姿势,如伸伸臂、提提腿、活动活动腰部,也可以躺一会放松全身,洗脸,喝些清凉饮料,最好不要坐着休息,休息的环境要安静、空气要新鲜、温度要适宜。

(6)国外驾驶人使用清醒带和瞌睡防止器。电子清醒带能使驾驶人睡意消除,精神振作,可足以消除睡意 24h;瞌睡防止器可以在驾驶人开始打瞌睡时发出警报,从而防止或减少交通事故。这两种仪器,仅仅是治标的方法,治本措施还是劳逸结合,注意休息。

(三)酒精、疾病和药物对行车安全的影响

《中华人民共和国道路交通安全法》明确规定:饮酒、服用国家管制的精神药品或麻醉药品,或者患有妨碍安全驾驶机动车的疾病,或者过度疲劳影响安全驾驶的,不准驾驶机动车。

1. 酒精对行车安全的影响

酒精对人的中枢神经具有麻醉作用,酒精进入人体后会被迅速吸收,并溶于血液中,随之渗透到各组织内部,从而影响中枢神经系统正常的生理功能。当血液中酒精含量≥1.0‰时,酒精对驾驶行为的影响很大,如发现道路标志的能力变差,对速度、距离、信号灯和停车标志的判断错误,知觉能力下降,大脑反应迟钝,饮酒过量会出现头脑昏沉、神志不清、眼花缭乱,精神疲乏,失去自控力,极易发生事故。

世界各国的交通法规中对饮酒驾驶都有明确的规定,严禁酒后驾车,否则会给予严厉处罚。

2. 疾病对行车安全的影响

驾驶车辆由于其特殊的交通环境与特殊的姿势和操作动作,使身心负荷增大,往往会导致多种疾病,尤其是慢性病,如高血压、胃病、腰痛、肌痛、肌炎、下肢静脉曲张、痔疮等。

驾驶人在病态下开车,注意力和反应力会大大降低,准确性也会下降。慢性疾病同样会增加发生交通事故的可能性。

3. 药物对行车安全的影响

对大脑中枢神经有影响的药物使用的相当广泛,这些药物虽然具有治疗作用,但会引起嗜睡眩晕、视力模糊,因此,驾驶人应慎重使用,以免发生意外。

世界医疗保健机构在1980年12月1日提出建议,规定对神经系统有影响的药物、催眠药物、使人恶心和产生变态反应的药物、止痛药物、兴奋剂、治疗癫痫的药物和治疗高血压的药物等,驾驶人服用后不准驾驶车辆。因为服用这类药物,会使驾驶人反应迟钝,降低注意力,极易发生交通事故。

(四)人体生物节律对行车安全的影响

1. 生物节律的概念

生物节律又叫生物钟。自然界各种生命自始至终都是按照各自固有的特点进行周而复始的有规律地变化的,如:日月星辰运行、昆虫冬眠、公鸡啼鸣、心脏跳动、血液循环、大雁南飞等。这种生物本身所固有的、各自不同的变化规律,叫生物节律。驾驶人的生物节律是指人的体力、情绪和智力的周期循环。

2. 生物节律对行车安全的影响

科学家对人体研究的结果表明,人体体力盛衰周期约为23天,情绪高低周期约为28天,智力强弱周期约为33天。在日常生活中,人们有时体力强健,精力充沛,情绪高涨,思维敏捷,这是生物节律的高潮期;有时却全身无力,情绪低落,萎靡不振,即为低潮期。高潮期与低潮期交界处称为临界日,临界日前后称为临界期(危险期)。在临界日内,人体内生理变化剧烈,各器官协调功能下降,最容易发生差错。如驾驶人处在临界期,特别是临界日,就应加倍小心,谨慎驾驶,防止交通事故的发生,确保安全生产。

交通心理学家认为,交通事故主要是由驾驶人因素造成的。根据生物节律理论,可以推断,驾驶人的一切活动都会受体力、情绪、智力变化的影响。国外统计资料表明:在发生的交通事故中,有57.3%的事故是发生在驾驶人的临界期。通过调查发现我国上海、西安等城市的交通事故中有76.7%的事故是发生在驾驶人的临界期。当然,并不是驾驶人生物节律处于低潮期或临界期就一定会发生交通事故,因为交通事故的原因是很复杂的,是由多方面因素构成的。

目前,许多国家的交通运输部门都运用生物节律理论为自己服务,及时合理地调整行车计划,有的还规定驾驶人处于临界期不准出车,使交通事故大大降低。

二、汽车与行车安全

(一)汽车技术状况对行车安全的影响

汽车技术状况是定量测得的表征某一时刻汽车外观和性能参数值的总和,汽车具有良好的技术状况是安全行车的必要条件。在汽车的技术状况中,以制动系统和转向系统技术状况的影响最大,应经常检查,保持良好的状态,才能保证行车安全。

1.制动效能和制动时的方向稳定性对行车安全的影响

汽车的制动效能下降,制动距离会增大,行车危险性也增大;高速下或在冰雪、泥泞的道路制动时后轮容易发生侧滑,甚至发生甩尾现象,使车辆失控,造成交通事故。因此,要求制动系统的技术状况必须保持良好,既能保证制动效能,又能保持良好的制动方向稳定性。

2.转向系统的技术状况对行车安全的影响

转向系统技术状况的好坏影响汽车的操纵稳定性。操纵稳定性包括操纵性和稳定性两个方面,操纵性的丧失使驾驶人无法控制行车方向,稳定性的破坏会导致汽车发生侧滑、倾翻等现象。因此,良好的操纵稳定性是安全行驶的重要保证。

3.行驶系统的技术状况对行车安全的影响

前后桥、车架与悬架装置,在长期的使用中,由于磨损、腐蚀和外力的作用,会产生故障或损坏,使车辆的技术状况变坏。如前桥在使用中,因磨损和变形会引起前轮定位参数的改变,会使汽车出现摆头或转向沉重故障,影响安全行车。

4.轮胎的技术状况对行车安全的影响

左、右两侧的轮胎因气压或花纹不同,会影响到左右轮制动力不同,从而引起制动跑偏。表面磨损严重的轮胎,其花纹变得平而光滑,对路面附着能力变差,会使汽车的制动距离延长,行驶中容易出现车轮纵向滑动或侧滑。被刺伤或划伤的轮胎,在炎热天气或高速行驶时,容易发生爆胎,尤其是前轮爆胎,会引起方向失控。因此,为保证行车安全,必须经常检查轮胎的技术状况。

总之,汽车技术状况对行车安全的影响非常明显。每一位驾驶人都应对驾驶的汽车经常进行检查和维护,发现问题及时修理,使汽车经常保持良好的技术状况。要坚持出车前、行车中和收车后的检查,及时消除隐患,保证行车安全。

（二）汽车检查、维护对行车安全的影响

汽车技术状况良好与否，是决定行车安全、营运质量、运输效益和环境保护的基本条件之一。它与汽车的使用、维护有着密切的关系。汽车日常安全检查工作又是保证良好技术状况的基本要求。每个驾驶人要养成这样一种良好的职业习惯，就是在日常行车过程中，在车辆停车时坚持检视车辆各外露部件是否有异常状况。

车辆的正常维护能保持车容整洁，及时发现和消除故障、隐患，减少运行故障，避免车辆中途损坏，节约运行材料，减轻噪声和改善废气排放状况，防止汽车早期磨损，使车辆经常处于完好状态，确保行车安全。

三、道路条件与行车安全

（一）道路结构和路面状况对行车安全的影响

1.路面线形对行车安全的影响

（1）在线形单调、平直线过长的道路上行驶时，驾驶人容易思想麻痹、盲目开快车，并且极易引发驾驶人疲劳打瞌睡，不利于行车安全。

（2）当车辆驶入弯道时，会产生离心力，若行驶速度快且弯道半径小，就可能发生横向翻车或滑移，所以，弯道半径越小，越容易发生交通事故。

（3）坡道行车容易发生交通事故。纵坡太陡，动力性不同的车辆上坡时的速度差别很大。而下坡车一般速度较快，尤其是下长坡接一个小半径的弯道，对不熟悉路况的驾驶人危险很大。一般来说，纵坡越陡越容易发生事故，纵坡与弯道结合危险性更大。

（4）上下坡次数多，视线断断续续。驾驶人只能看见凸出的部分，看不见凹下隐蔽的地方，给行车带来了困难，思想稍有麻痹，就可能造成交通事故。

2.路面质量对行车安全的影响

路面质量包括路面强度、路面稳定性、路面平整度和路面抗滑性等。

（1）路面强度是路面整体对变形、磨损和压碎的抵抗能力。路面强度愈高，耐久性愈好，则愈能适应较大的行车密度和复杂的车辆安全通行。

（2）路面稳定性是路面抵抗气候变化（如温度、湿度等）而变形的能力。例如，碎石路面在干燥季节易松软、扬尘；沥青路面在低温时易变脆开裂，在高温时会变软而产生推移；给安全行车带来较大难度。

（3）路面凹凸不平，路面平整度差，行车阻力加大，车辆颠簸振动，轮胎、机件损坏加快，使行车安全和舒适性降低，甚至容易造成交通事故。

（4）路面抗滑性就是路面阻止车辆溜滑的能力。它对安全行车的影响很大。例如，水泥或沥青路面使用到一定期限后，表面就变得光滑，抗滑性能变坏，车辆行驶中即使轻微的制动都可能使车辆产生侧滑而失去控制，特别是路面潮湿或覆盖冰雪时，滑溜事故极为严重。对路面进行粗糙处理，如路面打槽、铺撒石屑等，可增加路面的抗滑性。

3.道路横截面对行车安全的影响

道路横截面是指沿道路宽度方向，垂直于道路中心线的断面。道路横截面包括行车道、人行道、分隔带、绿化带、路肩、边沟、护坡和挡墙等。

（1）我国规定三级以上多车道公路每条车道宽度为 3.5 ~ 3.75m，城市道路每车道宽度为 3.5m。如果车道过宽，如大于 4.5m，就会出现车辆试图利用宽余路面超车的情况，反而会增加事故。划有车道标线的道路，由于规定车辆各行其道，其事故率可以降低。

（2）路肩既可以起到保护路面的作用，又可作为行驶车辆的侧向余宽，也可临时停放车辆。

（3）桥梁与路面的关系：经验表明，交通事故率与桥梁本身的宽度关系不大，而与桥和引道的相对宽度有关。桥梁与引道同宽时，事故较少，宽路窄桥事故增多。

4.路面状况与交通安全

路面状况对交通安全影响很大，据调查，潮湿路面发生的交通事故率是干燥路面的 2 倍，下雪、结冰时是干燥路面的 5 ~ 8 倍。

潮湿泥泞的路面上，由于附着系数显著降低，容易发生交通事故，其主要表现在两个方面：一是发生在制动前，路面润滑使驾驶人控制不住车辆；二是发生在制动后，因为潮湿路面的附着系数降低后，制动器没有足够的制动力，制动时轮胎产生滑移，或行驶方向失去控制以致发生交通事故。所以，在潮湿路面上，驾驶人必须注意控制车速。

5.交叉路口与交通安全

行车路线交叉，分为平面交叉和立体交叉。平面交叉路口是道路网中道路通行能力和交通安全的"隘路"，我国城市中交通阻滞主要发生在平交路口，尤其是十字交叉路口。十字交叉路口视线盲区大，车辆驶近十字路口，观察迎面横路时往往因房屋、树木的影响使视线受到阻碍，当两个方向的车辆通过十字路口时，相互都出现视线盲区，如果车速很快，就容易发生撞车事故。

影响交叉路口交通事故的主要原因有：交通量大小、交叉口有无信号灯控制、交叉口长度、车道宽度、冲突点数以及路与交叉口的远近等。

（二）混合交通道路对行车安全的影响

我国大部分道路都是各种机动车、非机动车、行人共用，即混合式交通（图 9-2）。这些时速不等、载质量不同的车辆和行人共同使用道路，互相干扰，对行车安全极为不利。时速相差大，造成超车频繁，增加车辆的纵向干扰。混合式交通还存在横向干扰，如行人任意横穿道路等。驾驶中要时刻注意这些交通环境的变化，确保安全行车。

我国现行交通法规的局限性和交通管理上的不健全，人们自觉遵守交通法规意识的薄弱，道路发展远远落后于车辆数量的增加等，也是道路交通事故发生的重要因素。

图 9-2　混合式交通道路条件

为了减少混合式交通对安全行车的影响,驾驶人应注意做到以下几点:

(1)行车中要谨慎小心,密切注视行人、自行车和各种车辆的动态,正确地判断各种交通动态。

(2)在画线的道路上,遵循各行其道的原则,严格按照交通指挥信号、交通标志、标线行车。

(3)与公共汽车、电车会车时,除注意对方来车外,并要随时做好制动减速以及停车的准备,以防来车后面视线盲区有行人或自行车等突然横穿公路;行至村镇、学校、车站附近要减速缓行,多鸣喇叭,谨防行人和其他车辆突然出现。

(三)不良气候条件下的道路对行车安全的影响

1.雨天道路对行车安全的影响

雨天使能见度和路面附着系数降低,驾驶人的视觉和听力下降,尤其是在大雨中行车,其危险性更大。

(1)能见度的降低使驾驶人和其他交通参与者的视觉特性下降,且注意力仅仅集中于自己而忽视对方的安全。

(2)雨天使驾驶人听觉能力降低,对驾驶室外的交通情况(听觉方面的信息)的收集受到影响。

(3)小雨天,由于在雨水(水膜)和路面之间存在一层气泡,水膜和气膜使路面的附着系数迅速降低。

(4)中、大雨天,在排水较好的路面形成一层较厚的水膜,在排水不好的路面将会积水,不仅会使路面的附着系数降低,而且会使驾驶人对路面状况观察不清。

(5)在雨季,由于雨水较多会引起路基的塌陷和疏松,使路面的承载能力和通过能力下降。

(6)制动蹄片受雨水的浸湿导致制动器的制动效能下降,加上水膜的共同作用使制动距离明显加大、制动稳定性降低,容易造成侧滑、甩尾和侧翻等事故。

(7)初降雨时,行人和骑自行车的人为了躲雨往往不顾及安全,随意奔跑,出现短时间的交通混乱;雨具的使用除了防雨水外,也使行人和骑车人的听觉与视觉受到影响,以致造成其交通行动的不便,对车辆发出的交通信息"置之不理而我行我素",此时,驾驶人应仔细观察、谨慎驾驶,注意避让,确保行车安全。

图9-3 雾天道路条件

2.雾天道路对行车安全的影响

在影响交通安全的诸多环境因素中,雾天是最为恶劣的气候条件,雾天发生交通事故的概率比平常高出几倍,甚至几十倍。高速公路因浓雾造成几十辆车连续追尾的事故屡见不鲜,损失严重。雾天行车道路条件见图9-3。

(1)雾刚生成时,浓度在不知不觉中逐渐增加,视线虽然能逐渐适应,但能见度却在逐渐降低。

（2）雾气使风窗玻璃外形成小水珠，驾驶室内的热气同样使玻璃内凝成水珠，影响视线，浓雾时能见度更低。

（3）浓雾时，在低洼的路面上，虽不影响透视距离，但却看不清路面上的石块、沟坎、凹坑等障碍物。

（4）夏季雾天路面如同小雨后变得比较湿滑，冬天会使路面上形成薄霜或薄冰，都极易使车辆产生侧滑。

（5）驾驶人的速度感迟钝，对车速的判断往往要比实际车速低，加之受尽快冲出浓雾包围的急切心理支配，会无意中提高车速。

（6）由于路边参照物模糊不清，往往与前方车辆保持的距离太近，一旦前车遇到情况制动时，会因措手不及而造成事故。

（7）雾天转弯、掉头以及超车时，由于视线不清、判断不准，往往不能及时有效地采取措施予以避让，容易造成撞车事故。

（8）雾天行车易将前车停车时开着的尾灯误认为是行驶车辆的尾灯，紧跟而导致撞车，会车时也极易误将灯光不全的车辆当成摩托车，让道不及而碰擦。

（9）灯光不全的带病车，没有灯光的拖拉机、三轮车、停在路边未开灯的汽车挂车和高速公路上未按规定设立明显标志的故障车等，都是雾中的"隐形杀手"。

3. 大风天气道路对行车安全的影响

在大风天气中行车，由于风力大，车辆的制动距离会相对增长，制动非安全区增大，如果风力过大，还容易使车辆侧滑或侧翻，对行车安全产生极大的影响。

（1）大风来临时，产生飞沙走石，行人为避风沙只顾奔跑，不顾及安全；在灰尘较大的道路，行人为躲避灰尘而抢占上风。

（2）由于风窗玻璃上的尘土影响视线，使视距变小，在多尘道路上尾随行车时，前车扬起的尘土妨碍视线的现象将更为严重。

（3）车辆的行驶稳定性（行驶方向）受侧风的影响较大，行驶阻力除顺风外，都会大幅度地增加；行车和行人的稳定性受风的影响也较大。

（4）风沙较多的路段对驾驶人和其他交通参与者的视觉性能、听觉性能也有较大的影响，不便于驾驶人对道路交通环境条件和交通状况的观察。在沙漠道路上行驶时可能因大风的影响而迷路，甚至造成更大的危险事故。

（5）大风天气可能刮倒或刮断道路两侧的树木而造成道路交通事故。

（6）大风天夜间行驶时，如果使用前照灯远光，会因出现炫目的光幕而影响视线。

（7）自行车、三轮车、摩托车等受风力作用会难以控制，行车中如果距离过近，容易发生刮擦现象。

（8）岩堆地区（是由大小风化石松散堆积成山）大风天气行驶时，经常有大小石块滚向道路，伤及人员、车辆。

4. 高温气候下道路对行车安全的影响

（1）温度升高后，空气密度变小、充气系数降低，发动机过热，易产生爆燃，动力性明显下降，不利于驾驶人根据道路状况合理地利用车速来处理情况。

（2）气温高使得润滑油变稀，造成发动机润滑不良，加速零件的磨损，有可能因零件的早期损坏而出现汽车机械故障，影响行车安全。

（3）如果是液压制动，温度升高，制动液中易出现"气阻"，制动器突然失灵而造成事故。

（4）高温条件下，轮胎温度易升高，橡胶易软化，汽车行驶过程中碰及坚硬物容易爆胎；长时间高速行车，轮胎散热慢，易使轮胎爆破，尤其是前轮胎爆破极易导致重大事故。

（5）驾驶人夜间睡眠不足，行车中容易产生精神疲倦而打瞌睡，给行车安全带来隐患。

（6）夜间街道和道路沿线的城镇、村庄附近的道路两旁各种状态的行人较多，情况尤为复杂。

（7）高温气候下，渣油路泛油融化，使行驶阻力增大，胎面温度升高，遇雨极易侧滑。

5.低温气候下道路对行车安全的影响

（1）低温气候条件下，车辆所使用的润滑油（脂）黏度和各机件转动阻力增大，润滑条件变差，容易发生机件故障，影响行车安全。

（2）燃油的汽化性能降低，不利于燃油与空气的混合，致使发动机动力性不足，影响道路交通情况的正常处理。

（3）金属、塑料、橡胶等材料变脆，易断裂、损坏，致使汽车安全性能降低，交通事故多发。

（4）道路上雨、雪容易结冰，使得轮胎的附着系数减小，制动性能下降，制动距离增长，易发生侧滑、甩尾甚至翻车。

（5）驾驶室内、外温度差别较大，常使风窗玻璃结有一层薄冰或薄霜，影响驾驶人的视线，不利于安全行车。

（6）行车中驾驶人因着装相对较厚，容易导致操作动作不协调、不及时，甚至出现动作失误，而影响行车安全。

（7）道路上的行人、骑车人等，常常不仅穿着较厚，而且很多人又包头、护耳，对往来车辆情况视而不见，行走状况极不稳定，稍不注意就可能发生刮擦或者碰撞等行车事故。

（四）特殊道路条件对行车安全的影响

1.冰雪道路对行车安全的影响

（1）雪中行车，能见度降低（图9-4），使驾驶人的视觉性能下降，不利于路面状况和行驶路线的观察。

图9-4　冰雪道路条件

（2）路面上覆盖的积雪使路面的附着系数显著降低，车轮容易打滑、容易甩尾和失控。

（3）行人和骑车人的交通状态和轨迹极不稳定，容易发生滑倒和滑溜的现象。

（4）汽车驶过有雪和无雪的结合路面时由于其附着系数的变化幅度较大,前后桥的附着力不一致使汽车容易出现甩尾、失控现象。

（5）冰层更具有隐蔽性,即路面的冰层不易被发现,且冰层的分布具有不均匀的特点,容易被驾驶人所忽视。

（6）路面冰层与汽车轮胎之间的附着系数最低,车辆行驶稳定性、制动性和转向可控性等也处于最低状态,不利于汽车的起步、加速和制动等操作,行驶危险性大。

（7）在结冰的河面上行驶时,因河水的深浅不一,冰层的厚度不均匀,容易发生冰层断裂而陷车的事故。

2. 山区道路条件对行车安全的影响

（1）山区道路路况复杂,坡道长而陡,上坡车辆行驶阻力增加,动力不足,下坡车辆惯性加大,给驾驶操作带来较大难度。

（2）弯道多而急,且路面宽度又相对较窄,车辆会车时如车速、路线等控制不当,极易发生刮擦和碰撞事故。

（3）汽车温度变化大,易造成上坡时发动机"开锅",下坡时制动系统气阻等现象。下坡时制动使用频繁,制动鼓容易发烫,易造成制动失灵,甚至引发车辆起火。

（4）山区公路路面状况较差、危险路段多,常会出现道路塌方、裂陷等意外灾害,造成车辆事故。

（5）山区气候多变,时常会突然出现大风、暴雨、浓雾等天气,砂石崩飞、路面湿滑,车辆很可能随时被碎石砸坏,易造成因躲避路面上的较大石块猛打转向或紧急制动,造成车辆转向失控和甩尾、侧滑等。

（6）山区行人的交通意识相对淡薄,加之多数人常常肩上担物或拖拉其他人力车辆;放牧者往往为了保护牲畜,全然不顾自己是否置身于危险之中,给行车安全带来较大的影响。

3. 高原道路条件对安全行车的影响

高原地区道路条件和山区基本类似,道路条件差,危险路段多,行车中易发生崩石、塌方等现象,极易引发车辆事故。

（1）海拔高、落差大,气候变化异常,时常出现一段路干燥结实、一段路湿滑泥泞,甚至积雪结冰,影响车辆的安全行驶。

（2）风大沙多,大风刮起沙尘容易挡住风窗玻璃、后视镜等,尤其在会车和跟车情况下,影响驾驶人的准确观察判断和安全操作。

（3）气压低,水的沸点降低,冷却液容易沸腾。发动机冷却不良,导致发动机燃烧不正常,动力降低,容易出现机械故障,影响车辆的安全行驶。

（4）空气稀薄,严重缺氧,容易使驾驶人出现头昏、胸闷、恶心等不良身体症状,影响驾驶人的安全操作。

4. 泥泞、翻浆道路对安全行车的影响

（1）泥泞路面车轮与地面附着系数明显减小,车轮易出现空转或侧滑。

（2）在泥泞路面上行驶,方向难以控制,稳定性极差,易出现车辆来回摆动、曲线行驶,容易驶出路外或撞及路边障碍。

（3）车辆转弯、会车、超车时，如果车速、转向、制动等掌握不当，往往引起车辆侧滑、跑偏甚至翻车，从而造成行车事故。

（4）翻浆路面由于路面变形大，路下松软，通过时往往由于操作不当，使车辆沉陷而无法通行。

（5）通过翻浆路面时，由于路面松软，行驶阻力较大，时常会因驾驶人在换挡、起步时操作不当，使得汽车离合器、传动轴、半轴等机件损坏。

（五）夜间道路条件对行车安全的影响

（1）由于夜幕降临，能见度降低，使驾驶人的有效视野变窄，视力下降和视距缩短。

（2）车辆间灯光的炫目使驾驶人的视力明显降低或不适，容易发生视觉障碍，不利于驾驶人对道路交通环境和交通情况的观察。

（3）道路构造物、行人和其交通工具的可视性变差，即增加了驾驶人的观察难度，又加重了驾驶人的眼睛负担，会使驾驶人的反应时间延长，视觉出现失误，导致交通事故的发生。

（4）夜间行车，由于驾驶人处于心理素质和生理素质的低谷期，容易出现疲劳而打瞌睡，其观察能力、反应能力、判断能力和驾驶技能相对降低，不利于驾驶技能的正常发挥。

（5）夜间道路上汽车、非机动车和行人的交通量相对减少，混合交通的现象较少，容易促使驾驶人产生快速行驶的心理，车速的提高不但会使驾驶人的视觉特性、听觉特性等有不同程度的降低，不利于对道路交通环境条件的观察和交通信息的获取，而且车辆的可控性变差，这是夜间发生交通事故的主要原因之一。

（6）在夜间行人和其他道路交通参与者的交通安全违法行为，有心理缺陷和心理状况不佳的行人和其他交通参与者，在道路上自由地行走，容易造成道路交通事故。

（7）夜间城市道路交通状况复杂，混合交通现象严重，路两边停放的车辆和其他障碍相对较多，干扰汽车的正常行驶。

（8）夜间城市道路两边的路灯、五彩缤纷的霓虹灯、车灯等，交相辉映，使人目不暇接，注意力分散，影响正常的驾驶操作。

（9）夜间城市道路行驶的大型货车明显增多，道路上的环卫工人和清洁车辆增多，洒水车洒在路面上的水形成水膜，导致路面的附着系数大幅度降低，对车辆行驶稳定性有一定的影响。

（六）高速公路对行车安全的影响

高速公路的交通事故与其他道路相比，事故率较低，但后果严重。交通事故主要是机动车之间的碰撞，而以追尾的形式最多。交通事故的主要原因是驾驶人和车辆方面。

（1）驾驶人动视力降低，视野变窄，在高速公路行车时，由于车速提高，对驾驶人的视力、视野的影响明显。

（2）由于高速公路从根本上解除了混合交通对驾驶人心理上的压抑感，而且交通秩序良好，驾驶人的速度感降低以及车流的渠化作用，使驾驶人进入高速公路后会不自觉地将行驶速度控制在较高的范围内，从而适应高速公路的运行环境。

（3）催眠作用和驾驶疲劳。高速行驶时驾驶人的动视力降低、视野变窄，加上高速公路两侧的景物单调、交通情况简单以及驾驶操作单一等因素的共同作用，容易使驾驶人的注意力下降,这种状况持续到一定程度后,会出现驾驶人的观察能力、判断能力、反应能力、驾驶操作技术水平大幅度降低,一旦出现此现象将是万分危险的。

四、交通环境与交通安全

交通环境是指道路和周围对交通安全有影响的各种建筑设施、公路附属设施、交通标志、道路交通标线、交通信号等。

1. 建筑设施

建筑设施是指跨越、穿越公路的桥梁、渡槽架设或者埋设的管线等设施。按照国家有关法律规定,所修建、架设或者埋设的设施应当符合公路工程技术标准的要求,并设置明显的限载标志,不得妨碍交通、影响交通安全。

超过公路、公路桥梁、公路隧道或者汽车渡船的限载、限高、限宽、限长标准的车辆,不得在有限定标准的公路、公路桥梁上或者公路隧道内行驶。

超过公路或者公路桥梁限载标准确需行驶的,必须经县级以上地方人民政府交通主管部门批准,并按要求采取有效的防护措施;影响交通安全的,还应当经同级公安机关批准;运载不可解体的超限物品的,应当按照指定的时间、路线、时速行驶,并悬挂明显标志。

2. 公路附属设施

公路附属设施是为保护、养护公路和保障公路安全畅通所设置的公路防护、排水、养护、管理、服务、交通安全(车辆补给、修理,人员休整)、渡运、监控、通信、收费等设施、设备以及专用建筑物、构筑物等。

3. 道路交通标志

道路交通标志是用简单形状、醒目颜色、简捷(明快且具有文化的图像)文字等绘制的,用以向驾驶人、行人传递有关交通信息、道路信息,用以管理、引导道路交通的揭示牌。

道路交通标志分为指示标志、警告标志、禁令标志、指路标志、旅游区标志、道路施工安全标志和辅助标志等,共200多种。

(1)警告标志。采用顶角朝上,黄底、黑边、黑图案的等边三角形,是用以警告车辆、行人注意危险地点的标志(图9-5)。警告标志共49种,设置在车辆驶入危险地点15~30m的地方。

(2)禁令标志。采用圆形或倒三角形,白底、红圈、红杠黑图案(个别除外),是用以禁止或限制车辆、行人某种交通行为的标志(图9-6)。禁令标志共42种,设置在禁止通行的地方。

图9-5　警告标志

图9-6　禁令标志

（3）指示标志。采用圆形或正方形，蓝底、白字、白图案，是用以指示车辆、行人通行的标志（图9-7）。指示标志共29种，设置在车辆、行人必须驶入（或改变行驶方向）路段的适当位置。

向左和向右转弯	靠右侧道路行驶	靠左侧道路行驶	立交直行和左转弯行驶	立交直行和右转弯行驶
环岛行驶	单向行驶（向左或向右）	单向行驶（直行）	机动车道	非机动车道
步行街	鸣喇叭	准许试制动车	干路先行	人行横道

图9-7　指示标志

（4）指路标志。是传递道路方向、地点、距离信息的引导车辆顺利到达目的地的标志。指路标志共131种，一般设置在道路右侧或右侧上方醒目位置（图9-8）。

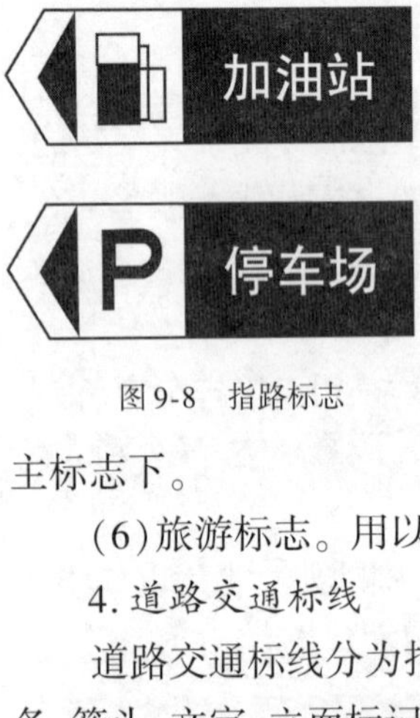

图9-8　指路标志

指路标志的形状，除地点识别标志外，为长方形或正方形。

指路标志的颜色，除里程碑、百米桩、公路界碑外，一般公路为蓝底、白图案，共59种。高速公路为绿色、白图案，共72种。

（5）辅助标志。是采用长方形、白底、黑字、黑图案、黑边框，对主标志起辅助（运用时间、车辆种类、区间或距离、警告或禁止理由）说明作用的标志，不能单独使用。辅助标志共5种，设置在主标志下。

（6）旅游标志。用以向旅游者传递旅游信息，共10种。

4．道路交通标线

道路交通标线分为指示标线、警告标线、禁止标线三类，是由各种白色（或黄色）路面线条、箭头、文字、立面标记以及突起路标和路边线轮廓标等所构成的用以管制、引导交通的交通安全设施。道路交通标线可以与交通标志配合使用，也可单独使用（图9-9）。

（1）车行道中心线。车行道中心线用以分隔对向行驶的车辆，一般设在车行道中心（不一定是在道路几何中心）线上。车行道中心线分为中心虚线、中心单实线、中心虚实线和中心双实线。

在保证交通安全的情况下，车辆在超车或向左转弯时，可以跨越虚线行驶，在画有两条平行双实线的道路，禁止车辆越线超车、向左转弯或压线行驶。车行道中心线为虚实线的，实线一侧禁止车辆越线超车或向左转弯，虚线一侧准许车辆越线超车或向左转弯。

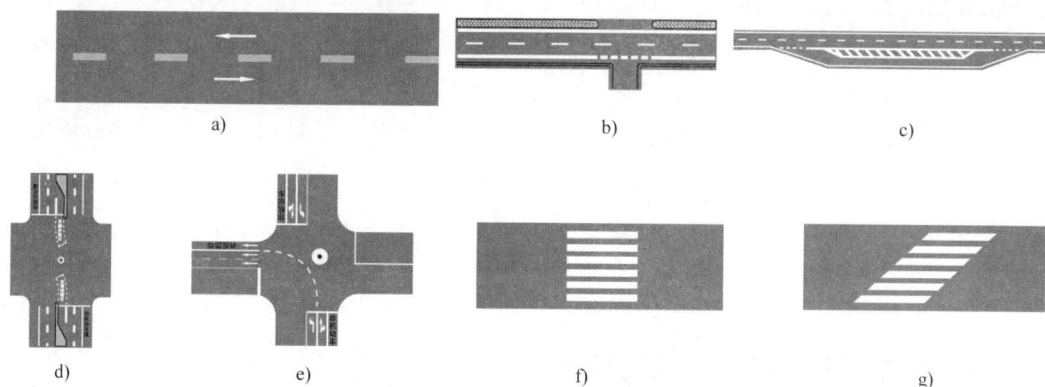

图9-9　道路交通标线

a)双向两车道路面中心线;b)车行道边缘线;c)港湾式停靠站;d)左转弯待转区域;e)左转弯导流线;f)人行横道(正交);g)人行横道(斜交)

（2）车道分界线。车道分界线用以分隔同向行驶的车辆,分为车道分界线(虚线)和导向车道分界线(实线——车辆不准许越线变更车道)。

（3）车行道边缘线。车行道边缘线是用以表明路面或车行道的外边线,分虚线和实线。实线用于弯道、陡坡、桥梁等危险地段和视线受限制的路段以及画有中心双实线的路段。

（4）停止线。停止线用以表示车辆等候放行信号或停车让行停车位置。

（5）停车让行线。停车让行线,表示车辆让干路车或火车先行的停车位置,与停车让行标志配合使用。

（6）减速让行线。减速让行线,表示车辆减速让行位置,与减速让行标志配合使用。

（7）人行横道线。人行横道线是用以表示准许行人横穿车行道的标志。

（8）导流线。导流线一般设置在道路过宽、不规则或行驶条件比较复杂的交叉路口。表示不准许车辆驶入并按该标线指引的方向行驶。

5.交通信号灯

交通信号灯是用以指示车辆、行人的行和停、怎么行和怎么停的各种交通指挥信号,分为机动车信号灯、非机动车信号灯、人行横道信号灯、车道信号灯、方向指示信号灯、闪光警告信号灯、道路与铁路平面交叉道口信号灯。

（1）机动车信号灯和非机动车信号灯:绿灯亮时,准许车辆通行,但转弯的车辆不得妨碍被放行的直行车辆、行人通行;黄灯亮时,已越过停止线的车辆可以继续通行;红灯亮时,禁止车辆通行。

在未设置非机动车信号灯和人行横道信号灯的路口,非机动车和行人应当按照机动车信号灯的表示通行。

红灯亮时,右转弯的车辆在不妨碍被放行的车辆、行人通行的情况下,可以通行。

（2）人行横道信号灯:绿灯亮时,准许行人通过人行横道;红灯亮时,禁止行人进入人行横道,但是已经进入人行横道的,可以继续通过或者在道路中心线处停留等候。

（3）车道信号灯:绿色箭头灯亮时,准许本车道车辆按指示方向通行;红色叉形灯或者箭头灯亮时,禁止本车道车辆通行。

(4)闪光警告信号灯:闪光警告信号灯为持续闪烁的黄灯,提示车辆、行人通行时注意瞭望,确认安全后通过。

(5)道路与铁路平面交叉道口信号灯:道路与铁路平面交叉道口有两个红灯交替闪烁或者一个红灯亮时,表示禁止车辆、行人通行;红灯熄灭时,表示允许车辆、行人通行。

第三节 道路交通安全违法与处罚

一、道路交通安全违法的定义和特征

1.道路交通安全违法的定义

道路交通安全违法是指人们违反道路交通安全有关法规,扰乱道路交通秩序,妨害道路交通安全和畅通,侵犯公民交通权益,依法应受公安机关行政处罚的行为,通常称之为道路交通安全违法行为。

2.道路交通安全违法的特征

道路交通安全违法特征具有行为的危害性、行为的违法性和行为的应受处罚性。

二、道路交通安全违法的危害

道路交通安全违法的危害主要表现在以下三个方面:

1.导致交通秩序混乱

交通秩序是由行车、停车、行人、占道等秩序构成的统一体,任何一方面违法,都会影响正常的交通秩序。

2.诱发交通事故的发生

虽然不能说每起违法都可能发生交通事故,但是交通安全违法的增多不可避免地会导致交通事故率的上升。

3.影响市容,造成公害

在道路上摆摊设点、乱建乱搭、堆物作业、燃烧物品、晾晒衣物、倾倒垃圾等违法行为,不仅使很多车行道被挤占,造成交通拥挤、秩序混乱、易生事故,而且影响市容环境。

有些行驶中的车辆,其噪声和排放的有害气体严重超过国家规定标准,给人们的生活环境和身体健康都带来严重危害。

三、道路交通安全违法行为的处罚

(一)道路交通安全违法行为的处罚法律依据

以机动车驾驶人的道路交通安全违法行为处罚为例。

《中华人民共和国道路交通安全法》(简称《道路交通安全法》)和《中华人民共和国道路交通安全法实施条例》(简称《道路交通安全法实施条例》)属于行政法规范畴。对机动车驾驶人的道路交通安全违法行为的处罚法律依据是《道路交通安全法》《道路交通安全法实施

条例》以及《中华人民共和国宪法》《中华人民共和国刑法》《中华人民共和国刑事诉讼法》《中华人民共和国社会治安管理条例》中对交通安全违法处罚的有关法律条款。

《道路交通安全法》第二十四条规定："公安机关交通管理部门对机动车驾驶人违反道路交通安全法律、法规的行为,除依法给予行政处罚外,实行累积记分制度。公安机关交通管理部门对累积记分达到规定分值的机动车驾驶人,扣留机动车驾驶证,对其进行交通安全法律、法规教育,重新考试;考试合格的,发还其机动车驾驶证。对于遵守道路交通安全法律、法规,在一年内无累积记分的机动车驾驶人,可以延长机动车驾驶证的审验期。具体办法由国务院公安部门规定。"

(二)对道路交通安全违法行为的处罚原则、种类和处罚幅度

《道路交通安全法》《道路交通安全法实施条例》规定了对道路交通安全违法行为的处罚原则和处罚幅度。

1. 对道路交通安全违法行为的处罚原则

(1)归责原则。归责原则是指根据机动车驾驶人有无交通安全违法行为、违法性质,判定是否需要接受处罚或承担法律责任。无交通安全违法行为,不受处罚;有违法行为,则应接受处罚;触犯刑法的应承担刑事责任;造成他人财产损失或人身伤害的,则应承担民事赔偿责任。

(2)以责论处原则。以责论处原则是根据机动车驾驶人交通安全违法程度(是否造成交通事故和交通事故的严重程度,以及机动车驾驶人责任大小),判定应接受的处罚种类和处罚幅度的大小。

(3)分项论处、合并执行原则。分项论处、合并执行原则是指机动车驾驶人一次有两种或两种以上道路交通安全违法行为的,实行依法分项论处,分项处罚,合并同步执行的原则。

2. 对道路交通安全违法行为的处罚种类

对道路交通安全违法行为的处罚分为警告、累积记分、罚款、吊扣机动车驾驶证、拘留五种。

3. 对道路交通安全违法行为的处罚幅度

法律处罚幅度:警告、罚款、吊扣机动车驾驶证和拘留四种。罚款处罚幅度:20～5000元不等。累积记分处罚幅度:依据违法行为的严重程度,分为12分、6分、3分、2分和1分五种。

《道路交通安全法》《道路交通安全法实施条例》对交通安全违法行为制定了明确的处罚办法和处罚幅度。

全国各省、自治区、直辖市针对《道路交通安全法》对机动车驾驶人交通安全违法的处罚规定,陆续出台了对机动车驾驶人交通安全违法处罚的实施细则。

第四节　道路交通事故与处理

一、道路交通事故的定义和基本要素

(一)道路交通事故的定义

道路交通事故,简称交通事故,是车辆在道路上因过错或者意外造成的人身伤亡或者财

产损失的事件(图 9-10)。

图 9-10　道路交通事故

(二)道路交通事故的基本要素

1.车辆

车辆是交通事故的前提条件,事故各方当事人中,至少有一方使用车辆。车辆是指机动车和非机动车。机动车是指以动力装置驱动或者牵引,上道路行驶的供人员乘用或者用于运送物品以及进行工程专项作业的轮式车辆。

2.道路

道路是指公路、城市道路和虽在单位管辖范围但允许社会机动车通行的地方,包括广场、公共停车场等用于公众通行的场所。

在道路以外通行时发生的事故,公安机关交通管理部门接到报案的,参照《道路交通安全法》有关规定办理。

3.运行

事故各方当事人中,至少有一方车辆处于运动状态。

4.过错或意外

造成交通事故的原因是人为的过错或意外,而不是主观的故意,是依法追究其肇事责任、以责论处及依法予以处罚的必要条件。

5.后果

交通事故的后果是造成了人身伤亡或者财产损失,这是构成交通事故的本质特征。

二、道路交通事故的分类

(一)交通事故分类的目的

交通事故分类的目的是为了更好地、全面细致地掌握交通事故情况,便于分析研究,找出交通事故发生的规律,制定预防措施。

(二)交通事故的分类方法

1.按事故损害后果分类

根据人身伤害程度(死亡、伤害严重程度)和财产损失程度不同,将交通事故分为轻微事故、一般事故、重大事故和特大事故。

(1)轻微事故:指一次交通事故造成轻伤 1~2 人;或直接经济损失为机动车事故损失折款 1000 元以下,非机动车事故损失折款不足 100 元的事故。

(2)一般事故:指一次交通事故造成重伤 1~2 人;或轻伤 3 人及以上;或者财产损失折款 1000 元以上不足 3 万元的事故。

(3)重大事故:指一次交通事故造成死亡 1~2 人,重伤 3~10 人或者财产损失折款 3 万元以上不足 6 万元的事故。

(4)特大事故:指一次交通事故造成死亡 3 人或 3 人以上;或重伤 11 人以上;或死亡 1 人,同时重伤 8 人以上;或死亡 2 人,同时重伤 5 人以上;或者财产损失折款 6 万元以上的事故。

2. 按事故原因分类

根据发生交通事故的原因,可将其分为主观原因事故、客观原因事故和意外事故。

(1)主观原因事故:是指发生交通事故的原因是由于当事人主观过错造成的,主要包括违法行驶、疏忽大意、过于自信和操作不当等。

(2)客观原因事故:是指由于道路条件、车辆状况不符合技术标准以及环境等因素诱发的交通事故。

(3)意外事故:是指由意外原因,如地震、山洪、台风等不可抗拒的自然灾害或紧急避险等造成的交通事故。

3. 按交通方式分类

在交通事故中,根据交通方式的不同,可分为机动车事故、非机动车事故和行人事故。

(1)机动车事故:机动车单方事故、机动车与机动车、机动车与非机动车或行人发生的事故中,机动车方负同等以上责任的,视为机动车事故。

(2)非机动车事故:非机动车单方事故、非机动车与非机动车的事故以及非机动车与行人发生的事故中,非机动车负同等以上责任的;非机动车与机动车发生事故,非机动车负主要以上责任的,视为非机动车事故。

(3)行人事故:是指行人在与车辆发生的事故中负主要(含)以上责任的。

三、道路交通事故的影响因素

交通事故是在特定的交通条件下,由于人、车、路、环境诸要素配合失调而引发的。

1. 人的因素

根据道路交通具体情况不同,交通环境中人的组成情况不尽相同。在我国目前情况下,主要涉及机动车驾驶人、行人、骑自行车人(包括兽力车驭手)和车辆乘员。而在有些国家,则主要是汽车驾驶人和乘员。

从各种交通事故统计分析资料中都可证明,人在交通事故中所起的作用相对于车辆、道路来说是主要的。这是因为,人的个体经常受其身体和心理状态的影响,而人的群体又受制于个体之间的差异、教育与道德以及环境等,从而使人在交通活动中成为难以控制和最不稳定的因素。

人对交通事故形成的影响,主要表现在以下方面:

(1)自身的生理、心理状态不符合交通安全的要求。

(2)违章行走、违章操作、违章装载、违章行驶等。

(3)对他人的交通动态和道路变化、气候变化、车况变化观察疏忽或措施不当等。

发生人为责任事故的原因,有的是因驾驶人思想麻痹、违法驾驶、操作失误等造成的,有的是行人、非机动车驾驶人不遵守《道路交通安全法》所造成的。

从机动车驾驶人方面分析,驾驶人的操作特性(如反应过程、判断过程、操作过程)和驾驶人的心理特性(如性格、气质、情感、意志)对于驾驶人责任事故的发生有重要影响。研究证明:反应灵敏、判断准确、操作得当和性格理智、道德观念强、自觉性强且具有果断意志品质的驾驶人具有较强的驾驶适宜性,发生交通责任事故的可能性较小。

行人责任事故的发生,既与保护行人安全措施的完善程度有关,也与行人本身的因素有关。行人对车辆、交通规则的认识水平,行人的行动特征如观察、判断、动作等,行人的心理特性、道德意识等,均对行人责任事故的发生有重要影响。

在自行车事故中,责任属于骑车人的约占1/3~1/2。骑车发生交通事故,与骑车人的骑车技能、心理素质和状态也具有一定的关系。

2. 车辆因素

此处所说的车辆主要是指机动车辆。在我国城市道路和公路上行驶的机动车辆有汽车(包括大、小客车,大、小货车,客货两用车等)、拖拉机(包括转向盘式、手扶式拖拉机)、摩托车(包括三轮式、二轮式摩托车)。由于车辆原因所引发的交通事故及严重程度,与车辆先期的安全性能、车辆后期使用的技术状况以及车辆管理工作的有效程度等因素有关。车辆的安全性能包括两个方面:一是车辆所具备避免事故的主动安全性,如制动和转向系统的性能、驾驶室视野、前照灯配光性能等;二是车辆具有发生事故后减轻人身伤害和车辆损毁的被动安全,如座椅安全带、缓冲防撞部件、安全气囊、油电路自动防护措施等。

车辆后期使用的技术状况与汽车使用的合理性、车辆维护和修理质量密切相关。车辆管理工作包括车辆技术管理、运行管理、户籍管理等。在车辆管理工作中,使用必要的行政手段和法律措施对车辆的生产和运行进行有利于交通安全的引导和约束,可在预防车辆事故方面发挥重要作用。

由于车辆所引起的交通事故的起因,通常是由于制动失灵、机件失灵和车辆装载超高、超宽、超载和货物未拴牢固等原因所致;另外,因维修制度不完善,车辆检测方法落后,维修质量不高,常使一些车辆带"病"行驶,也是因车辆技术状况不良而导致交通事故的重要原因。

3. 道路与环境因素

道路与环境作为构成道路交通的基本要素,对交通安全的影响不容忽视。在某些情况下,道路与环境因素可能成为导致交通事故的主要原因。

(1)道路线形几何要素不合理和不良的线性组合,是导致交通事故的重要原因。路面状况不良(如潮湿、结冰等),使轮胎与路面间附着系数下降,严重影响汽车的行驶稳定性和制动性能,易于导致交通事故。

由于车道宽度、车道数、路肩、中央分隔带等设置的不同,对交通安全也有极大影响。

(2)在交通环境中对交通安全影响最大的是交通流量。交通流量大小直接影响驾驶人的心理紧张程度,从而影响着交通事故率的高低。交通流量大时,因车辆相互干扰、互成障碍,常导致交通事故的发生;交通流量小时,往往由于以过高车速行驶而导致交通事故。

4. 交通管理

交通管理是有关部门依据具体交通情况所采取的一系列针对性措施。交通管理的目的在于协调人、车、路诸要素在交通过程中的相互关系,保障交通畅通和安全。交通管理范围包括:机动车驾驶人考核、发证、审验;交通安全宣传、教育;机动车登记、发放牌证和对机动车的安全检验;交通指挥疏导,维护交通秩序,处理交通事故;清除路障,设置与管理交通标志、标线等设施。交通管理的完善与有效程度对交通事故的影响十分重大。

四、道路交通事故的处理

(一)交通事故处理权限

为了保护国家财产,保护公民的合法权益,我国规定所有交通事故的处理权限规定如下:

1.按行政区划处理

凡交通事故的处理,均由公安交通管理部门主管,县以上地方各级公安交通管理部门是同级人民政府处理本行政区交通事故的主管机关。

对特大交通事故,地(市)交通管理机关必须派人协助基层(县、区)处理,必要时省级人民政府公安机关交通管理部门应当派人员到现场指导。

2.军车事故的处理

对军车发生的交通事故,涉及军人行政处分或刑事处罚时,应将有关材料转交军人所属部队,由部队依据军纪军法处理,但部队应将处理结果通知原处理单位。

3.涉外事故的处理

对于涉及外籍人员的交通事故,由当地公安交通管理部门会同外事部门共同处理。对享有外交豁免权的外籍人员,由公安交通管理机关提供材料,交外事部门依照国家有关法律规定处理。

4.其他特殊情况

对于火车与车辆、行人在铁道与公路交叉道口发生的交通事故,依照国家有关法律规定进行处理。

(二)事故处理程序

交通事故处理程序是指公安交通管理机关在处理交通事故中必须遵守的法定程序和制度,即处理交通事故的操作规程。交通事故处理程序包括从立案、事故调查到善后处理的各个主要环节,具体如下:

1.立案

立案是进行交通事故处理的前提。立案的根据主要来自报案,但也有当事人私下和解不成又请求处理的,也可能是交通管理机关自行发现的。

2.事故调查

立案之后的程序是事故调查,这是事故处理的重要过程之一。

3.责任分析

责任分析必须建立在调查、取证之后,并在案件情节清楚、证据充分的基础上进行。同时,责任分析也必须以案情分析和事故原因分析为前提。根据责任分析,对当事人在交通事故中应承担的责任或是否要负法律责任做出认定。

事故责任分析时应将造成事故的直接原因与引起事故后果的原因分别考虑,还要考虑当事人违章行为与事故的因果关系和违章行为在事故中的作用。

4. 裁决处罚

对有违反交通规则的交通事故当事人,应根据其违章情节给予处罚。处罚裁决应在当事人责任认定之后进行,处罚应以裁决书形式通知本人。

对交通事故当事人的肇事行为已触犯刑法的,经裁决程序后可向法院提起诉讼。

5. 赔偿调解

调解作为解决交通事故损害赔偿的形式,不同于法律上的经济赔偿判决。这项程序应当在查明交通事故原因、认定交通事故责任、确定交通事故造成损失的情况后,由事故处理机关召集当事人和有关人员协商解决。

经调解达成协议的或在调解期满后未达成协议的,由事故处理机关分别制作调解书或调解终结书。至此,交通管理机关处理事故的程序便告终结。

(三) 事故责任认定

交通事故责任认定的目的,一是为了追究肇事者的责任,做到以责论处;二是为了公平、客观地确定当事人事故损害的赔偿份额;三是能够对其他交通参与者起到教育、警戒的作用;四是研究交通事故发生规律,制定安全有效的安全防范措施和管理对策。

例如,李某驾驶解放牌大货车连夜赶路,到次日清晨已疲劳不堪,不知不觉中睡着了。此时,前方有一台拖拉机因发生故障停在路中间修理,乘车人发现大货车驶来后大声惊叫,李某惊醒,但已来不及采取措施致使两车相撞。

李某疲劳驾车,负主要责任;拖拉机手违反"故障车须移至不妨碍交通的地点,夜间还须开示廓灯、尾灯或设明显标志"的规定,负次要责任。

(四) 事故损害赔偿

交通事故引起的人员伤亡和公私财产的损失,称为交通事故损害。事故损害赔偿是指事故责任者对事故损害后果应承担的赔偿责任。

损害赔偿的总数额除交通事故造成的直接财产损失折款外,还包括医疗费、误工费、住院伙食补助费、护理费、残疾者生活补助费、残疾用具费、丧葬费、死亡补偿费、被抚养人生活费、交通费和住宿费等。

(五) 调解和调解终结

调解和调解终结是公安交通管理机关在事故处理中采用的两种结案方式。

1. 调解

交通事故的调节可以通过会议形式进行,也可以个别协商,取得一致意见,对经济责任和有关事宜达成协议后,形成调解协议书,当事各方签字后生效。调解协议书的内容主要包括事故的简要经过、因果关系分析、违法行为和违反规定的具体条款、当事人责任的具体划分、造成的损害和经济赔偿的项目和金额、善后处理意见。

调解期限为30天,必要时可延长15天。调解从治疗终结、定残之日、规定的丧葬结束之日或确定财产损失之日起计算。

2. 调解终结

调解终结是在结案工作条件已经基本成熟,调解期满后,但一方、双方或多方持反对意见,拒绝接受处理意见,经过反复做工作后仍不接受时,事故处理机关不再调解而提出的一种结案方式,当事人可以向人民法院提起民事诉讼。

调解终结书的内容除应具有调解书的内容之外,还应写明意见的分歧、裁决的依据和处理结论。

(六)交通事故处理规定

根据《道路交通安全法实施条例》,交通事故处理规定如下:

(1)机动车与机动车、机动车与非机动车在道路上发生未造成人身伤亡的交通事故,当事人对事实和成因无争议的,在记录交通事故的时间、地点、对方当事人的姓名和联系方式、机动车牌号、驾驶证号、保险凭证号、碰撞部位,并共同签名后、撤离现场,自行协商损害赔偿事宜。当事人对交通事故事实和成因有争议的,应当迅速报警。

(2)非机动车与非机动车,或者行人在道路上发生交通事故,未造成人身伤亡,且基本事实和成因清楚的,当事人应当先撤离现场,再自行协商处理损害赔偿事宜。当事人对交通事故事实和成因有争议的,应当迅速报警。

(3)机动车发生交通事故,造成道路、供电、通信等设施损毁的,驾驶人应当报警等候处理,不得驶离。机动车可以移动的,应当将机动车移至不妨碍交通的地点。公安机关交通管理部门应当将事故有关情况通知有关部门。

(4)公安机关交通管理部门或者交通警察接到交通事故报警,应当及时赶赴现场,对未造成人身伤亡,事实清楚,并且机动车可以移动的,应当在记录事故情况后责令当事人撤离现场,恢复交通。对拒不撤离现场的,予以强制撤离。

对属于前款规定情况的交通事故,交通警察可以适用简易程序处理,并当场出具事故认定书。当事人共同请求调解的,交通警察可以当场对损害赔偿争议进行调解。

对交通事故造成人员伤亡和财产损失需要勘验、检查现场的,公安机关交通管理部门应当按照勘查现场工作规范进行。现场勘查完毕,应当组织清理现场,恢复交通。

(5)投保机动车第三者责任保险的机动车发生交通事故,因抢救受伤人员需要保险公司支付抢救费用的,由公安机关交通管理部门通知保险公司。

抢救受伤人员需要交通事故救助基金垫付费用的,由公安机关交通管理部门通知交通事故社会救助基金管理机构。

(6)公安机关交通管理部门应当根据交通事故当事人的行为对发生交通事故所起的作用以及过错的严重程度,确定当事人的责任。

(7)发生交通事故后当事人逃逸的,逃逸的当事人承担全部责任。但是,有证据证明对方当事人也有过错的,可以减轻责任。

当事人故意破坏、伪造现场、毁灭证据的,承担全部责任。

(8)公安机关交通管理部门对经过勘验、检查现场的交通事故应当在勘查现场之日起10日内制作交通事故认定书。对需要进行检验、鉴定的,应当在检验、鉴定结果确定之日起5日内制作交通事故认定书。

（9）当事人对交通事故损害赔偿有争议,各方当事人一致请求公安机关交通管理部门调解的,应当在收到交通事故认定书之日起 10 日内提出书面调解申请。

对交通事故致死的,调解从办理丧葬事宜结束之日起开始;对交通事故致伤的,调解从治疗终结或者定残之日起开始;对交通事故造成财产损失的,调解从确定损失之日起开始。

（10）公安机关交通管理部门调解交通事故损害赔偿争议的期限为 10 日。调解达成协议的,公安机关交通管理部门应当制作调解书送交各方当事人,调解书经各方当事人共同签字后生效;调解未达成协议的,公安机关交通管理部门应当制作调解终结书送交各方当事人。

交通事故损害赔偿项目和标准依照有关法律的规定执行。

（11）对交通事故损害赔偿的争议,当事人向人民法院提起民事诉讼的,公安机关交通管理部门不再受理调解申请。公安机关交通管理部门调解期间,当事人向人民法院提起民事诉讼的,调解终止。

（12）车辆在道路以外发生交通事故,公安机关交通管理部门接到报案的,参照《道路交通安全法》和《道路交通安全法实施条例》的规定处理。

车辆、行人与火车发生的交通事故以及在渡口发生的交通事故,依照国家有关规定处理。

五、道路交通事故的预防措施

交通事故是由人、车、路、交通环境等诸多因素共同影响下的复杂交通事件,因此解决交通安全问题,必须把人、车、路、环境作为一个有机整体进行分析和处理,从谋求该系统的平衡出发,规划和协调解决其中各组成部分的结构、性能、行为等问题。保障交通安全、预防交通事故可从以下几方面着手。

1. 改善线形与交叉路口设计

（1）道路线形的几何设计要素,如平面曲线半径、平面线形要素的连接与组合、纵坡坡长、纵向竖曲线半径、平面与竖向视距、横断面超高加宽等的标准,均应认真考虑如何保证行车安全。

（2）桥梁宽度、竖曲线半径、桥头接线、人行道缘石高度,均应符合有关设计规范。

（3）交叉口要充分保证视距,设置标志、标线,并注意经常维护,交叉范围内的树木要注意剪修,以不妨碍驾驶人与行人视线为原则。

2. 强化交通安全设施

（1）为了防止驾驶人过失,路面滑溜造成翻车、碰撞、车辆滑落,应于适当路段设置各种柔性或刚性护栏与安全带,以期缓冲与保护车辆和乘客。

（2）分隔措施,设置中央分隔带,分为上行、下行、快慢车、车辆与行人等,分隔带可做成一定宽度的带状构造物,若道路宽度不足时宜用栅栏分隔。

（3）设交通岛、导流岛、安全岛、分车岛,做好渠化工作,以控制车辆行驶,防止冲撞和旁擦,并保护行人。

（4）设人行横道,在车流与人流均多的路口,为确保交通安全,需要从时间上将两者予以分开,这就必须设置人行横道、过街天桥或地道。

3.加强交通管理与控制

（1）道路标志、标线要认真管理,按规定设置,并固定人员经常维修、保洁、养护,保持标志、符号、文字、图案的清晰并能正确地发挥作用。

（2）视道路与交通情况安装信号机、电子警察或其他控制、管理设施,一般有单点定时控制、单点自控、自动感应信号机、多相位信号系统、人工智能系统和联动信号系统。

（3）将某些因路窄未能通车的街道组织单向交通,可减少交叉口上的冲突,减少车与车、车与人的冲突、碰撞与事故发生的潜在危险。

（4）改善路况,清除障碍物,保证视距畅通,对瓶颈蜂腰地段要设法拓宽。

（5）设置诱导性标志或各种视线诱导物,以便驾驶人能预知前方路况,采取正确而适当的措施。

（6）加强日常交通管理,严格控制施工占路堆物,严格禁止在人行道上摆摊设点。

复习思考题

1.我国道路通行原则有哪些?

2.影响汽车行驶安全的因素有哪些?

3.驾驶人如何影响行车安全?

4.不良气候如何影响行车安全?

5.交通标志分为哪些种类?

6.交通安全违法的类型有哪些? 如何处罚?

7.什么是道路交通事故? 有哪几种类型?

8.简述道路交通事故的处理程序。

9.如何预防道路交通事故?

第十章　汽车技术管理

1.掌握汽车技术状况的变化规律、影响因素和等级划分方法；
2.熟悉汽车租赁、停驶、封存和折旧的条件；
3.掌握汽车维护和修理管理的内容；
4.掌握汽车鉴定估价的基本方法。

汽车技术管理是指对汽车规划、选配使用、检测维修、改装改造、更新报废全过程的综合性管理。其中,汽车规划、选配、新车接收以及汽车使用前的准备,是对汽车的前期管理;汽车使用、检测、维护和修理是对汽车的中期管理;汽车改装、改造、更新和报废是对汽车的后期管理。汽车技术装备管理、汽车技术档案管理、汽车技术状况等级鉴定管理、汽车技术经济定额指标管理以及汽车租赁、停驶、封存和折旧,属于汽车基础管理的范畴。

汽车是交通运输企业的主要生产工具,是公路运输事业的物质基础。加强汽车技术管理工作,采取科学的管理制度和管理手段,是汽车运输取得良好投资效益和提高社会效益的基础工作,必须给予高度重视。

汽车技术管理的根本目的是为运输生产提供安全、优质、高效、低耗、及时和舒适的运力,保证汽车运行安全,确保汽车在使用中的良性循环,获得最佳社会效益、经济效益和环境效益。

汽车技术管理的原则是坚持以预防为主,技术与经济相结合,对运输车辆择优选配,正确使用,定期检测,强制维护,视情修理,合理改造,适时更新与报废,实行全过程综合性管理,依靠科技进步,努力提高汽车的管理水平和技术水平。

第一节　汽车技术状况和使用寿命

一、汽车技术状况的变化规律和影响因素

(一)汽车技术状况变化的原因和规律

1.汽车技术状况的概念

汽车的技术状况是指定量测得的、表征某一时刻汽车外观和性能的参数值的总和。

在汽车使用过程中,汽车内部零件之间、零件与工作介质和工作产物之间、汽车与外部环境之间均存在着相互作用,其结果是汽车零件在机械负荷、热负荷和化学腐蚀作用下,产生磨损、发热、腐蚀等一系列的物理和化学变化,使零件尺寸、零件装配位置、配合间隙、表面质量等发生改变。随着汽车行驶里程的增加,汽车技术状况会逐渐变坏,致使汽车的动力性下降、经济性变坏,使用方便性下降和使用可靠性变差,直至最后达到使用极限。其主要表现有:

(1)汽车最高行驶速度降低,加速能力和爬坡能力减弱。

(2)制动拖滞或失灵,转向沉重。

(3)燃料和润滑油的消耗量增加。

(4)排黑烟或有异常气味。

(5)行驶中出现振抖、摇摆或异响。

(6)运行中因技术故障而停歇的次数和时间增多。

2.汽车技术状况变化的原因

汽车技术状况的变化是汽车诸多内在原因综合作用的结果。主要原因有:零件之间相互摩擦产生自然磨损;零件和有害物质相互接触产生腐蚀;零件长期在交变荷载作用下产生疲劳;零件在外荷载、温度和残余内应力作用下发生变形;橡胶、塑料等非金属制品零件和电器元件因长时间工作而老化;使用中由于偶然事故造成的零件损伤等。上述原因导致零件原有尺寸、几何形状和表面质量改变,破坏了零件之间的配合特性和正确位置,从而引起汽车或总成技术状况变坏。

(1)磨损。磨损是汽车零件损坏的主要原因,其形式有磨料磨损、黏着磨损和腐蚀磨损等。

磨料磨损是零件相互摩擦表面在坚硬锐利的磨料作用下产生的磨损。磨料包括尘埃、沙土、金属磨屑和积炭等。在零件相互摩擦过程中,磨料的作用会加速零件的磨损,如制动蹄摩擦片与制动鼓的磨损等。

黏着磨损是当零件接触面承受大荷载、相对滑动速度高、润滑不良时,零件表面在摩擦过程中产生大量的热,使材料强度降低并形成局部热点,零件局部表面黏结在一起;而黏结点在零件表面的相对运动中又被撕开,使一部分金属从一个零件表面转移到另一个零件表面而造成的零件表面损伤,如汽缸拉缸和曲轴烧瓦等。

腐蚀磨损是摩擦表面在酸、碱等腐蚀性物质作用下产生的磨损,腐蚀性物质对零件表面的腐蚀会使表面形成薄而脆的氧化层,在摩擦力作用下,氧化层脱落,腐蚀作用进一步向零件深部发展,再形成氧化层。如此,氧化层不断生成,不断脱落,从而造成了零件表面的损伤。如汽缸壁、气门和气门座的磨损等。

(2)疲劳损坏。疲劳损坏是由于零件承受超过材料疲劳极限的循环应力。在交变荷载作用于零件内部所产生的循环应力作用下,零件表面产生疲劳裂纹,裂纹不断积累、加深、扩展而产生零件的疲劳损坏。易于产生疲劳损坏的零件是承受交变荷载较大的零件,如齿轮面的疲劳点蚀等。

(3)腐蚀损坏。腐蚀损坏产生于与腐蚀性物质接触的零件表面。易于产生腐蚀损坏的主要部件有燃料供给系统和冷却系统的管道、车身和车架等。在汽车运动中，车身外表要受到风沙的磨蚀，而汽车使用环境中的空气湿度、尘埃等对车身和裸露的金属零件也都有一定的腐蚀作用。

（4）塑性变形和损坏。零件所受荷载在内部产生的内应力超过零件材料的弹性极限，就会发生塑性变形。零件在制造和加工过程中产生的残余内应力和零件受热不均而产生的热应力足够大时，也会导致零件塑性变形或加剧塑性变形过程，如汽车超载引起的车轴、车架变形或断裂等。

（5）老化。老化是由于零件材料在物理、化学和温度变化的影响下，逐渐变质或损坏的故障形式。汽车上的橡胶零部件（如轮胎、油封、膜片等）和电器元件（如晶体管、电容器等），长期受环境和温度变化的影响，会逐渐老化而失去原有性能。例如，油类和液体的化学作用以及太阳光的辐射作用等都会使零件老化。在汽车使用过程中，润滑油等液体的性能也会因为氧化、污染而逐渐变差。

因汽车零件和运行材料性能的变化而使汽车技术状况逐渐变坏的现象，不仅发生于汽车使用过程中，也发生于储存过程中。例如，橡胶、塑料等非金属零件因老化而失去弹性，强度下降；燃油、润滑油和制动液等氧化变质产生沉淀；金属零件产生锈蚀；车身表面漆层剥落等。

3. 汽车技术状况的变化规律

汽车技术状况的变化规律，是指汽车技术状况与汽车行驶里程或行驶时间的关系。研究汽车技术状况的变化规律，旨在掌握其规律，采取相应措施降低零件磨损速度，延长其使用寿命。两个相配合零件的磨损量随汽车行驶里程的变化规律曲线，称为磨损特性曲线。

零件的自然损坏主要是磨损引起的，零件在正常情况下的磨损是有规律的，由图 10-1可以看出零件的磨损规律可分为 3 个阶段。

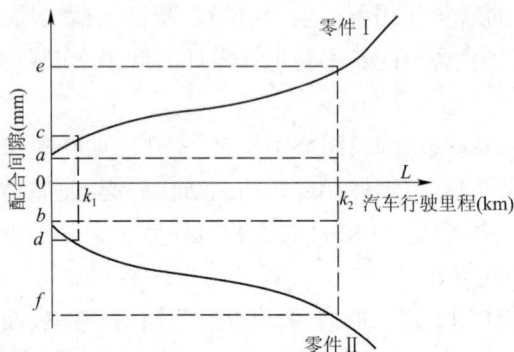

图 10-1 配合零件的磨损特性曲线

第 I 阶段（曲线 $0k_1$）称为磨合期。这一阶段的特征是在较短的行驶里程（或时间）内，零件的磨损量增长较快；当配合零件配合良好后，磨损量增长速度开始减慢。零件在磨合期的磨损量主要与其表面加工质量和磨合期的使用有关。

汽车在磨合期间，严格地执行磨合规范，严格遵守操作规程，及时检查调整配合零件的技术状况，更换损坏零件，消除故障隐患，是减少磨合期磨损量、达到理想的磨合目的有效措施。

第 II 阶段（曲线 k_1k_2）称为正常使用期。这一阶段的特征是零件的磨损随汽车行驶里程的增加而缓慢地增长。这是由于经磨合后的配合零件，其表面粗糙度和几何形状达到较为理想的状态，荷载分布均匀；加之合适的配合间隙，有利于润滑油膜形成。

在此期间，严格遵守操作规程，适时适度地对汽车的主要总成进行维护，是延长正常使用期——使用寿命的技术保障。

第Ⅲ阶段(k_2点以后)称为加速磨损时期。其特征是相配合零件的间隙已达到最大允许使用极限,磨损量急剧增加。由于间隙增大,冲击负荷增大,润滑油膜难以维持,从而使磨损量急剧增加到一定程度,出现失去工作能力、异响、漏气等现象,若继续使用则会由自然磨损发展为事故磨损,使零件迅速损坏。汽车的主要总成或部件达到此极限时,应进行大修才能恢复汽车的使用性能。行驶里程 $0k_2$,称为大修间隔里程或大修周期。

汽车运行到接近或到达大修间隔里程时,应及时维护、调整、修理和更换损坏的零件,恢复配合零件的配合状态,使之达到或接近原技术标准或要求。经调整、修复的配合零件,一般只能恢复配合间隙和配合要求。换件修理既恢复了配合关系,又恢复了配合零件的尺寸。

根据零件磨损的规律,一辆新出厂的汽车或大修后的汽车,使用前必须按规定进行磨合,使用中必须正确操作并及时认真维护,以延长正常工作时间。当磨损达到极限值时,必须修理或更换,降低故障率,避免因汽车技术状况恶化引发交通事故。

(二)影响汽车技术状况变化的使用因素

汽车零件的磨损和变形是汽车技术状况变化的主要原因,而影响汽车磨损和变形的因素很多,主要包括汽车的结构和使用因素。其中,使用因素主要有运用条件、燃料和润滑油品质、维修质量以及汽车合理运用的程度等方面。

1. 汽车的结构

汽车结构设计的合理性、制造装配的质量和选用材料的优劣,是提高汽车的技术性能和寿命的重要途径。由于汽车结构复杂,各总成、结合件、零件的工作情况差异很大,不能完全适应各种运行条件的工作情况,使用过程中就会暴露出某些薄弱环节。

汽车零件和部件结构的设计合理化,可以在很大程度上改善汽车的使用性能和可靠性,国内各汽车制造厂,为使各自生产的汽车有较长的使用寿命,长期以来,对本厂生产的汽车采用各种方便维修的技术和组织措施,广泛设置"4S"服务维修点,对汽车销售、售后服务、汽车维修和零配件供应实施一条龙服务,不仅保证服务质量,而且还能掌握汽车在原设计和制造中的一些缺陷,及时反馈,为进一步改进汽车结构提供有利依据。

2. 汽车的运用条件

影响汽车技术状况变化的运用条件主要包括道路条件、交通状况和气候条件等。

(1)道路条件。汽车运用的道路条件对汽车技术状况有重要的影响。汽车运行的速度范围、发动机转速控制范围、汽车承受的荷载、操纵(换挡、转向、制动等)次数和强度、燃料消耗以及汽车的磨损等都取决于道路的质量。道路的质量对汽车速度的影响见图10-2。各种路面条件对汽车各总成使用的影响见表10-1。

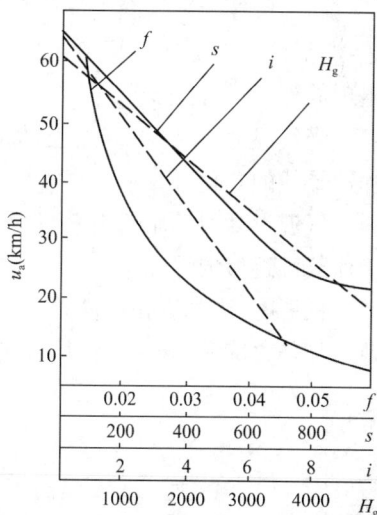

图 10-2 道路质量对汽车速度的影响
f-滚动阻力系数;s-路面不平度(cm/km);
i-道路纵坡(%);H_g-海拔高度(m);u_a-汽车速度

路面条件对汽车各总成使用的影响 表 10-1

技 术 参 数	混凝土与沥青路面	沥青矿渣混合路面	碎石路面	卵石路面	天然路面
滚动阻力系数	0.014	0.020	0.032	0.040	0.080
技术速度（km/h）	66	56	36	27	20
1000m 行程发动机转速（r/min）	2228	2561	2628	3185	4822
1000m 行程离合器使用次数	0.35	0.37	0.49	0.64	1.52
1000m 行程变速器使用次数	0.52	0.62	1.24	2.10	3.20
1000m 行程制动器使用次数	0.24	0.25	0.34	0.42	0.90
转向轮转角偏差（°）	8	9.5	12	15	18
100km 行程内垂直振幅大于 30mm 的振动次数	68	128	214	352	625

在良好的道路上行驶时，汽车的行驶速度得以发挥，燃料经济性较好，零件磨损较小，汽车使用寿命就长；在坏路上行驶的汽车，行驶速度经常变化，换挡次数和制动次数增加，会使离合器、变速器、制动器和前后桥的使用寿命缩短。同时，路面高低不平使汽车底盘各总成承受冲击荷载，且加剧轮胎的磨损。经常在坏路上行驶的汽车，与在一般道路上行驶的同类汽车相比行驶阻力增加，燃料经济性变差。发动机经常在大负荷下工作，汽缸内的平均压力和单位行驶里程曲轴转速提高，汽缸磨损加剧。

（2）交通状况。交通状况对汽车技术状况的变化也有很大的影响。在路面质量和交通状况良好的道路上行驶时，汽车能够经常使用高挡位在经济工况下运行，操纵次数少，因而运行平稳，所承受的冲击荷载大大减轻；而在不良交通状况下，如在城市混合交通状况下，常因车多路窄、交通流量大、交叉路口多而不能以最佳工况运行，因而总成磨损快，寿命短。

（3）气候条件。气候条件对汽车技术状况的影响，一般在高温和低温时较显著。

高温条件会影响汽车各总成的受热状态。气温高时，发动机散热性能变差，易爆燃和早燃；润滑油黏度降低，润滑油压力减小，润滑条件恶化，零件磨损加剧；供油系统易产生气阻，出现故障，可靠性下降。

当气温为 40～50℃ 时，发动机周围的气温可达 75℃，会影响点火系统的正常工作，也会加速导线的老化。

气温过高对轮胎使用寿命的影响非常明显，有资料表明，轮胎胎面的使用寿命与其周围工作气温近似成反比。

低温时，汽油雾化条件差，加剧发动机的磨损；某些非金属材料，如塑料、橡胶制品等，严寒可能使之冻裂、硬化或结构强度降低。低温条件的影响见图 10-3。

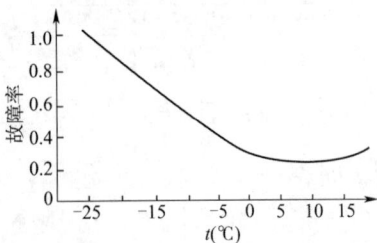

图 10-3 低温条件对汽车故障率的影响

3. 燃料和润滑材料的品质

在汽车使用中为保证其正常工作，应合理地选用品质合适的燃料和润滑材料，否则会导致汽车各总成和零件磨损增加，降低汽车的使用性能，使技术状况迅速恶化。

4. 汽车合理运用的程度

汽车合理运用的程度对汽车技术状况的影响主要表现在汽车的载质量、车速的合理运用和驾驶技术等方面。

（1）载质量。载质量的大小影响汽车零件的磨损,从图10-4可以看出,汽车载质量增加时,各总成的磨损量均增大,其中以发动机最为明显。

当汽车的实际载质量超过额定载质量时,各总成都在超负荷状态下工作,单位行驶里程的发动机转速升高,冷却系统和润滑系统工作温度过高,导致发动机磨损加剧。随汽车载质量的增加,变速器低挡使用的次数增多,传动系统各总成荷载加大。因此,汽车应按制造厂规定的额定载质量来装载。

（2）行驶速度。汽车的行驶速度对发动机磨损的影响比载质量更为明显。当荷载一定时,行驶速度对发动机磨损的影响见图10-5。

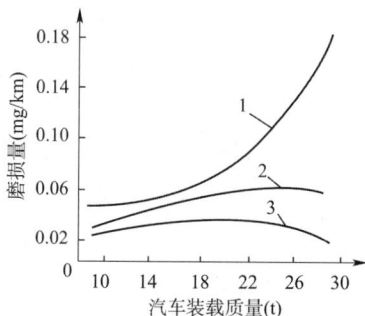

图10-4　汽车载质量的大小对各主要总成零件磨损的影响
1-发动机的磨损量;2-变速器的磨损量;3-主减速器的磨损量

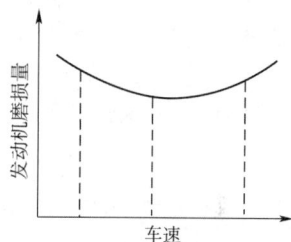

图10-5　行驶速度对发动机磨损的影响

当汽车行驶速度过高时,发动机处在高转速状态,活塞往复运动加快,汽缸磨损加剧;当行驶速度过低时,发动机润滑条件变差,磨损加剧。高速行驶引起轮胎发热、磨损加剧;高速行驶制动时需要的制动力加大,且常需紧急制动,因此,制动器磨损加剧。加速滑行比匀速行驶时的发动机磨损量要增加25%～30%。

为了减少零件磨损,必须控制行车速度,正确选用挡位。注意根据道路情况合理选择行驶路线和车速,保证汽车经常处于最佳工作状态,从而减缓汽车技术状况的恶化,延长其使用寿命。

（3）驾驶技术。驾驶技术直接影响汽车零件的使用寿命。驾驶技术高超的驾驶人,经常采用诸如预热升温、轻踩缓抬、均匀中速、行驶平稳、及时换挡、爬坡自如、正确滑行、掌握温度和避免紧急制动等一整套正确合理的操作方法,所以,在对汽车行驶速度的控制、变速器挡位的使用和燃油消耗等方面都有明显优势,使汽车各总成基本上长期处于较有利的工作状态,从而能延长其使用寿命。

5.维修质量

汽车维修质量,对于合理使用汽车、延长其使用寿命和保持其原有使用性能,是极为关键的因素。

汽车各总成和机构,应及时地进行维修作业,这样不仅能减少零件磨损,避免工作中发生异响;同时使之操作方便灵活,保证行车安全。

(三)汽车技术状况等级划分

1.汽车技术状况等级要求

汽车在使用过程中,其技术状况变化的程度随行驶里程或使用时间的长短不同和运行条件、使用强度、维修质量的不同有很大的差异。我国交通运输部于 2016 年颁布的《道路运输车辆技术管理规定》要求：

（1）车辆技术等级应当达到二级以上。危货运输车、国际道路运输车辆、从事高速公路客运以及营运线路长度在 800km 以上的客车，技术等级应当达到一级。其技术等级评定方法应当符合国家有关道路运输车辆技术等级划分和评定的要求。

（2）从事高速公路客运、包车客运、国际道路旅客运输，以及营运线路长度在 800km 以上客车的类型等级应当达到中级以上。其类型划分和等级评定应当符合国家有关营运客车类型划分及等级评定的要求。

2. 汽车平均技术等级

汽车平均技术等级是综合体现汽车运输企业技术管理水平、技术装备素质和企业发展后劲的主要经济技术指标之一，标志着汽车运输企业所有车辆的平均技术状况。根据《道路运输企业车辆技术管理规范》（JT/T 1045—2016），单台汽车技术等级评定后，企业所有运输汽车的平均技术等级 T 可按下式求出：

$$T = (1 \times N_1 + 2 \times N_2)/S \tag{10-1}$$

式中：T——平均技术等级；

N_1——一级车数（台）；

N_2——二级车数（台）；

S——车辆总数（台）。

3. 道路运输车辆技术等级的评定

道路运输车辆是指获得道路运输许可，从事经营性道路客、货运输的车辆。2016 年交通运输部颁布了评定道路运输车辆技术状况等级的标准《道路运输车辆技术等级划分和评定要求》（JT/T 198—2016）。具体的评定规则如下：

1）评定原则

（1）道路运输车辆应达到《道路运输车辆综合性能要求和检验方法》（GB 18565—2016）规定的要求。

（2）道路运输车辆技术等级评定项目和技术要求按 JT/T 198—2016 的相关规定执行。

（3）道路运输车辆的技术等级评定的检测方法应按 GB 18565—2016 规定的方法执行。

2）等级划分

道路运输车辆技术等级划分为一级和二级。

（1）一级：JT/T 198—2016 相关内容中核查评定项目达到一级，关键项均为合格，一般项不合格的项数不超过 3 项，分级项达到一级。

（2）二级：JT/T 198—2016 相关内容中核查评定项目至少达到二级，关键项均为合格，一般项不合格的项数不超过 6 项，分级项至少达到二级。

（3）不符合上述要求的车辆评定为不合格车辆。

3）评定项目和技术要求

JT/T 198—2016 规定：道路运输车辆技术等级的评定项目包括核查评定项目和技术评定项目，其中技术评定项目分为关键项、一般项和不分级项。技术等级评定项目和技术要求详见 JT/T 198—2016 相关内容。

4. 营运客车类型划分及等级评定

营运客车是指用于经营性道路旅客运输的汽车,2018 年交通运输部颁布了营运客车类型划分和等级评定的标准《营运客车类型划分及等级评定》(JT/T 325—2018),主要内容如下:

(1)类型划分。营运客车包括客车和乘用车两类。客车按车长分为特大型、大型、中型和小型四种,见表 10-2。乘用车不分类型。

营运客车类型划分   表 10-2

类型	特大型①	大型	中型	小型
车长 L(m)	$12 < L \leq 13.7$	$9 < L \leq 12$	$6 < L \leq 9$	$L \leq 6$

注:①三轴客车;包括双层客车。

(2)等级划分。营运客车的等级划分见表 10-3。

营运客车的等级划分   表 10-3

类型	客车															轿车	
	特大型				大型				中型				小型				
等级	高三级	高二级	高一级	中级	普通级	高三级	高二级	高一级	中级	普通级	高二级	高一级	中级	普通级	高二级	高一级	中级	普通级	中级	普通级

(3)营运客车等级评定内容和要求。如下:

①客车主要评定内容包括客车、结构、底盘、配置、主动安全性、动力性、车内噪声及空气调节与控制等。

②乘用车主要评定内容包括轴距、配置、动力性、空气调节与控制、灭火器、卫星定位系统等。

③营运客车经检测符合 GB 18565 有关规定时,才具备评定等级资格。

④营运客车经检测,按 JT/T 198 评为一级车时,才具有评定高级客车资格。

⑤根据③车辆现有技术等级和设施的实车检测结果,按 JT/T 325 的规定评定等级。

⑥已评定等级的营运客车,在过户时应重新评定等级。

5. 营运客车等级评定的必要条件

JT/T 325—2018 第 8 章规定了评定营运客车等级的一般规定和必要条件,下面以特大型座位客车为例进行介绍,见表 10-4。表中关于车内噪声应符合客车车内匀速行驶噪声限值及测量方法的相关规定。(注:表中"∨"——要求配置;"—"——不做规定。)

特大型座位客车等级评定必要条件   表 10-4

	评定项目	高三级	高二级	高一级	中级	普通级
客车结构	发动机位置①	后/中	后/中	后/中	—	—
	乘客门结构和数量(个)	单扇/2	单扇/2	单扇/2	—/2	—/2
	胶粘车窗玻璃	∨	∨	∨	—	—
	行李舱	∨	∨	∨	∨	∨
	应急门	∨	∨	∨	∨	∨
	车内行李架	∨	∨	∨	∨	∨
	外推式应急窗②	∨	∨	∨	∨	∨
	安全顶窗③	∨	∨	∨	∨	∨

评定项目		高三级	高二级	高一级	中级	普通级
客车结构	车身全承载式结构④	√	—	—	—	—
	通道宽(mm)	≥350	≥350	≥350	≥300	≥300
底盘	悬架结构形式⑤	A	A、B	A、B	—	—
配置	制动系 前后桥盘式制动器	√	√	√	—	—
	ABS(一类)	√	√	√	√	√
	蹄片间隙自调装置	√	√	√	√	√
	电子稳定性控制系统(ESC)⑥	√	√	√	√	√
	缓速行驶装置	√	√	√	√	√
	动力转向	√	√	√	√	√
	底盘集中润滑系统⑦	√	√	√	√	—
	车轮及轮胎 无内胎子午线胎	√	√	√	√	√
	胎压监测报警装置（限于单胎的车轮）	√	√	√	√	√
	爆胎应急安全装置（限于转向车轮）	√	√	√	√	√
	电磁风扇离合器或其他节能风扇散热系统	√	√	√	√	√
主动安全性	自动紧急制动系统(AEBS)⑧	√	√	√	√	√
	车道偏离预警系统(LDWS)	√	√	√	√	√
动力性	比功率⑨(kW/t)	≥12	≥11	≥10	≥9	≥8
车内噪声(v_a=50km/h)[dB(A)]		≤66	≤69	≤72	≤75	≤79
空气调节与控制	配置	冷暖	冷暖	冷暖	冷或暖	—
	制冷量(人均)(kJ/h)	≥2000	≥2000	≥1900	≥1800	
	供热量(人均)(kJ/h)	≥2000	≥2000	≥1900	≥1800	
	强制通风换气量⑩（人均）(m³/h)	≥25	≥25	≥25	≥25	
	温度自动控制装置	√	√	√		
	空气净化装置（不小于人均10m³/h）	√	√	√	—	—
	座垫宽(mm)	≥450	≥440	≥440	≥420	≥420
	座椅深(mm)	≥440	≥440	≥440	≥420	≥420
	靠背高(mm)	≥720	≥720	≥680	≥650	≥650
	靠背角度可调（调节角度向后15°～30°）⑪	√	√	√	—	—
	扶手(靠通道)	—	—	—	√	√

续上表

评定项目		高 三 级	高 二 级	高 一 级	中 级	普 通 级
座椅脚蹬		√	√	√	—	—
座间距(同方向,mm)		≥780	≥760	≥740	≥740	≥720
座椅左右调整⑫(mm)		≥60	≥60	≥60	—	—
座椅汽车安全带⑬		√	√	√	√	√
行李舱容积⑭ (m³/人)	车长 L (m) 12<L≤13.7	0.17	0.15	0.13	0.12	0.10
卫生间		√	√	—	—	—
卫星定位系统车载终端⑮		√	√	√	√	√
CAN 总线		√	√	√	√	√
影音播放及麦克风设备		√	√	√	√	√

注:①前置发动机机舱在客舱外,且在车外设舱盖时,可视同为中、后置。

②外推式应急窗数量应符合 JT/T 1094 的要求。

③安全顶窗数量应符合 JT/T 1094 的要求。

④承载式车身结构应符合 QC/T 997。

⑤A——前独立及后气囊;B——全气囊;C——前独立及后为少片板簧不大于四片或后独立。(例:A、B——两种形式中任一种均可)

⑥关于车高不大于 3.7m 的营运客车和总质量大于 3500kg 的营运客车装备 ESC 的要求于 2019 年 4 月 1 日开始实施。

⑦底盘润滑点少于 5 处时,可选装集中润滑装置。

⑧车长大于 9m 营运客车,应装备具有前撞预警功能的 AEBS,其他功能要求于 2019 年 4 月 1 日实施。

⑨比功率等于发动机净功率与最大设计总质量之比,其中不包含新能源客车。

⑩换气量(人均)应等于安全顶窗风扇、独立式风扇、空调新风风扇进气量之和与核定的乘员人数(乘客人数、驾驶人和导游员的人数之和)的比值。

⑪应急门前排座椅靠背应不可调。

⑫靠通道座椅。每个座椅两侧有扶手且间距不小于 500mm 时,不要求左右调整。

⑬全部座椅和卧铺应安装安全带,驾驶人座椅、前排乘客座椅、驾驶人和乘客门后第一排座椅、最后一排中间座椅及应急门引道后方座椅,应装备三点式安全带。

⑭燃气客车以及插电式混合动力(油电混合)的行李舱容积应为同等级燃油客车的 50%,纯电动以及插电式混合动力(油气混合)客车的行李舱容积应为同等级燃油客车的 25%。

⑮客车应装备具有存储和上传功能的车内外视频监控系统,以及具有行驶记录功能的卫星定位系统车载终端。

二、汽车的使用寿命

(一)汽车使用寿命的定义和分类

汽车的使用寿命是指汽车从开始使用到不能使用时的整个时期,其实质是从技术和经济上分析汽车的使用极限所达到的年限。使用寿命可以用累计使用年限或累计行驶里程表示。汽车在正常使用中,随着使用年限或行驶里程的增长,其使用性能会逐渐下降,当使用达到一定期限时必须报废,这是一种自然规律。货车的运输生产率、维修工作量和运输成本等随使用年限的变化情况见表10-5。

货车运输生产率、维修工作量、运输成本和行驶里程的关系　　　　　　表10-5

汽车使用年限(年)	运输生产率(%)	维修工作量(%)	运输成本(%)
1	100	100	100
4	75～80	160～170	130～150
8	55～60	200～215	150～170
12	45～50	280～300	170～200

依据汽车终止使用的原则不同,汽车的使用寿命主要分为技术使用寿命、经济使用寿命和合理使用寿命等。

1.汽车的技术使用寿命

汽车的技术使用寿命是指汽车从开始使用,直至其主要零件达到技术极限状态而不能用修理的方法恢复其主要使用性能为止的总工作时间或总行驶里程。这种极限的标志,在结构上表现为总成或零部件的工作尺寸、工作间隙超标,在性能上表现为汽车整车的动力性变差或燃料、润滑材料的超耗。

汽车的技术使用寿命,主要取决于各总成或零部件的设计水平、制造质量、合理使用程度和维修质量。汽车达到技术使用寿命时,应对汽车进行报废处理,其总成或零部件也不能再作为配件使用。

2.汽车的经济使用寿命

汽车的经济使用寿命,是指汽车使用到相当里程,考虑汽车的各种消耗,运用最佳经济效果的观点对其进行全面经济分析,保证汽车使用总成本最低时的使用年限。

3.汽车的合理使用寿命

汽车的合理使用寿命是以汽车的经济使用寿命为基础,考虑整个国民经济的发展和能源节约等因素,制定出符合我国实际情况的汽车使用期限,也就是说汽车已经达到了经济寿命,但是否要更新,还要视国情而定,考虑更新汽车的来源、更新资金等因素,国家将根据上述情况制定汽车更新的技术政策,规定汽车更新期限。

汽车的技术使用寿命、经济使用寿命和合理使用寿命三者的关系可用下式和图10-6表示:

技术使用寿命 > 合理使用寿命 ≥ 经济使用寿命

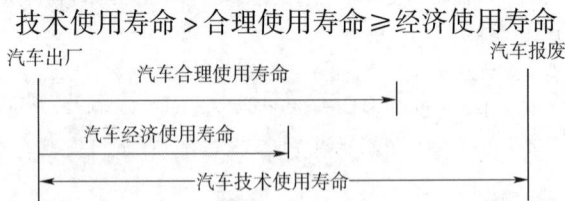

图10-6　汽车的技术使用寿命、经济使用寿命和合理使用寿命的关系

(二)汽车的经济使用寿命

汽车的经济使用寿命是汽车的经济效益最佳时机,能合理使用及时更新。企业在更新时要在国家政策允许的前提下,根据最佳经济原则并以使用寿命为依据,即研究汽车的使用寿命,主要是研究汽车的经济使用寿命。

国外对汽车经济使用寿命进行了大量的研究工作,有资料表明,一辆汽车在整个使用期内,汽车的制造费用平均约占其全部使用期内总费用的15%,而汽车的使用和维修费用则占总费用的85%左右。所以,现代汽车的经济使用寿命的长短,很重要的一点就是在汽车设计制造时,必须充分预测到汽车今后可能达到的使用维修费用。如果汽车在长期使用中,能保持其使用维修费用低,则其经济使用寿命较长。反之,则缩短。

汽车年平均设备费用是指在汽车的使用年限内,汽车的年平均费用和该车发生的经营费用之和,该费用与使用年限的关系见图10-7。

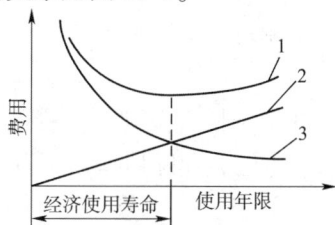

图10-7　汽车年平均设备费用与使用年限的关系
1-年平均总费用;2-年平均增加使用成本;3-年平均设备费用

汽车使用时间越长,年平均折旧费用越少。而随着磨损的增加,汽车技术状况逐渐下降,燃料费、维修费、工时费用等随之增加。年平均使用总费用是年平均设备费用和年平均增加使用成本之和,汽车使用至一定年限时,会出现年平均总费用最低值,此时即出现汽车的最佳经济使用寿命。

汽车经济使用寿命的主要指标是使用年限、行驶里程、折算年限和大修次数等。

1. 使用年限

使用年限是指汽车从开始投入运行到报废的年数。作为使用寿命的量化指标,使用年限不仅考虑了汽车的运行时间,还考虑了汽车停驶期间的自然耗损问题。这种计量方法虽然比较简单,但是不能真实地反映汽车的使用强度和使用条件,造成同年限的汽车差异很大。

2. 行驶里程

行驶里程是指汽车从开始投入运行到报废期间总的累计行驶里程数。作为使用期限的量化指标,行驶里程反映了汽车的真实使用强度,但不能反映出运行条件和停驶期间的自然损耗。

专业运输汽车,由于其运行条件差异较大,所以年平均行驶里程相差很大。这样,虽然使用年限大致相同,但累计行驶里程相差悬殊。汽车运输企业中,大多数以行驶里程作为考核汽车各项指标的基数。

3. 折算年限

折算年限是把汽车总的行驶里程除以年平均行驶里程所得的年限作为使用期限的量标,即:

$$T_{折} = \frac{L_{总}}{L_{年}} \tag{10-2}$$

式中:$T_{折}$——折算年限(年);

　　$L_{总}$——总的累计行驶里程(km);

　　$L_{年}$——年平均行驶里程(km/年)。

年平均行驶里程是用统计方法确定的,与汽车的技术状况、完好率、平均技术速度和道路条件等因素有关。

营运汽车在使用过程中,由于汽车的技术状况、平均技术速度和道路条件等因素的不同,年平均行驶里程的差异较大,但汽车的年平均使用强度基本相同。因此,这类汽车的折算年限既反映了汽车的使用情况、强度,又包括了运行条件和某些停驶时间较长的汽车的自然损耗,基本上可以在全国范围内取得一致的指标。这对于社会专业化运输和社会零散运输汽车也是适用的。但社会零散汽车的管理水平、使用水平和维修水平一般都比较低,故不能按专业化运输汽车的指标要求,可相对于营运企业汽车的使用寿命做适当的修正。

4.大修次数

汽车在使用过程中,当动力性和经济性下降到一定程度已无法用正常维护和小修方法恢复其正常技术状况时,就要大修。运输企业除用里程作为量化指标外,也可用大修次数作为量化指标。

通常,营运汽车以折算年限和使用里程作为汽车使用寿命的考核指标,且以折算年限为主。社会专业运输汽车和社会零散运输汽车,以折算年限作为使用寿命的考核指标。

第二节 汽车的基础管理

前已述及,汽车基础管理包括汽车技术装备管理、汽车技术档案管理、汽车技术状况等级鉴定管理、汽车技术经济定额指标管理以及汽车租赁、停驶、封存和折旧等内容。汽车技术状况等级鉴定管理在第一节已作了详细介绍,本节介绍汽车技术档案管理、汽车技术经济定额指标管理以及汽车租赁、停驶、封存和折旧管理等内容。

一、汽车技术档案管理

1.汽车技术档案的作用

汽车的技术档案是指从新车购置直至报废全过程中,记载汽车基本情况、主要性能、运行使用、检测维修和机件事故等内容的汽车资料的历史档案。通过建立汽车的技术档案,可以了解汽车性能、技术状况、运行材料和维修材料、维修工时的消耗、汽车在运行期的经济效益;掌握汽车使用、维修规律,为汽车的维护、改造和配件储备提供科学依据;为汽车制造厂提高产品质量进行信息反馈。因此建立汽车技术档案是汽车技术管理的重要基础工作。

2.汽车技术档案的内容

(1)汽车的基本情况和主要性能。用于记载汽车的装备、技术性能和规格,总成改装和变动等情况。

(2)汽车的运行使用情况。用于记载汽车的行驶里程、运输周转量、燃料消耗、轮胎使用等情况。

(3)汽车的检测维修情况。用于记载汽车的检测时间、检测内容、检测结果;记载汽车各级维护和小修情况;记载汽车和总成大修情况。

(4)汽车事故处理情况。主要用于记载汽车机件事故发生的状况、原因、损失、解决对策和处理情况等。

（5）汽车的技术等级状况。用于记载汽车技术等级评定日期和评定等级。

汽车技术档案一般由各省、自治区、直辖市交通厅（局）统一制订，以使其内容和格式统一，便于管理。汽车技术档案应作为发放、审核营运证的依据，技术管理部门应定期进行检查。运输单位和个人必须逐车建立汽车技术档案，并认真填写、妥善保管，不得任意更改。

二、汽车技术经济定额管理

技术经济定额是运输单位和个人在一定的生产条件下，进行生产和经济活动应遵守或达到的限额，是实行经济核算、分析经济效益和考核经营管理水平的依据。科学制订汽车的各项技术经济定额，及时掌握和考核定额的完成情况，客观分析影响完成的各项因素，并采取针对性技术措施和组织措施，对于提高汽车的管理水平、降低运输成本、提高生产率和经济效益，具有重要意义。

1. 主要技术经济定额

根据《道路运输企业车辆技术管理规范》（JT/T 1045—2016），道路运输企业应建立的主要技术经济定额包括以下三项：

（1）能源消耗定额。指汽车每行驶100km或完成100t·km运输量所消耗能源（包括汽柴油、天然气和电能等）的限额，按车型、使用条件、载质（客位）量和燃料种类分别制订。

（2）轮胎行驶里程定额。指车辆装配的新轮胎从开始使用到停用报废总行驶里程的限额，按车型、轮胎种类和作用等条件分别制订。

（3）汽车维修费用定额。指汽车每行驶一定里程，维护和修理耗用的工时和物料费用的限额，按车型和使用条件分别制订。

2. 主要技术经济指标

汽车运输业应建立的技术经济指标主要有完好率、汽车平均技术等级、维修计划执行率、车辆小修频率等。

（1）完好率：车辆完好车日占总车日的百分比。

（2）汽车平均技术等级：所有运输汽车技术状况的平均等级。

（3）维修计划执行率：实际完成的一、二级维护车辆数与按维护周期应完成的一、二级维护车辆数之比。

（4）车辆小修频率：每千车·公里发生的小修次数，不包括各级维护作业中的小修。

三、汽车租赁、停驶、封存和折旧管理

车辆的租赁、停驶、封存和折旧也是车辆技术管理的一项经常性工作，对于运输企业和运输企业内部调节运力、保护运力和避免运力浪费具有重要意义。

1. 汽车的租赁

汽车的租赁作为汽车的一种特殊经营方式，有着其特定的市场份额。汽车租赁分为短期租赁和长期租赁。短期租赁一般随行就市，少则一个班次，多则1~2个月；长期租赁则一般以一个大修期为宜。

加强租赁汽车的经营管理，是汽车技术管理的一个重要环节，对维持汽车良好的技术状况有重要作用。

汽车租赁时，应认真审核承租方的法定资质和证件，协商有关费用，签订租赁合同；按规定填写汽车技术档案，认真执行汽车检测诊断与维修制度，保持汽车技术状况良好。租赁汽车的技术档案、技术经济指标完成情况和技术等级情况（包括租赁期满后的车况要求）等考核内容，由出租与承租双方记录和考核，并在签订租赁协议时予以明确。

2. 汽车的停驶

部分总成的部件严重损坏，在较长时间内配件无法解决又不符合报废条件的汽车；车型老旧无配件供应但尚有改造价值的汽车；因物流、客流等原因，需调整运力的汽车，由汽车使用管理单位做出技术鉴定，按车型、数量、停驶原因和日期报请有关部门批准其停驶。

经批准停驶的汽车，应指定专人负责妥善保管，并积极创造条件修复，以恢复运力。汽车在停驶期间，应当选择地点集中停放，原车零件不得拆借、丢失。

停驶的汽车在恢复行驶前，应进行一次维护作业，并在检验合格后才能参加营运。

3. 汽车的封存

凡技术状况良好，因其他原因（如运力过剩、驾驶人不足、燃料短缺等非技术原因）需要在较长时间（半年以上）停驶的汽车，按规定办理审批手续后方可做封存处理，并报上级主管部门、公路运输管理部门和公安交通管理部门备案。

汽车在封存期间不进行效率指标考核，但一定要做好停驶技术处理，妥善保管，定期维护，保持车况完好。营运停驶、封存汽车的情况应记录在汽车技术档案和维修卡上，停驶、封存汽车的交通规费缴稽卡和营运证应交回公路运管部门，汽车号牌和行驶证应交回公安交通管理部门，并结具有关交通规费，否则不予办理有关手续。

封存汽车在启封使用时，应进行一次维护作业，并到公安交通管理部门办理复驶手续后方可参加营运。

4. 汽车的折旧

汽车在使用过程中，由于机械磨损、自然腐蚀和技术进步而引起价值耗损，逐渐地、部分地转移到营运成本费中。这种转移到营运费用中去的汽车价值耗损，称为汽车折旧，此费用称为折旧费。

汽车折旧基金必须严格按国家规定提取、专款专用，即折旧基金只能用于汽车的更新改造和技术进步，不得挪作他用。

第三节　汽车维护管理

一、汽车维护制度

根据《道路运输企业车辆技术管理规范》（JT/T 1045—2016）、《汽车维修业开业条件第1部分：汽车整车维修企业》（GB/T 16739.1—2014）、《汽车维护、检测、诊断技术规范》（GB/T 18344—2016）和国家有关规定，汽车维护制度是贯彻安全第一、预防为主的方针，保障汽车运行安全的基本制度,要求汽车运行到规定的行驶里程或间隔时间,必须进行定期的和非定期的维护作业。

汽车一、二级维护作业应在具备相应资质条件的维修企业进行。

二、汽车维护作业内容

汽车维护分为日常维护、一级维护、二级维护、季节性维护和磨合期维护。

1. 日常维护

日常维护是以清洁、补给和安全检视为作业中心内容,由驾驶人负责执行的车辆维护作业。在每天出车前、行车中和收车后进行的。日常维护作业项目如下:

(1)车辆外观及附属设施。检查、清洁车身;检查后视镜,调整后视镜角度;检查灭火器、客车安全锤;检查安全带;检查风窗玻璃刮水器。

(2)发动机。检查发动机润滑油;冷却液液面高度,视情补给。

(3)制动。制动系统自检;检查制动液液面高度,视情补给;检查行车制动器、驻车制动器。

(4)车轮及轮胎。检查轮胎外观、气压;检查车轮螺栓、螺母。

(5)照明、信号指示装置及仪表。检查前照灯、信号指示装置和仪表。

2. 一级维护

一级维护由维修企业负责执行。作业内容除日常维护作业外,以润滑、紧固为中心内容,并检查有关制动、操纵等系统中的安全部件。汽车发动机润滑油更换作业见图10-8。

汽车一级维护周期的确定应以行驶里程间隔为基本依据,行驶里程间隔执行车辆维修资料等有关技术文件的规定。

对于不便用行驶里程间隔统计、考核的汽车,可用行驶时间间隔确定一级维护周期。

道路运输车辆一级维护推荐周期参见国标《汽车维护、检测、诊断技术规范》(GB/T 18344—2016)中附录

图10-8 发动机润滑油补给作业

A。如小型客车(包括乘用车)一级维护行驶里程间隔上限值或行驶时间间隔上限值为10000km或者30日,中型及以上客车(车长>6m)一级维护行驶里程间隔上限值或行驶时间间隔上限值为15000km或者30日。

3. 二级维护

二级维护由维修企业负责执行。作业的中心内容除一级维护作业外,以检查、调整制动系统、转向操纵系统、悬架等安全部件,并拆检轮胎,进行轮胎换位,检查调整发动机工作状况和汽车排放相关系统等为主。

二级维护作业项目包括基本作业项目和附加作业项目,二级维护作业时一并进行。

二级维护前应进行进厂检测,依据进厂检测结果进行故障诊断并确定附加作业项目。二级维护作业过程中发现的维修项目也应作为附加作业项目。

二级维护过程中应进行过程检验。

二级维护作业完成后应进行竣工检验,竣工检验合格的车辆,由维护企业签发维护竣工

出厂合格证。

汽车二级维护周期的确定应以行驶里程间隔为基本依据，行驶里程间隔执行车辆维修资料等有关技术文件的规定。

对于不便用行驶里程间隔统计、考核的汽车，可用行驶时间间隔确定二级维护周期。

道路运输车辆二级维护推荐周期参见国标 GB/T 18344—2016 附录 A。如小型客车（包括乘用车）二级维护行驶里程间隔上限值或行驶时间间隔上限值为 40000km 或者 120 日，中型及以上客车（车长 > 6m）二级维护行驶里程间隔上限值或行驶时间间隔上限值为 50000km 或者 120 日。

4. 季节性维护

由于冬季和夏季气温相差较大，为保证汽车在冬、夏季的合理使用，在季节转换之前，应结合定期维护，附加一些相应的项目，使汽车迅速适应变化的气候条件，此种附加性维护称为季节性维护，有换入夏季和换入冬季之分。

（1）换入夏季的维护。作业内容包括：清洁空调、补给制冷剂；检查百叶窗能否开启；拆除发动机的保温罩和启动预热装置；清洗发动机水套、清除散热器水垢；换用夏季用发动机润滑油（若为通用润滑油，则不必更换）；清洗燃油系统；适当降低蓄电池的电解液密度，适当增大火花塞间隙；采取防暑降温措施等。

（2）换入冬季的维护。作业内容包括：检查百叶窗能否完全闭合；安装发动机的保温罩和启动预热装置；换用冬季用发动机润滑油；清洗燃油系统；适当增加蓄电池的电解液密度（严寒地区电解液密度不应低于 1.25kg/m³），适当减小火花塞间隙；采取防寒防冻措施等。

5. 磨合期的维护

磨合是指新车或大修车辆运行初期的改善零件摩擦表面几何形状和表层物理力学性能的运行过程。该运行过程对应的行驶里程称为磨合期，汽车的磨合期一般为 1000km ~ 2500km。在这段时期进行的维护，称为磨合期维护，主要是对各部位进行检查和调整工作。

第四节　汽车修理管理

一、汽车修理制度

1. 汽车修理制度概况

人们在使用汽车初期，由于缺乏认识和经验，常常在汽车出了故障和损坏以后，才对它进行必要的修理，这就是"事后"的非计划修理。

随着汽车的大量使用，特别是在汽车运输生产成为一种行业的情况下，为了保证汽车的运行安全和正常的运输生产，人们设计了把维护和修理作业安排在预计出现故障和损坏之前，这就出现了定期修理制度。

但是，随着汽车设计制造和检测诊断技术的发展，定期修理制度出现了新的矛盾：一方面，现有的定期修理不适合于新型汽车；另一方面，维修人员在实施修理前可以通过先进的检测诊断技术更准确地掌握汽车和总成技术状况，从而决定是否需要修理和怎样修理，这样可大大减少盲目修理。为避免既不因拖延修理而造成汽车技术状况恶化,又不因提前修理而造成浪费,这就出现了视情修理制度。视情修理制度是建立在汽车定期检测制度和汽车维护制度基础上的一种修理制度,只有在认真执行汽车检测、强制维护的基础上,才能达到视情修理的目的。

2.汽车修理技术管理的目的

汽车修理技术管理的目的是贯彻"视情修理"的原则,根据汽车检测诊断和技术鉴定的结果,视情按不同作业范围和深度进行,也就是按需要决定修理的内容和实施时间,既要防止因拖延修理造成车况恶化,又要防止因提前修理造成浪费,即符合技术与经济相结合的原则。

二、汽车修理的分类

汽车修理是指为恢复汽车完好技术状况(或工作能力)和寿命而进行的作业。按照汽车修理的作业范围,可把汽车修理分为汽车大修、汽车小修总成修理和零件修理四种。

1.汽车大修

汽车大修指汽车在行驶一定里程(或时间)后,经过检测诊断和技术鉴定,通过修复或更换汽车零部件(包括基础件),恢复汽车的完好技术状况,完全或接近完全恢复汽车寿命的恢复性修理。

2.汽车小修

汽车小修指通过修理或更换个别零件,消除汽车在运行过程或维护作业过程中发生、发现的故障或隐患,恢复汽车工作能力的运行性修理。

3.总成修理

总成修理指汽车的总成经过一定使用里程(或时间)后,为恢复其完好技术状况(或工作能力)和寿命而进行的恢复性修理。需要说明的是,在汽车修理中,通常按表10-6所示对总成及其零部件划分。

汽车总成及其零部件划分 表10-6

序号	总成(系统或装置)的名称	总成(系统或装置)包括的范围
1	发动机离合器总成	发动机、离合器、空气压缩机
2	变速器附传动轴总成	变速器、分动器、驻车制动器、传动轴
3	前桥附前悬架、前制动及转向器总成	前桥、前悬架、前制动、转向器
4	后桥(包括中桥)附后悬架及后制动总成	后桥、中桥、后悬架、后制动
5	车架总成	车架
6	车身总成	货车车身:车头、驾驶室、车厢 客车车身
7	制动系统	气压制动系统:储气筒、制动阀及车轮制动器 液压制动系统:真空助力器或真空增压器、车轮制动器
8	电器系统	点火、起动、信号、照明、仪表装置等
9	空调装置	制冷系统、采暖系统
10	自动倾斜装置	举升器

4.零件修理

零件修理指对因磨损、变形、损伤等而不能继续使用的零件进行修理,恢复零件性能和寿命的作业。零件修理要遵循经济合理的原则,它是修旧利废、节约原材料、降低维修费用的重要措施。

汽车是否需要修理和应该采用哪种修理作业范围,必须在对汽车经过检测诊断和技术鉴定后确定。如尚可使用,还应确定继续使用的期限(里程),到时再作检测和鉴定。确定需大修的汽车应填写大修汽车技术鉴定表。对已到规定的大修间隔里程而技术状况仍较好的汽车,应总结推广其先进经验;对未达到规定的间隔里程而需要提前大修的汽车和总成,应分析原因采取措施,改进汽车使用和维修工作。

三、汽车及其总成大修的送修标志

要确定汽车及其总成是否需要大修,必须掌握汽车和总成大修的送修标志(送修技术条件),这样才符合技术与经济相结合的原则。

1.汽车大修送修标志

客车以车身为主,结合发动机总成;货车以发动机为主,结合车架总成或其他两个总成符合大修条件。

2.总成大修送修标志

总成大修的送修标志中,多数仅为定性规定,在执行中会遇到一定困难,所以,各级交通管理部门在制定实施细则时,应结合本地区的具体情况,提出便于执行的各总成大修送修标志。

(1)发动机总成大修送修标志:汽缸磨损,圆柱度误差达到 0.175~0.250mm 或圆度误差已达到 0.050~0.063mm(以其中磨损量最大的一个汽缸为准);最大功率或汽缸压缩压力比标准值降低 25% 以上;燃料和润滑油消耗显著增加。

(2)车架总成大修送修标志:车架断裂、锈蚀、弯曲、扭曲变形逾限,大部分铆钉松动或铆钉孔磨损,必须拆卸其他总成后再进行校正、修理或重铆。

(3)变速器总成大修送修标志:壳体变形、破裂、轴承孔磨损逾限,变速齿轮及轴恶性磨损、损坏,需要彻底修复。

(4)后桥总成大修送修标志:桥壳破裂、变形,半轴套管承孔磨损逾限,减速器齿轮恶性磨损,需要校正或彻底修复。

(5)前桥总成大修送修标志:前轴裂纹、变形,主销孔磨损逾限,需要校正或彻底修复。

(6)客车车身总成大修送修标志:车厢骨架断裂、锈蚀、变形严重,蒙皮破损面积较大,需要彻底修复。

(7)货车车身总成大修送修标志:驾驶室锈蚀或货厢纵、横梁腐朽,底板、栏板破损面积较大,需要彻底修复。

四、汽车及其总成送修和修竣出厂的有关规定

1.汽车和总成的送修规定

(1)汽车和总成送修时,承修单位和送修单位应签订合同,商定送修要求、修理车日和质

量保证等。合同签订后双方应严格执行。

（2）汽车送修时，应具备行驶功能，装备齐全，不得拆换。

（3）总成送修时，应在装合状态，附件、零件不得拆换和短缺。

（4）事故汽车或因特殊原因不能行驶和短缺零部件的汽车，在签订合同时，应做出相应的规定和说明。

（5）汽车和总成送修时，技术档案应一并送交承修单位。

2. 修竣汽车和总成的出厂规定

（1）送修汽车或总成修竣检验合格后，承修单位应签发出厂合格证，并把技术档案、修理技术资料和合格证移交给送修单位。

（2）汽车或总成修竣出厂时，不论送修的装备状况如何，都应按照有关规定配备齐全。发动机应安装限速装置。

（3）接车人员应根据合同规定，对汽车或总成的技术状况进行验收，如发现有不符合竣工要求的情况时，承修单位应立即查明，及时处理。

（4）送修单位必须严格执行汽车磨合期的规定；在质量保证期内因维修质量原因发生故障或提前修理时，承修单位应优先安排、及时排除、免费修理。如发生纠纷，由维修管理部门组织技术分析，进行仲裁。

五、维修手册的使用方法

在维修手册上查找到需要的信息是有一定的方法的。比如要对车辆的冷却系统进行操作，首先，在目录部分交叉索引。某车型的维修手册目录如图10-9所示。

第0章　一般信息	第5章　制动器
第1章　暖风、通风与空调系统	第6章　发动机
第2章　转向机构	第7章　变速器/变速驱动桥
第3章　悬架机构	第8章　车身和附件
第4章　传动系统/半桥	第9章　保护装置

图10-9　某车型的维修手册目录

从该目录上可以找到冷却系统所属的发动机在第6章，因此，可以在维修手册上查找第6章所处的位置，其页码是以6-1开始设置，其他章节也是如此设置页码的。如图10-10所示。

如果找到的冷却系统这个部分的标题和符号呈灰暗色，这意味着这本维修手册不包含需要的信息，需查阅以前年款的维修手册。

如果这本维修手册中，冷却系统的索引不是灰暗色，那意味着这本维修手册包含需要的信息。上述车型中，冷却系统的内容从6-221页开始。

如果查看的维修手册是一个补充手册，那么其所提供的信息可能就不包含需要的细节。这种情况下，就要查询在目录部分背面的车型改变大纲。如果需要查询先前的维修手册，在本例中，标题又是灰暗色的，则需要再查阅更早的一本维修手册。在某些情况下，即使车型是新的，却要查询最初发行的维修手册。

发动机机械系统		维修指南	6-295
规格	6-9	说明与操作	6-319
诊断信息和程序	6-16	专用工具和设备	6-322
外观识别	6-29	发动机控制系统	
维修指南	6-33	规格	6-323
说明与操作	6-210	示意图和布线图	6-324
专用工具和设备	6-217	部件定位图	6-340
发动机冷却系统		外观识别	6-355
规格	6-221	部件定位图	6-359
示意图和布线图	6-221	诊断信息和程序	6-364
部件定位图	6-223	维修指南	6-631
诊断信息和程序	6-226	说明与操作	6-703
维修指南	6-234	专用工具和设备	6-732
说明与操作	6-264	发动机排气	
发电机电气系统		规格	6-735
规格	6-269	诊断信息和程序	6-735
示意图和布线图	6-270	维修指南	6-738
部件定位图	6-273	说明与操作	6-753
诊断信息和程序	6-277		

图 10-10　某车型的维修手册目录——第 6 章　发动机

第五节　汽车改装、改造、更新和报废管理

一、汽车的改装和改造

1. 汽车的改装

为适应运输的需要，经过设计、计算、试验，把原车型改制成其他用途的汽车，称为汽车改装。如经过设计、计算、试验后，把在用货车改制成客车、半挂车、罐式车、厢式车或其他专用车。由此可以看出，汽车改装必须满足两个条件：一是必须改变原车型的用途；二是必须经过设计、计算、试验后进行改装。两条缺一不可，否则就不能算为汽车改装。

汽车改装的主要目的是为了适应汽车运输的需要，提高运输效率，降低运行消耗。

2. 汽车的改造

为改善汽车性能或延长其使用寿命，经过设计、计算、试验，改变原汽车的零部件或总成，称为汽车改造。如经过设计、计算和试验，对已行驶多年的旧车、进口车，由于配件供应无着落或技术性能指标落后，可改变其个别总成、主要零件等来延长使用寿命，或把原汽车的发动机换装其他型号的发动机，或换装高压缩比的汽缸盖和凸轮轴等零件，提高其动力性，增加汽车的装载质量，改善性能等。由此可看出，汽车改造也必须满足两个条件：一是必须改变汽车的部分结构以改善其技术性能或技术状况；二是必须有设计、计算和试验等程序。

汽车改造的主要目的是为了延长汽车使用寿命或用先进的技术取代老旧技术，使汽车

经过改造后性能有所提高,消耗有所下降,经济效益显著。

二、汽车的更新和报废

汽车是运输企业的主要生产工具,企业为了实现高产、优质、安全、低耗,提高运输服务质量,应优先采用技术先进、材质优良、性能优越、款式新颖的汽车,同时应加速更新老旧的汽车,进一步增加产量、提高质量。此外,汽车又是运输企业固定资产的一个重要组成部分,其折旧率的高低和维护费用的大小都会直接影响企业的经济效益,因此,研究汽车的合理更新和报废,对汽车运输企业具有重要的意义。

1. 汽车的更新

以新汽车或高效率、低消耗、性能先进的汽车更换在用汽车,称为汽车更新。

汽车更新包含 4 个方面的含义:

(1)同类型新汽车替换在用汽车。

(2)高效率、低消耗、性能先进的汽车或大吨位的汽车替换性能差或小吨位的在用汽车。

(3)在用汽车尚未达到报废程度,但因性能较差而被替换。

(4)在用汽车已达报废条件而被替换。

汽车更新的原则是提高经济效益和社会效益,汽车应按照经济寿命进行更新,但还要视国情而定,考虑更新车的来源、更新资金、汽车保有量以及折旧率和成本等因素。

汽车更新实际上是对运输单位汽车配置的调整。汽车更新不仅仅是以新换旧和原有车型的重复,更重要的是保持和提高运输单位的生产力,降低运行消耗。至于更新的汽车是原车型还是新车型,要根据市场情况和货(客)源的变化情况来决定,同时还要考虑管理人员、驾驶人、修理工的培训,维修设备更换等相关因素的变化情况。汽车更新还应与改装、改造结合起来,使原有汽车具有以前不曾有的高效率、低消耗和先进的性能,这样做有时比购置全新汽车更有效地实现高效、低耗。另外,通过租赁汽车对原有设备更新,在现代经营中也是一种新办法。

因此,运输单位应把汽车更新工作提到重要议事日程上来,并组织有关人员进行研究和论证,提出汽车更新的最佳使用年限。运输单位可根据运输市场、汽车市场的动态和本单位的车辆结构情况,结合最佳更新年限,编制汽车更新规划和年度计划,并积极组织落实,以保证运输汽车经常处于高效、低耗的良好技术状况。交通运输管理部门要根据具体情况,督促运输单位和个体运输户的汽车及时更新。

如果被更新下来的运输车辆未达到报废条件,可移为他用或转让出售,比如移作使用强度较低的非专业运输车辆,或按值论价出售给外单位,或出租给外单位。如果属于报废汽车的更新,应按报废汽车处理,不得转让或移作他用。

2. 汽车的报废

汽车经过长期使用后,技术性能变坏,小修频率高,运输效率降低,物料消耗增加,维修费用增高,经济效果不好。因此,汽车使用后期必然导致报废。汽车报废应严格掌握汽车报废的技术条件,任何提早报废必然造成运力的浪费,过迟报废则增高运输成本,影响运力更新,都不符合经济原则。

我国汽车报废的标准并不是一成不变的，而是随着社会政治经济的发展进行适当的修订和调整，在不同的历史时期，执行不同的标准。

1）1997 年修订的《汽车报废标准》

该标准规定：凡在我国境内注册的民用汽车，属下列情况之一的应当报废：

（1）轻、微型载货汽车（含越野型）、矿山作业专用车累计行驶 30 万 km，重、中型载货汽车（含越野型）累计行驶 40 万 km，特大、大、中、轻、微型客车（含越野型）、轿车累计行驶 50 万 km，其他车辆累计行驶 45 万 km。

（2）轻、微型载货汽车（含越野型）、带拖挂的载货汽车、矿山作业专用车及各类出租汽车使用 8 年，其他车辆使用 10 年。

（3）因各种原因造成车辆严重损坏或技术状况低劣，无法修复的。

（4）车型淘汰，已无配件来源的。

（5）汽车经长期使用，耗油量超过国家定型车出厂标准规定值15%的。

（6）经修理和调整仍达不到国家对机动车运行安全技术条件要求的。

（7）经修理和调整或采用排气污染控制技术后，排放污染物仍超过国家规定的汽车排放标准的。

除 19 座以下出租车和轻、微型载货汽车（含越野型）外，对达到上述使用年限的客、货车辆，经公安车辆管理部门依据国家机动车安全排放有关规定严格检验，性能符合规定的，可延缓报废，但延长期不得超过本标准第二条规定年限的一半。对于吊车、消防车、钻探车等从事专门作业的车辆，还可根据实际使用和检验情况，再延长使用年限。所有延长使用年限的车辆，都需按公安部门规定增加检验次数，不符合国家有关汽车安全排放规定的应当强制报废。

2）2000 年发布的《关于调整汽车报废标准若干规定的通知》

原国家经贸委、原国家计委、公安部和国家环保总局联合下发了该通知（国经贸资源〔2000〕1202 号），规定：1997 年制定的汽车报废标准中非营运载客汽车（单位和个人不以获取运输利润为目的的自用载客汽车）和旅游载客汽车（经各级旅游主管部门批准的旅行社专门运载游客的自用载客汽车）的使用年限及办理延缓的报废标准调整为：

（1）9 座（含 9 座）以下非营运载客汽车（包括轿车、含越野型）使用 15 年。

（2）旅游载客汽车和 9 座以上非营运载客汽车使用 10 年。

（3）上述车辆达到报废年限后需继续使用的，必须依据国家机动车安全、污染物排放有关规定进行严格检验，检验合格后可延长使用年限。但旅游载客汽车和 9 座以上非营运载客汽车可延长使用年限最长不超过 10 年。

（4）对延长使用年限的车辆，应当按照公安交通管理部门和环境保护部门的规定，增加检验次数。一个检验周期内连续三次检验不符合要求的，应注销登记，不允许再上路行驶。

（5）营运车辆转为非营运车辆或非营运车辆转为营运车辆，一律按营运车辆的规定报废。

3）2012 年发布的《机动车强制报废标准规定》

该规定由我国商务部制定，部分内容摘要见表 10-7，其中行驶里程为引导报废标准。

机动车使用年限及行驶里程参考值汇总　　　　表 10-7

车辆类型和用途				使用年限(年)	行驶里程(万 km)
汽车	载客	营运	出租车 小、微型	8	60
			出租车 中型	10	50
			出租车 大型	12	60
			租赁车	15	60
			教练车 小型	10	50
			教练车 中型	12	50
			教练车 大型	15	60
			公交客运	13	40
			专用校车	15	40
			其他 小、微型	10	60
			其他 中型	15	50
			其他 大型	15	80
		非营运	小、微型客车、大型轿车	—	60
			中型客车	20	50
			大型客车	20	80
	载货		微型	12	50
			危险品运输车	10	40
			中、轻型	15	60
			重型(包括全挂牵引车、半挂牵引车)	15	70
			三轮汽车、装用单缸发动机的低速货车	9	—
			装用多缸发动机的低速货车	12	30
	专项作业车		有载货功能	15	50
			无载货功能	30	
挂车			集装箱半挂车	20	40
			其他半挂车	15	—
			全挂车、危险品运输半挂车	10	—

　　达到报废条件的汽车应一律强制予以报废。需要报废的运输汽车,由主管部门或委托有条件的单位组织技术鉴定,技术鉴定应实事求是,认真执行。

　　对需要报废而尚未批准的汽车,要妥善保管,严禁拆卸或挪用其任何零件和总成。对于已经批准或确定报废的汽车,交通运输管理部门应及时吊销营运证,收回维修卡,并在汽车技术档案中记录报废的原因、批准文号、汽车折旧(净值)等项内容。

　　报废汽车不得转让或移作他用,严禁用报废汽车的总成或零件拼装汽车。汽车报废还有其他一些必办的手续,应按各地有关规定办理。

第六节　汽车鉴定估价

一、汽车鉴定估价的特点和意义

1. 汽车鉴定估价的定义

在旧机动车交易市场交易的旧机动车主要是汽车，汽车鉴定估价也称为旧机动车评估或汽车评估，是指由专门的鉴定估价人员，按照特定的目的，遵循法定或公允的标准和程序，运用科学的方法，对汽车进行手续检查、技术鉴定和价格估算的过程。

2. 汽车鉴定估价的特点

汽车作为一类资产，其主要特点为：单位价值较大，使用时间较长；工程技术性强，使用范围广；使用强度、使用条件、维护水平差异很大；使用管理严，税费附加值高。汽车的这些特点决定了汽车鉴定估价的特点，如下：

(1) 以技术鉴定为基础。随着使用里程和使用年份的增加，汽车实体的有形耗损和无形耗损加剧。其耗损程度因使用强度、使用条件、维修水平等的不同而差异很大，因此，评定汽车实物和价值状况，往往需要通过技术检测等技术手段来鉴定其耗损程度。

(2) 以单台作为评估对象。由于汽车单位价值相差比较大、规格型号多、汽车结构差异很大，为了保证评估质量，对于单位价值大的汽车，一般都按照整车、部件、逐台、逐件地进行鉴定评估。

(3) 要考虑手续构成的价值。我国对汽车实行"户籍"管理，使用税费附加值高。因此，对汽车进行鉴定估价时，除了估算其实体价值以外，还要考虑由"户籍"管理手续和各种使用税费构成的价值。

3. 汽车鉴定估价的意义

科学准确地对汽车进行鉴定估价，不仅是鉴定其原有价值的重置和现实价格的实现过程，还具有加快汽车产品流通、扩大需求，促进汽车工业进步，保障国民经济持续稳定发展等更深层次的社会和经济意义。

(1) 确保国家税款的合理征收。汽车进入市场再流通，属固定资产转移和处置范畴，按国家有关规定应交纳一定的税费。目前，各地对这一部分税费的征管基本是以交易额为计征依据的，实行比例税（费）率，采用从价计征的方法，而这里的计征依据实质上就是评估价格。因此，汽车鉴定估价的准确与否直接关系到国家税收和财政收入的多少及其公正合理性。

(2) 防止旧机动车市场非法交易。汽车的流通涉及汽车管理、交通管理、环保管理、资产管理等各方面，属于特殊商品流通。目前我国对进入旧机动车市场再流通的汽车有严格的规定，鉴定估价环节恰是防止非法交易发生的重要手段。

(3) 提供公平的价格尺度。汽车鉴定估价能够正确反映汽车的价值重置及其变动，有利于金融系统有关业务健康有序地开展，为司法裁决公平、公正进行及企业依法破产、兼并重组和资产清算等提供公平的价格尺度。

4.汽车鉴定估价的适用范围

汽车与经济和社会活动的紧密联系和其功能的扩展,使汽车鉴定估价行为也逐渐渗透到社会的各个领域,成为资产评估的重要组成部分。

(1)流通领域。汽车在不同消费群体中相互转手,需要鉴定估价。有关企业开展收购、代购、代销、租赁和回收等汽车经营业务需要鉴定估价。

(2)金融系统。银行、信托投资及保险公司开展抵押贷款、典当和保障理赔业务时,需要对相关汽车进行鉴定评估。

(3)拍卖。有关单位通过拍卖形式处理被罚没的汽车、被抵押的汽车、企业清算的汽车、公务汽车和海关获得的抵税汽车等时,需要对汽车进行鉴定评估以获取拍卖底价。

(4)司法部门。司法部门在处理相关案件时,需要以涉案汽车的鉴定评估结果作为裁定依据。

(5)企业和个人。企业和个人在注册公司、合资、合作、兼并及重组等过程中也会涉及汽车鉴定评估业务。

以外,汽车鉴定估价的一个重要任务就是通过鉴定,识别走私、盗抢、报废和拼装等非法车辆,防止其通过汽车市场重新流入社会。

二、汽车鉴定估价的基本方法

根据不同的评估目的、价值标准和业务条件,汽车鉴定估价的方法一般分为现行市价法、重置成本法、收益现值法和清算价格法等。

(一)现行市价法

1.现行市价法的定义

现行市价法(又称市场价格比较法或市场法)是指通过比较被评估汽车与最近售出类似汽车的异同,并根据类似汽车的市场价格进行调整,从而确定被评估汽车价值的一种评估方法。现行市价法是最直接、最简单的一种评估方法。

2.现行市价法应用的前提条件

(1)现行市价法需要一个充分发展、活跃的汽车交易市场,有充分的参照汽车可取。在汽车交易市场上,汽车交易越频繁,与被评估类似的汽车价格越容易被获得。

(2)参照汽车及其与被评估汽车可比较的指标,技术参数等资料是可收集到的,并且价值影响因素明确,可以量化。

3.现行市价法的优缺点

用现行市价法得到的评估值能够客观反映汽车目前的市场情况,其评估参数和指标直接从市场获得,评估值能反映市场现实价格,因此评估结构易于被各方面理解和接受。

这种方法的不足是需要以公开及活跃的市场作为基础,有时参照对象难以寻找,且可比因素多面复杂,即使是同一个生产厂家生产的同一型号的产品,同一天登记,由于是不同的车主使用,因其使用强度、使用条件、维修水平等多种因素作用,其实体损耗、新旧程度都各有不同,不利于对汽车进行鉴定评估。

4.采用现行市价法估价的步骤

(1)收集资料。收集评估对象的资料,包括汽车的类别名称,车辆型号和性能,生产厂家及了解汽车目前使用情况,实际技术状况以及尚可使用的年限等。

(2)选择交易对象。选定汽车交易市场上可进行类比的对象,主要数据包括汽车型号和制造年份、汽车制造商、汽车来源(如私用、公务、商务、营运车辆)、汽车使用年限及行驶里程数、汽车技术状况、市场状况、交易动机和目的、汽车所处的地理位置、成交数量和成交时间。一般选择与被评估对象相同或相似的三个以上的交易案例。某些情况找不到多台可类比的对象时,应按上述可比性因素,仔细分析选定的类比对象是否具有一定的代表性,要认定其成交价的合理性,才能作为参照对象。

(3)分析、类比。综合上述可比性因素,对待评估的汽车与选定的类比对象进行认真的分析类比。

(4)计算评估值。分析调整差异,做出结论。

5.现行市价法估价的具体计算方法

运用现行市价法确定单辆汽车价值通常采用直接法和类比法。

(1)直接法。是指在市场上能找到与被评估汽车完全相同的汽车的现行市价,并依其价格直接作为被评估汽车评估价格的一种方法。完全相同是指汽车型号相同,但是在不同的时期,寻找同型号的汽车有时是比较困难的,所以,与参照汽车类别相同、主参数相同、结构性能相同,只是生产序号不同,并做局部改动的参照汽车,可以认为与被评估汽车完全相同。

(2)类比法。是指评估汽车时,在公开市场上找不到与之完全相同的汽车,但在公开市场上能找到与之相类似的汽车,以此为参照汽车,并依其价格再做相应的差异调整,从而确定被评估汽车价格的一种方法。所选参照汽车与评估基准日在时间上越近越好,实在无近期的参照汽车,也可以选择远期的,再进行日期修正。其基本计算公式为:

$$P_e = P_m + \sum P_{e0}(i) + \sum P_{0e}(j) \tag{10-3}$$

式中:P_e——被评估汽车的价格;

$\qquad P_m$——参照汽车的价格;

$\quad P_{e0}(i)$——被评估汽车比参照汽车优异的价格差额;

$\quad P_{0e}(j)$——参照汽车比被评估汽车优异的价格差额。

$\qquad$或者:

$$P_e = P_0 \times (1 \pm k) \tag{10-4}$$

式中:P_0——参照汽车的价格;

$\qquad k$——调整系数。

(二)重置成本法

1.重置成本法的定义

重置成本法是指在现时条件下重新购置一辆全新状态的被评估汽车所需的全部成本(即完全重置成本,简称重置全价),减去该被评估汽车的各种陈旧贬值后的差额作为被评估汽车现时价格的一种评估方法。

2.重置成本法的优缺点及注意事项

采用重置成本法的优点是比较充分地考虑了汽车的耗损,使估价结果更趋于公平合理,有利于汽车的估价,在不易计算汽车未来收益或难以取得汽车交易市场参照物条件下可广泛应用。缺点是工作量大,经济性贬值计算不够精确。

重置成本法估价应注意以下事项:

(1)确定重置成本时,要以评估基准日汽车所在地收集的价格资料为准。

(2)国家对汽车的税收有些是在生产和销售环节征收的,有些是在使用环节征收的,前者征收的税额已包含到汽车市价里,而后者没有。因此,确定重置成本时,只考虑使用环节的税费。

(3)国家征收的汽车购置价格以外的税费是动态变化的,鉴定估价人员要根据当时的情况和鉴定估价的需要,按重置成本构成的概念,正确核算和处理不同时期的重置成本全价。

(4)对少数进口汽车,若难以征询到价格,可采用物价指数法以系数调整、估算重置成本全价。

3.重置成本法的基本计算公式

重置成本法估价的基本计算公式为:

$$P_e = P_c - P_d - P_f - P_j \tag{10-5}$$

式中:P_e——被评估汽车的价格;

　　P_c——重置成本;

　　P_d——实体性贬值;

　　P_f——功能性贬值;

　　P_j——经济性贬值。

或者:

$$P_e = P_c \times \beta \tag{10-6}$$

式中:β——成新率。

被评估汽车的重置成本、实体性贬值、功能性贬值、经济性贬值和成新率β估算如下:

1)重置成本P_c的估算方法

对于汽车的重置成本评估定价,一般采用直接法和物价指数法。

(1)直接法。也叫重置核算法,是按待评估汽车的成本构成,以现行市价为标准,计算被评估汽车重置全价的一种方法,即把汽车的成本分为直接成本和间接成本,先确定各部分的现时价格,然后加总得出待鉴定估价汽车的重置全价。直接成本是指汽车按现行市价的买价,加上运输费、购置附加费,消费税和人工费等。间接成本是指购置汽车发生的管理费、专项贷款发生的利息和注册登记手续费等。

(2)物价指数法。是指在汽车原始成本基础上,通过现时物价指数确定重置成本。计算公式为:

$$P_c = C_0 \times \frac{I_e}{I_b} \tag{10-7}$$

式中：C_0——汽车原始成本；

$\quad I_e$——汽车评估时物价指数；

$\quad I_b$——汽车购买时物价指数。

或者为：

$$P_c = C_0 \times (1 + I_c) \tag{10-8}$$

式中：I_c——物价变动指数。

运用物价指数法时，首先要检查被评估汽车的账面购买原价，如果原价不准确，则不能使用物价指数法；其次用物价指数法计算出的值即为汽车重置成本值；最后，物价指数要尽可能选用有法律依据的国家统计部门或物价管理部门以及政府机关发布和提供的数据，不能选用无依据、不明来源的数据。

2）实体性贬值 P_d 的估算

一般采用成新率法和使用年限法估算。成新率法是指评估汽车时，由具有专业知识和丰富经验的工程技术人员对汽车实体的各主要总成、部件进行技术鉴定，并综合分析汽车的设计、制造、使用、磨损、维护、修理、改装和经济情况等因素，把评估对象与其全新状态相比较，考察由于使用磨损和自然耗损对汽车的功能和技术状况带来的影响，判断被评估汽车的有形耗损率，从而估算实体性贬值的一种方法，计算公式为：

$$P_d = P_c \times \gamma \tag{10-9}$$

式中：γ——有形耗损率。

使用年限法的估算公式为：

$$P_d = (P_c - P_r) \times \frac{T_u}{T_e} \tag{10-10}$$

式中：P_r——残值，指汽车在报废时净回收的金额，一般在鉴定估价中忽略；

$\quad T_u$——已使用年限；

$\quad T_e$——规定使用年限。

3）功能性贬值 P_f 的估算

对目前在市场上能购买到、且有制造厂继续生产的全新汽车，一般采用市场价即可认为该汽车的功能性贬值已包含在市场价中。在实际评估时经常遇到的情况是，待评估的汽车型号是已停产或国内自然淘汰的车型，没有实际的市场价，只有采用参照物的价格用类比法来估算，评估这类汽车的关键是取得该汽车或类似车型的市场现价。

4）经济性贬值 P_j 的估算

经济性贬值是由汽车外部因素引起的。外部因素影响汽车价值的主要表现是造成营运成本上升或导致汽车闲置。由于造成汽车经济性贬值的外部因素很多，并且造成贬值的因素也不尽相同，所以评估时，只能统筹考虑这些因素，而无法单独计算所造成的贬值。

具体方法是：首先，根据汽车评估基准日以后是否停用、闲置或半闲置的时间长短估算其经济贬值；其次，已封存或较长时间停用且在近期内仍将闲置但今后会继续使用，按其可能闲置的时间长短及其资金成本估算其经济贬值；最后，根据其市场供求关系估算其贬值。

5）成新率 β 的确定

成新率是反映汽车新旧程度的指标,表示汽车的功能或使用价值占全新机动车的功能或使用价值的比率。

机动车的有形耗损率与其成新率的关系为:

$$\beta = 1 - \gamma \qquad (10-11)$$

在汽车鉴定估价的实践中,重置成本法是汽车鉴定估价的首选办法,要准确地评估车辆的价值,成新率是关键因素,其确定方法通常采用使用年限法、技术鉴定法和综合分析法。

(1)使用年限法。使用年限法的前提条件是:在汽车整个使用寿命期间,实体性耗损是随线性递增的,机动车价值的降低与其耗损的大小成正比。其计算公式为:

$$\beta = \left(1 - \frac{T_u}{T_e}\right) \times 100\% \qquad (10-12)$$

运用使用年限法估算汽车成新率应注意:已使用年限 T_u 常取新车从注册登记之日起至评估基准日止的年限,规定使用年限 T_e 是指按照《机动车强制报废标准规定》的规定确定的年限。小、微型非营运客车取消了使用年限的规定,不能采用该方法确定成新率。

使用年限法方法简单、容易操作,一般用于汽车的价格粗估或价值不高的汽车价格的评估。

(2)技术鉴定法。技术鉴定法是评估人员用技术鉴定的方法测定汽车成新率的一种方法。评估人员对车辆进行技术观察和技术检测来鉴定汽车的技术状况,以评分的方法或分等级的方法来确定成新率。

表10-8为汽车成新率评估参考表,是一般汽车成新率判定的经验数据,可供评估时参考。这种方法大多依靠人工观察,成新率的估值是否客观、实际取决于评估人员的专业水准和评估经验。

汽车成新率评估参考表　　　　表 10-8

序号	新旧情况	有形磨损率（%）	技 术 状 况	成新率（%）
1	使用不久	0～10	刚使用不久,行驶里程 3 万～5 万 km,在用状态良好,能按设计要求正常使用	100～90
2	较新车	11～35	使用 1 年以上,行驶里程约 15 万 km,一般没有经过大修,在用状态良好,故障率低,能随时出车使用	89～65
3	旧车	36～60	使用 4～5 年,发动机或整车经过一次大修,较好地恢复原设计性能,在用状态良好,外观中度受损,恢复状况良好	64～40
4	老旧车	61～85	使用 5～8 年,发动机或整车经过二次大修,动力性、经济性、工作可靠性有所下降,外观油漆脱落受损,金属件锈蚀程度明显,故障率上升,维修费用、使用费用明显上升,但符合《机动车安全技术条件》规定,在用状态一般或较差	39～15

序号	新旧情况	有形磨损率（%）	技 术 状 况	成新率（%）
5	待报废车	86～100	基本达到或达到使用年限，通过《机动车安全技术条件》检查，能使用但不能正常使用，动力性、经济性、可靠性下降，燃料费、维修费、大修费用增长速度快，汽车收益和支出基本持平，排放污染和噪声污染达到极限	15 以下

技术鉴定法简单易行，一般用于中、低等价值的汽车的初步估算，或作为综合分析法鉴定估价要考虑的主要因素之一。

（3）综合分析法。是以使用年限法为基础，再综合考虑对汽车价值影响的多种因素，如汽车的实际运行时间、实际技术状况、使用强度、使用条件、使用和维护情况、汽车制造质量、汽车大修、重大事故经历等，以系数调整成新率的一种方法。其计算公式为：

$$\beta = \left(1 - \frac{T_u}{T_e}\right) \times k \times 100\% \tag{10-13}$$

式中：k——调整系数。

采用综合分析法复杂、费时、费力，但它充分考虑了影响汽车价值的各种因素，评估值准确度较高，适合评估中等价值的汽车。汽车成新率的各项调整系数见表10-9，调整系数 k 的计算公式为：

$$k = k_1 \times 30\% + k_2 \times 25\% + k_3 \times 20\% + k_4 \times 15\% + k_5 \times 10\% \tag{10-14}$$

式中：k——调整系数；

k_1——技术状况调整系数；

k_2——使用和维护状态调整系数；

k_3——制造质量调整系数；

k_4——工作性质调整系数；

k_5——工作条件调整系数。

汽车成新率综合调整系数表   表 10-9

影 响 因 素	因 素 分 级	调整系数	权重（%）
技术状况	好	1.0	30
	较好	0.9	
	一般	0.8	
	较差	0.7	
	差	0.6	
使用和维护状态	好	1.0	25
	较好	0.9	
	一般	0.8	
	较差	0.7	

影　响　因　素	因　素　分　级	调　整　系　数	权重(%)
制造质量	进口	1	20
	国产名牌	0.9	
	国产非名牌	0.8	
工作性质	私用	1.0	15
	公用、商用	0.9	
	营运	0.7	
工作条件	较好	1.0	10
	一般	0.9	
	较差	0.8	

(三)收益现值法

1.收益现值法的定义和优缺点

收益现值法是把被评估汽车在剩余寿命期内的预期收益用适用的折现率作为评估基准日的现值,并以此确定评估价格的一种方法。采用收益现值法对汽车进行评估所确定的价值是指为获得该机动车以取得预期收益的权利所支付的货币总额。

采用收益现值法的优点是与投资者决策相结合,容易被交易双方接受,能真实和较准确地反映汽车的本金化价格;缺点是预期收益额预测难度大,受较强的主观判断和未来不可预见因素的影响。

2.收益现值法评估的计算方法

收益现值法评估的计算实际上就是对被评估汽车未来预期收益进行折现的过程。被评估汽车的评估值等于剩余经济使用寿命期内各期的收益现值之和,其基本计算公式为:

$$P = \sum_{t=1}^{n} \frac{A_t}{(1+i)^t} = \frac{A_1}{1+i} + \frac{A_2}{(1+i)^2} + \cdots + \frac{A_n}{(1+i)^n} \tag{10-15}$$

式中:A_t——未来第 t 个收益期的预期收益额,收益期有限时(机动车的收益期是有限的),A_t 中还包括期末汽车的残余值(估算时,一般忽略不计);

n —— 收益年限(剩余经济寿命的年限);

i —— 折现率;

t —— 收益期,一般以年计。

当预期收益额相同时,即从 $1 \sim n$ 年未来收益分别相同且为 A 时,则有:

$$P_e = \frac{A_1}{(1+i)} + \frac{A_2}{(1+i)^2} + \cdots + \frac{A_n}{(1+i)^n} = A\left[\frac{1}{1+i} + \frac{1}{(1+i)^2} + \cdots + \frac{1}{(1+i)^n}\right] \tag{10-16}$$

$$= A\frac{(1+i)^n - 1}{i(1+i)^n}$$

3．收益现值法评估参数的确定

（1）剩余经济寿命期的确定。剩余经济寿命期是指从评估基准日到汽车到达报废的年限。如果剩余经济寿命期估计过长，就会高估汽车价格，因此，必须根据汽车的实际状况对剩余寿命做出正确的评定。对于各类汽车来说，该参数按《机动车强制报废标准规定》确定是很方便的。

（2）预期收益额的确定。在收益法实际运用中，收益额的确定是关键。收益额是指由被评估对象在使用过程中产生的超出其自身价值的溢余额。确定预期收益额应注意以下两点。

①收益额是指汽车在使用时带来的未来收益的期望值，是一个预测值。在汽车交易中，判断某汽车是否有价值，不仅要判断该汽车是否会带来收益，更重要的是未来的收益能力。

②收益额应是税后利润与提取折旧额之和扣除投资额。

（3）折现率的确定。折现是一个时间优先的概念，认为将来收益或利益低于现在的同样收益或利益，且随收益时间向将来推迟的程度而有规律地降低价值。同时，折现又是一个算术过程，是把一个特定的比率应用于一个预期的将来收益率，从而得到当前的价值即收益率是在一定条件下的收益率，说明汽车取得该项收益的收益率水平。

每个企业都有具体的资金收益率，因此，在利用收益法对机动车评估选择折现率时，应该进行本企业、本行业历年收益率指标的对比分析。但是，最后选择的折现率应该不低于国家债券或银行存款的利率。

在使用资金收益率指标时，应充分考虑年收益率的计算依据和资金收益率的依据是否一致，若不一致，会影响评估值的正确性。

（四）清算价格法

1．清算价格法的定义

清算价格法是以清算价格为标准，对汽车进行的价格评估，是指企业由于破产或其他原因，要求在一定的期限内把汽车变现，在企业清算之日预期出卖汽车可收回的快速变现价格。

清算价格法在原理上基本与市价法相同，区别在于企业因迫于停业或破产，急于把汽车拍卖、出售，所以清算价格常低于现行市场价格。

2．清算价格法的适用范围和前提条件

清算价格法适用于企业破产、抵押、停业清理时要售出的汽车。

企业破产是指当企业或个人因经营不善造成的严重亏损，不能清偿到期债务时，企业应依法宣告破产，法院以其全部财产依法清偿其所欠的债务，不足部分不再清偿。

抵押是指以所有者资产作抵押物进行融资的一种经济行为，是合同当事人一方用自己特定的财产向对方保证履行合同义务的担保形式。提供财产的一方为抵押人，接受抵押财产的一方为抵押权人。抵押人不履行合同时，抵押权人有权利把抵押财产在法律允许的范围内变卖，从变卖抵押物价款中优先受偿。

清理是指企业由于经营不善导致严重亏损，已临近破产的边缘或因其他原因无法继续经营下去,为弄清企业财物现状,对全部财产进行清点、整理和查核,为经营决策(破产清算或继续经营)提供依据,以及因资产损毁、报废而进行清理、拆除等的经济行为。

在这三种经济行为中若有机动车进行评估,可用清算价格为标准。以清算价格法评估汽车价格的前提条件有以下3点:

(1)具有法律效力的破产处理文件或抵押合同和其他有效文件为依据。

(2)汽车在市场上可以快速出售变现。

(3)所卖收入足以补偿因出售汽车的附加支出总额。

3.决定清算价格的主要因素

在汽车评估中,决定清算价格的主要因素包括破产形式、债权人处置汽车的方式、清理费用、公平市价和参照汽车价格等。

4.评估清算价格的方法

汽车评估清算价格的方法主要有现行市价折扣法、意向询价法和竞价法。

(1)现行市价折扣法。是指对清理车辆,首先在汽车市场上寻找一个相适应的参照物,然后根据快速变现原则估定一个折扣率,并据以确定其清算价格。

例如:经调查,一辆旧桑塔纳轿车在汽车市场上成交价为4万元。根据销售情况调查,折价20%可以当即出售,则该车辆清算价格为4×(1-20%)=3.2万元。

(2)意向询价法。是指根据向被评估车辆的潜在购买者询价的办法取得市场信息,最后经评估人员分析确定其清算价格的一种方法。用这种方法确定的清算价格受供需关系影响很大。

(3)竞价法。是指由法院按照法定程序(破产清算)或由卖方根据评估结果提出一个拍卖的底价,在公开市场上由买方竞争出价。

复习思考题

1.汽车技术管理的目的是什么?

2.什么叫汽车的技术状况?影响汽车技术状况的因素有哪些?

3.汽车的磨损有哪几种形式?各有何特点?

4.什么叫汽车技术使用寿命?什么叫汽车经济使用寿命?什么叫汽车合理使用寿命?三者有何关系?

5.汽车的技术档案主要包括哪些内容?

6.汽车的经济技术定额指标主要有哪些?

7.简述汽车维护的分级和主要作业内容。

8.简述汽车修理的类型和修理方法。

9.简述汽车改装和改造的意义。

10.简述汽车更新的含义。

11.汽车鉴定估价的方法有哪些?各有什么优缺点?

第十一章　汽车配件管理

学习目标

1. 掌握汽车配件的分类和配件目录的使用;
2. 掌握汽车仓储管理的基本知识。

在汽车维修企业和汽车配件经营企业,通常将汽车零部件、汽车标准件和汽车材料三种类型的产品统称为汽车配件。汽车配件管理是汽车维修企业业务管理的主要内容之一,企业所使用的配件,直接影响汽车维修后的质量、安全、企业信誉和经济效益。因此,汽车维修企业必须加强对配件的管理,建立和健全包括采购、保管、使用等过程的质量管理体系,有效压缩库存量,降低成本,不断改进管理方法,提高企业信誉和经济效益。

第一节　汽车配件的分类和编号

汽车配件的分类方法主要有实用性分类、外包装标志分类和标准化分类等。

一、实用性分类

根据我国汽车配件市场供应的实用性原则,汽车配件分为易耗件、标准件、车身覆盖件与保安件四类。

1. 易耗件

在对汽车进行二级维护、总成大修和整车大修时,易损坏且消耗量大的零部件称为易耗件。主要包括发动机易耗件、底盘易耗件、电器设备及仪表的易耗件、密封件等。

1) 发动机易耗件

按照发动机组成部分的不同,其易耗件主要包括:

(1)曲柄连杆机构的汽缸体、汽缸套、汽缸盖、汽缸体附件(汽缸垫、水道孔盖板、分水管、放水开关、曲轴箱通风管、气门室盖、正时室盖、飞轮壳)、汽缸盖附件(汽缸盖出水管、汽缸盖罩、汽缸盖螺栓)、活塞、活塞环、活塞销、连杆、连杆轴承、连杆螺栓及螺母、曲轴轴承、飞轮总成和发动机悬置组件(支架、减振胶垫、夹片、垫片、螺栓和螺母)。

(2)配气机构的气门、气门导管、气门弹簧、挺杆、推杆、摇臂、摇臂轴、凸轮轴轴承、正时齿轮和正时齿轮皮带。

(3)燃油供给系统的汽油泵膜片、油阀、汽油滤清器滤芯、汽油软管、电动汽油泵、压力调节器、空气流量传感器、汽油喷油器、三元催化转换装置、输油泵总成、喷油泵柱塞偶件、出油阀偶件、柴油喷油器和高压油管。

(4)冷却系统的散热器、节温器、水泵(水泵轴、轴承、水封等)、风扇和散热器进出水橡胶管。

(5)润滑系统的机油滤清器滤芯(分粗滤芯和细滤芯)和机油软管。

(6)点火系统的点火线圈、分电器总成及附件(分电器盖、分火头、断电器、电容器)、蓄电池、火花塞、电热塞、发电机电刷和绕组。

2)底盘易耗件

按照底盘的四大系统进行区分,其易耗件主要包括:

(1)传动系统的离合器摩擦片、从动盘总成、分离杠杆、分离叉、踏板拉杆、分离轴承、复位弹簧、离合器操纵机构的主缸和工作缸总成、离合器油管、变速器的各挡变速齿轮、凸缘叉、滑动叉、万向节叉及花键轴、传动轴及轴承、主从动锥齿轮、行星齿轮及差速器壳、半轴和半轴套管等。

(2)行驶系统的主销、主销衬套、主销轴承、调整垫片、轮辋、轮毂、车轮连接紧固件、外胎、内胎、钢板弹簧片(第一、二、三片)、独立悬架的螺旋弹簧、钢板弹簧销和衬套、钢板弹簧垫板、滑块和吊耳、吊环、U 形螺栓、减振器。

(3)转向系统的转向蜗杆、转向摇臂轴、转向螺母及钢球、钢球导流管、转向器总成、转向盘、直拉杆与横拉杆(球销、球销皮碗、弹簧座、弹簧、防尘罩)。

(4)制动系统的制动鼓及制动蹄、盘式制动器摩擦块、液压主缸(缸体、活塞、皮碗、皮圈、主缸弹簧、控制阀、推杆)、制动轮缸(缸体、活塞、皮碗、皮圈)、制动气室总成、储气筒、止回阀、安全阀、放水开关、制动软管、空气压缩机限压阀、制动操纵机构(制动踏板、拉杆、操纵臂、传动杆、复位弹簧、踏板支架、踏板轴)和驻车制动器总成。

3)电气设备及仪表的易耗件

主要包括:

高压线、低压线、车灯总成、安全报警及低压电路熔断器和熔断丝盒、点火开关、车灯开关、转向灯开关、变光开关、脚踏板制动开关、车速表、电流表、燃油存量表、冷却液温度表、空气压力表和机油压力表。

4)密封件

主要包括各种油封、水封、密封圈和密封条等。

2.标准件

按国家标准设计与制造的,并具有通用互换性的零部件称为标准件。汽车上属于标准件的有汽缸盖紧固螺栓及螺母、连杆螺栓及螺母、发动机悬挂装置中的螺栓及螺母、主销锁销及螺母、轮胎螺栓及螺母等。

3.车身覆盖件

为使乘员及部分重要总成不受外界环境的干扰,并具有一定的空气动力学特性的构成汽车表面的板件，一般由钢板冲压、焊接成形，如发动机罩、翼子板、散热器罩、车顶板、门板、行李舱盖等均属于车身覆盖件。

4.保安件

汽车上不易损坏的零部件称为保安件，保安件有曲轴、起动爪、正时齿轮、扭转减振器、凸轮轴、汽油箱、汽油滤清器总成、柴油滤清器总成、喷油泵、调速器、机油滤清器总成、机油硬管、发电机、起动电机、离合器压盘总成、离合器硬油管、变速器壳体及上盖、操纵杆、前桥、桥壳、转向节、轮胎垫带、钢板弹簧总成及第四片以后的零件、载货汽车后桥副钢板总成及零件、转向摇臂、转向节臂等。

二、外包装标志分类

汽车配件的外包装包括分类标志、供货号、货号、品名规格、数量、质量、生产日期、有效期限、生产厂名、体积、收货地点和单位、发货地点和单位、运输号码等，是为在物流过程中辨认货物而采用的必要标志，它对收发货、入库以及装车配船等环节管理起着特别重要的作用。

其中分类标志是表明汽车配件类别的特定符号，按照国家统计目录汽车配件分类，用几何图形和简单的文字来表明汽车配件类别，作为收、发货之间据以识别的特定符号。汽车配件常用分类图示标志见图11-1，汽车配件常用分类图示标志尺寸见表11-1。

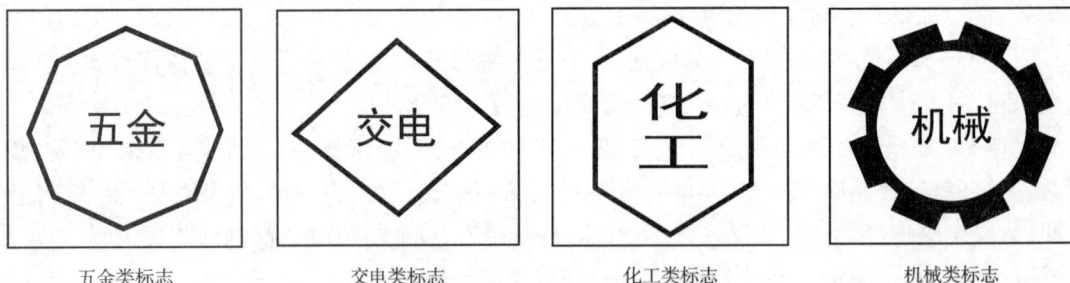

五金类标志　　　　交电类标志　　　　化工类标志　　　　机械类标志

图 11-1　汽车配件常用分类图示标志

汽车配件分类图示标志尺寸(mm)　　　　　　表 11-1

包装件高度（袋按长度）	分类图案尺寸	图形具体参数		备　注
		外框线宽	内框线宽	
500 以下	50×50	1	2	平视距离 5m，包装标志清晰可见
500~1000	80×80	1	2	
1000 以上	100×100	1	2	平视距离 10m，包装标志清晰可见

三、标准化分类

汽车零部件总共分为发动机零部件、底盘零部件、车身及饰品零部件、电器电子产品和通用件共五大类。根据汽车的术语和定义:零部件包括总成、分总成、子总成、单元体和零件。

1.总成

由数个零件、数个分总成或它们之间的任意组合而构成一定装配级别或某一功能形式的组合体,具有装配分解特性的部分称之为总成,如发动机总成、离合器总成、变速器总成等。

2.分总成

由两个或多个零件与子总成一起采用装配工序组合而成,对总成有隶属装配级别关系的部分就是分总成。

3.子总成

由两个或多个零件经装配工序或组合加工而成,对分总成有隶属装配级别关系的部分就是子总成。

4.单元体

由零部件之间的任意组合而构成具有某一功能特征的功能组合体,通常能在不同环境独立工作的部分就是单元体。

5.零件

不采用装配工序制成的单一成品、单个制件,或由两个以上连在一起具有规定功能,通常不能再分解的(如含油轴承、电容器等外购小总成)制件就是零件。

四、汽车零部件编号

为便于汽车零部件的检索、流通和供应,我国汽车行业标准《汽车零部件编号规则》(QC/T 265—2004)把汽车零部件分为64个大组,规定完整的汽车零部件编号表达式由企业名称代号、组号、分组号、源码、零部件顺序号和变更代号构成,见图11-2,有三种方式进行选择。

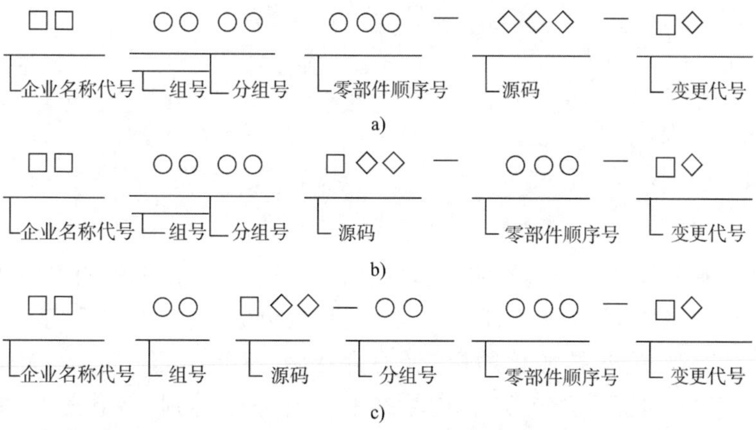

图11-2　汽车零部件编号表达方式

a)零部件编号表达式一;b)零部件编号表达式二;c)零部件编号表达式三

注:□表达字母;○表示数字;◇表示字母或数字

汽车零部件编号中各代码的使用规则如下：

1. 企业名称代号

当汽车零部件图样使用涉及知识产权或产品研发过程中需要标注企业名称代号时，可在最前面标注经有关部门批准的企业名称代号，由两位或三位汉语拼音字母表示。企业内部使用时，一般允许省略。

2. 组号

用两位数字表示汽车各功能系统分类代号，按顺序排列，如 10 为发动机，11 为供给系统，15 为自动变速器等。

3. 分组号

用四位数字表示各功能系统内分系统的分类顺序代号，按顺序排列，如 1002 为发动机的汽缸体，1501 为自动变速器的液力变矩器等。

4. 源码

源码可用三位字母、数字或字母与数字混合表示，由企业自定。其含义如下：

（1）描述设计来源：指设计管理部门或设计系列代码，由三位数字组成。

（2）描述车型中的构成：指车型代号或车型系列代号，由三位字母与数字混合组成。

（3）描述产品系列：指大总成系列代号，由三位字母组成。

5. 零部件顺序号

用三位数字表示功能系统内总成、分总成、子总成、单元体、零件等顺序代号，零部件顺序号表述应符合下列规则：

（1）总成顺序号的第三位应为零；

（2）零件顺序号的第三位不得为零；

（3）三位数字为 001～009，表示功能图、供应商图、装置图、原理图、布置图、系统图等为了技术、制造和管理的需要而编制的产品号和管理号；

（4）对称零件其上、前、左件应先编号为奇数，下、后、右件后编号且为偶数；

（5）共用图（包括表格图）的零部件顺序号一般应连续。

6. 变更代号

变更代号为两位，可由字母、数字或字母与数字混合组成，由企业自定。

第二节　汽车配件目录的使用

汽车配件目录一般是按照汽车的发动机、底盘、车身和电器设备四大组成部分顺序编排的。发动机按照机体组、曲柄连杆机构、配气机构、供给系统、冷却系统、润滑系统、点火系统和起动系统排列；底盘按照传动系统（离合器、变速器、万向传动装置和驱动桥）、行驶系统（车架、车桥、悬架和车轮）、转向系统和制动系统排列，接着是车身附件和电气系统。

在汽车配件目录中，一般每一总成都有拆解示意图，并标明该总成各组成零件的序号（标号），对应表格中给出各标号配件的名称、编号、每车用量和通用车型等。

一、查阅汽车配件目录时应注意的问题

（1）首先要确定所查阅的配件为车辆的原有目录配件，否则将无法保证所购配件是适用的。

（2）查阅前，必须确知汽车型号、发动机型号、发动机编号、底盘编号、出厂日期等参数。

二、汽车配件目录的使用方法

1. 汽车配件目录的主要内容

以捷达轿车的配件目录为例介绍。捷达轿车的配件目录共分为五个部分，各部分含义分别如下：

第一部分是零件主组索引，按照一汽-大众公司的零件主组编号，介绍各编号内的子组零部件及其名称；

第二部分为零件目录正文，其中包括全部零部件的子组图解和每种零部件的编号、名称、说明、件数和适用车型等内容；

第三部分为配件号码索引，它把书中全部零部件的零件号码按顺序编排，以便使用者能在知道零件号码后查阅零件所在部位、形状和名称等有关情况；

第四部分为新增配件索引；

第五部分为车型、零件目录内容和符号说明附表。

2. 配件目录使用方法

（1）目录中所列出的零件按汽车的构造分成九个主总成，即发动机，燃油、排气和空调制冷装置，变速器，前桥、差速器、前悬架和转向系统，后桥和后悬架系统，车轮和制动系统，操纵系统，车身和电器设备等。每一个主总成又分成若干个子总成。在主总成和子总成中大部分的零件均按它们设计结构上的相互从属列序和编号，结构图也是从这个意图出发安排的。

（2）一般零件号码由九个数字组成，分成四组。第一组三位数表示汽车的车型或发动机或变速器的型号（对于油漆、辅料及一部分通用件则用一位或三位字母表示）；第二组三位数字表示该零件所属的主组（主总成）及子组（子总成）；第三组三位数则组成零件号。当零件改进后，则在第10、11位用字母或数字表示。

（3）为了使目录与一汽-大众公司的配件技术文件通用，该目录对零件编号、图号及零件主组页码等内容未做改动，以便于用户到有关部门订购配件。每页零件目录列表下端都有两组数，如：200-10和9-003，200-10表示图号，9-003表示零件第9主组的第3页。

（4）为了直观快速地查阅已知零部件的号码、部位，可先查阅第一部分零件主组索引及目录，然后再按目录所示页码查阅子组列表目录，即可查阅到已知零件子组图页号码，再由图页号码查阅零部件列表目录，即可查阅到已知零件号码、部位。

（5）在只知零件号码的情况下，应使用本目录第三部分。首先根据所查零件号码第二组三位数字的顺序查到该零件号码所在的零件主组页码（对于第一组是字母的零件将其安排

在前部,查阅时请注意),据此即可找到被查零件所在的图解及附表。

(6)为方便用户使用,在目录中增加了新增配件索引,如需要可根据所查零件号码的第二组的三个数字的顺序在新增配件索引中查出。

(7)车型、零件目录内容和符号说明等,可从相对应的附表中查出。

第三节 汽车配件仓储管理

一、汽车配件仓储管理的任务

在社会化大生产和社会分工细化的条件下,物资在从生产领域向消费领域转移的过程中,一般都有储存阶段。仓库是用来储存和保管物资的场所,仓储管理就是对储存物资的合理保管和科学管理。仓储管理的基本任务,就是做好汽车配件的进库、保管和出库,在具体工作中,要求做到保质、保量、及时、低耗、安全地完成仓储工作的各项任务,并节省保管费用。

1. 保质

保质就是要保持库存配件原有的使用价值,为此,必须加强仓储的科学管理。在配件入库和出库的过程中,要严格把关,凡是质量问题或其包装不合规定的,一律不准入库和出库;对库存配件,要进行定期检查和抽查,凡是需要进行维护的配件,一定要及时进行维护,以保证库存配件的质量随时都处于良好状态。

2. 保量

保量是指仓储保管按照科学的储存原则,实现最大的库存量。在汽车配件保管过程中,变动因素较多,比如配件的型号、规格、品种繁多,批次不同,数量不一,长短不齐,包装有好有坏,进出频繁且不均衡,性能不同的配件的保管要求不一致等,要按不同的方法分类存放,既要保证配件方便进出库,又要保证仓库的储量,这就要求仓库管理员进行科学合理的规划,充分利用有限的空间,提高仓库容量的利用率。同时要加强对配件的动态管理,配件在入库和出库过程中,要严格执行交接点验制度,不但要保证其质量好,而且要保证数量准确无误,随时做到库存配件账、卡、物三相符。

3. 及时

在保证工作质量的前提下,汽车配件在入库和出库的各个环节中,都要体现一个"快"字。入库验收过程中,要加快接货、验收、入库的速度;保管过程中,要安排好便于配件进出库的场地和空间,规划好货位和垛型,为快进快出提供便利条件;出库过程中,组织足够的备货力量,安排好转运装卸设备,为出库创造有利条件。对一切烦琐的,可要可不要的手续要尽量简化,要千方百计压缩配件和单据在库的停留时间,加快资金周转,提高经济效益。

4. 低耗

低耗是指配件在保管期间的损耗降到最低限度。配件在入库前,由于制造或运输、中转单位的原因,可能会发生损耗或短缺,所以应严格进行入库验收把关,剔除残次品,发现短缺数量,并做好验收记录,明确损耗或短缺责任,以便为降低保管期间的配件损耗或短缺创造条件。配件入库后,要采取有效措施,如装卸搬运作业时,要防止野蛮装卸,爱护包装,包装损坏了要尽量维修或者更换;正确堆码苫垫,合理选择垛型及堆码高度,防止压力不均倒垛或挤压坏产品及包装。对上架产品,要正确选择货架及货位。散失产品能回收尽量回收,以减少损失,千方百计降低库存损耗。同时要制定各种产品保管损耗定额,限制超定额损耗,把保管期间的损耗减小到最低限度。

5. 安全

安全是指做好防火、防盗、防霉变残损以及防工伤事故,防自然灾害等工作,确保配件、设备和人身安全。

二、汽车配件仓库的布局和规划

1. 仓库的布局

仓库的布局是指对仓库内部通道、空间、货架位置、配备设备及设施等实物进行布局,其目的是为了充分利用存储空间、提高存货的安全性、有效利用储运设备、提高仓库运作效率和服务水平。

仓库的布局同时受到配件仓储设施和配件装卸搬运系统的影响,它必须为配件供应流程和销售流程提供便利条件。因此,仓库布局必须进行优化,以适合仓储的需要。

2. 汽车配件的分区分类

配件分区分类的确定,要贯彻"安全、方便、节约"的原则,在配件性质、维护措施和消防措施基本一致的前提下进行统一规划。

1)分区分类前的调查分析

规划分区分类之前,要调查研究需要入库储存的汽车配件的情况。主要包括:经营的品种、数量与进出库的批量;汽车配件的性能、包装状况及其所需的保管条件;汽车配件收发、装卸搬运等所需的机具设备和工作量的大小;汽车配件的收发方式、大致流向和周转期;有无特殊的保管、验收和理货要求等。

通过调查和分析,分清在性能、养护和消防方法上一致的各类汽车配件所需仓容,考虑存储、吞吐的要求,结合仓库具体设备和条件,即可进行分区分类。

2)分区分类的方法

汽车配件的分区分类,主要有以下三种情况:

(1)按品种系列分类,集中存放。例如存储发动机配件的叫发动机仓库(区);存储通用汽车配件的叫通用件仓库(区)。

(2)按车型系列分库存放。例如国产汽车配件仓库(区)、进口汽车配件仓库(区)等。

(3)按经营单位分库存放。在一个库区内同时储存属两个以上经营单位的配件时,可以按经营单位设专库储存。

3)分区分类的注意事项

(1)按汽车配件性质和仓库设备条件安排分区分类。

(2)性质相近和有消费连带关系的汽车配件,要尽量安排在一起存储。

(3)互有影响,不适合混存的汽车配件,一定要隔离存放。

（4）出入库频繁的汽车配件，要放在靠近库门处；粗、重、长、大的汽车配件，不宜放在库房深处；易碎配件要注意存放处的安全。

（5）消防灭火方法不同的汽车配件不得一起存储。

3. 配件仓库规划的原则

（1）有效利用有限的空间。根据库房大小及库存量，按大、中、小型及长型进行分类放置，以便于节省空间；用木箱或纸盒来保存中、小型配件；将不常用的配件放在一起保管；留出用于新车型配件的空间；无用的配件要及时报废。

（2）防止出库时发生错误。如将配件号完全相同的配件放在同一盒内；外观接近的不同配件最好分开存放，以免混淆；不要将配件放在过道上或货架的顶上等。

（3）保证配件的质量。应做到：保持配件清洁；避免高温、潮湿；避免阳光直射。

4. 汽车配件仓库规划的基本要求

（1）仓库工作区应有明显的标牌，如："配件销售出货口""车间领料出货口"等。

（2）发料室、备货区、危险品仓库等应有足够的进货、发货通道和配件周转区域。

（3）货架的摆放要整齐划一，仓库的每一条过道要有明显的标示，货架应标有位置码，货位要有配件号和配件名称。

（4）不宜将配件堆放在地上，为避免配件锈蚀及磕碰，必须保持完好的原包装。

（5）易燃易爆物品应与其他配件严格分开管理，存放时要考虑防火、通风等问题。

（6）库房内应有明显的防火标志和齐备的消防设施。

（7）非仓库人员不得随便进入仓库内，仓库内不得摆放私人物品。

（8）索赔件必须单独存放。

三、汽车配件的入库验收

入库验收是配件入库保管的准备阶段。配件一经验收入库，仓储保管工作就正式开始，同时也就划清了入库和未入库之间的责任界限。入库的配件情况比较复杂，有的在出厂之前就不合格，如包装含量不准确、包装本身不合乎保管和运输的要求；有的在出厂时虽然是合格的，但是经过几次装卸搬运和运输，致使有的包装损坏、含量短少、质量受损，使有的配件已经失去了部分使用价值，有的甚至完全失去使用价值。这些问题都要在入库之前弄清楚，划清责任界限。否则，配件在入库保管之后再发现质量、数量问题，就会由于责任不清，给企业造成不必要的经济损失。

1. 入库验收的依据

（1）根据入库凭证（含产品入库单、收料单、调拨单和退货通知单）规定的型号、品名、规格、产地和数量等各项内容进行验收。

（2）参照技术检验开箱的比例，结合实际情况，确定开箱验收的数量。

（3）根据国家对产品质量要求的标准，进行验收。

2. 入库验收的要求

（1）及时。验收要及时，以便尽快建卡、立账、销售，这样就可以减少配件在库停留时间，缩短流转周期，加速资金周转，提高企业经济效益。

(2)准确。配件入库应根据入库单所列内容与实物逐项核对,对配件外观和包装认真检查,以保证入库配件数量准确,防止以少报多或张冠李戴的配件混进仓库。如发现有霉变、腐败、渗漏、虫蛀、鼠咬、变色、沾污和包装潮湿等异状的汽车配件,要查清原因,做出记录,及时处理,以免扩大损失,要严格实行一货一单制,按单收货、单货同行,防止无单进仓。

3.入库验收的程序

入库验收,包括数量和质量两个方面的验收。数量验收是整个入库验收工作中的重要组成部分,是搞好保管工作的前提。库存配件的数量是否准确,在一定程度上是与入库验收的准确程度分不开的。配件在流转的各个环节,都存在质量验收问题。入库的质量验收,就是保管员利用自己掌握的技术和在实践中总结出来的经验,对入库配件的质量进行检查验收。验收入库的程序如下:

(1)点收大件。仓库保管员接到进货员、技术检验人员或工厂送货人员送来的配件后,根据入库单所列的收货单位、品名、规格、型号、等级、产地、单价和数量等各项内容,逐项进行认真查对、验收,并根据形状、体积,安排适当货位,确定堆码方式。

在验收大件时,发现少件或者多出件,应及时与有关负责部门和人员联系,在得到他们同意后,方可按实收数签收入库。

(2)核对包装。在点清大件的基础上,对包装物上的商品标志,与入库单进行核对。只有在实物、标志与入库凭证相符时,方能入库。同时,应检查包装,确定合乎保管和运输的要求。经过核对检查,如果发现票物不符或包装破损异状时,应将其单独存放,并协助有关人员查明情况,妥善处理。

(3)开箱点验。凡是出厂原包装的产品,一般开箱点验的数量为5%～10%。如果发现包装含量不符或外观质量有明显问题时,可以不受上述比例的限制,适当增加开箱检验的比例,直至全部开箱。新产品入库,也不受此比例限制。对数量不多而且价值很高的汽车配件、非生产厂原包装的或拼箱的汽车配件、国外进口汽车配件、包装损坏或异状的汽车配件等,必须全部开箱点验,并按入库单所列内容进行核对验收,同时还要查验合格证。经全部查验无误后,才能入库。

凡是因为开箱点验被打开的包装,一律要恢复原状,不得随意损坏或者丢失。凡是质量有问题,或者品名、规格出错,证件不全,包装不合乎保管、运输要求的,一律不能入库,应将其退回有关部门处理。零星小件的数量误差在2%以内,易损件的损耗在3%以内的,可以按规定自行处理,超过上述比例,应报请有关部门处理。

(4)过磅称重。凡是需要称重的物资,一律全部过磅称重,并要记好质量,以便计算、核对。

(5)归堆建卡。配件归堆,要根据性能特点,安排适当货位。归堆时一般按五五堆码原则(即五五成行、五五成垛、五五成层、五五成串、五五成捆)的要求,排好垛底,并与前、后、左、右的垛堆保持适当的距离。批量大的,可以另设垛堆,但必须整数存放,标明数量,以便查对。建卡时,注明分堆寄存位置和数量,同时在分堆处建立分卡。

(6)上账退单。仓库账务管理人员,根据进货单和仓库保管员安排的审、架、排、号,以及签收的实际数量,逐笔逐项与财务部门核对,作为业务部门登录商品账和财务部门冲账的依据。

四、汽车配件的堆码

仓库里的配件堆码，必须贯彻"安全第一"的原则，不论在任何情况下，都要保证仓库、配件和人身的安全。同时还要做到文明生产，配件的陈列堆码一定要讲究美观整齐。常见的堆码方法有以下几种：

1. 重叠法

按入库汽车配件批量，视地坪负荷能力与可利用高度，确定堆高层数，摆定底层汽车配件的件数，然后逐层重叠加高。上一层每件汽车配件直接置于下一层每件汽车配件之上并对齐。汽车配件中硬质整齐的包装、长方形的包装和占用面积较大的钢板等采用此法。这种方法的优点是垛体整齐、稳固、操作比较容易，但不能堆太高，尤其是孤立货垛以单件为底，如重叠过高易倒垛。

2. 压缝法

针对长方形汽车配件包装的长度与宽度成一定比例，汽车配件每层压缝堆码。即上一层汽车配件跨压下一层两件以上的汽车配件，下纵上横或上纵下横，货垛四边对齐，逐层堆高。用此法每层汽车配件互相压缝，堆身稳固，整齐美观，又可按小组出货，操作方便易于腾出整块可用空仓。每层和每小组等量，便于层批标量，易于核点数量。

3. 牵制法

汽车配件包装若不够平整，高低不一或堆码不整齐，可在上下层汽车配件间加垫，并加放木板条，使层层持平有牵引，防止倒垛。此法可与重叠法、压缝法配合使用。

4. 通风法

为便于汽车配件通风散潮，有的汽车配件的件与件不能紧靠，要前后左右都留一点空隙，宜采用堆通风垛的方法。其堆码方法多种多样，常见的有"井"字形，"非"字形，"示"字形和旋涡型等。需要通风散热、散潮、必须防霉及怕霉的汽车配件，常用此法。

桶装、听装的液体汽车配件，排列成前后两行，行与行、桶与桶间都留空隙；堆高上层对下层可压缝，即上一件跨压在下两件"肩"部，以便于检查有无渗漏。

5. 行列法

零星小批量汽车配件，不能混进堆垛，就按行排列，不同汽车配件背靠背成两行，前后都面对通道，形成行列式堆码，可以避免堆"死垛"（堆放垛中无通道，存取不便）。

对于轮胎货架，为防止轮胎受压变形，也需要专门货架保管，这种货架有固定的，也有可以拆装的。

五、特殊汽车配件的分类存放

1. 不能沾油的汽车配件的存放

轮胎、水管接头和 V 形带等橡胶制品，怕沾柴油和黄油，尤其怕沾汽油，若常与这些油类接触，就会使上述橡胶配件质地膨胀，迅速老化，加速损坏而报废。干式纸质空气滤清器滤芯不能沾油，否则灰尘和砂土黏附在上面，会把滤芯糊住。这样会增大汽缸进气阻力，使汽缸充气不足,影响发动机功率的发挥。

发电机和起动机的转子沾上黄油和机油,会造成电路断路,工作不正常,甚至使发动机不能起动。风扇皮带和发电机皮带沾上油后会打滑,影响冷却和发电。

干式离合器的各个摩擦片应保持清洁干燥,若沾上油就会打滑。同样,制动器的摩擦片如沾上油,就会影响制动效果。散热器沾上机油和黄油后,尘砂黏附其上,不易脱落,会影响散热效果。

因此,上述各种配件在存放时一定要注意保持干净,不要和油类物质接触。

2.发动机总成的维护

发动机总成的储存期如超过半年,则必须对其进行维护。方法是将火花塞(汽油机)或喷油器(柴油机)从汽缸盖上拆下,在螺孔中注入少许发动机润滑油,以保持汽缸中配合副零件得到良好的润滑,防止因长时间缺油生锈。如超过1年,除应作上述维护外,还应在汽缸壁上涂敷得更彻底和均匀,然后旋紧火花塞和喷油器。

3.蓄电池的存放

蓄电池在存放时,应防止重叠过多和碰撞,防止电极及盖因重压受损,而且应注意电解液加注塞的密封性,防止潮湿空气进入。极板在存放时,应保持仓间干燥,存放期一般规定为6个月,必须严格控制。

4.爆震传感器的存放

爆震传感器受到重击或从高处跌落会损坏,为防止取件时失手跌落而损坏,这类配件不应放在货架或货柜的上层,而应放在底层,且应分格存放,每格一个,下面还应铺放海绵等软物。

5.减振器的存放

减振器在车上是承受垂直荷载的,若长时间水平旋转,会使减振器失效。因此,在存放减振器时,要将其垂直放置。水平放置的减振器,在装上汽车之前,要在垂直方向上进行手动拉压。

6.橡胶制品的存放

对于橡胶制品,特别是火补胶,应在能保持环境温度不超过25℃的专仓内储存,以防老化,保证安全。

7.电气配件、橡胶制品配件和玻璃制品配件的存放

这些配件自重小,承受碰撞和重压会丧失工作性能,发生变形或破碎,故应设立专仓储存,而且在堆垛时应十分注意配件的安全。另外对于软木纸、毛毡制油封、丝绒或呢制门窗嵌条一类超过储存期半年以上的配件,除应保持储存场地干燥外,在毛毡油封或丝绒、呢制包装箱内,应放置樟脑丸,以防止霉变及虫蛀。

六、汽车配件的盘存

汽车配件的盘存是指仓库定期对库存汽车配件的数量进行核对,清点实存数,查对账面数。不仅要清查库存账与实存数是否相符,有无溢缺或规格互串,还要查明在库汽车配件有无变质、失效、残损和销售呆滞等情况。通过盘存,彻底查清库存数量已有或隐蔽、潜在的差

错事故,发现在库汽车配件的异状,及时抢救、减少和避免损失。

仓库保管员应定期或不定期盘查库存配件的库存状况,一般每月一次,盘查的内容主要是数量、质量、保质期等,并做好相应记录。

1. 盘存的方法

(1)日常盘存。这种盘存不定期,是一种局部性的盘存。一是动态复核,即对每天出动的货垛,发货后随即查点结存数,这种核对花时少,发现差错快,可以有效地提高账货相符率;二是巡回复核,即在日常翻仓整垛、移仓、过户分垛后,对新组合的货垛或零散的货垛,安排巡回核对点数。

(2)定期盘存。一般在月末、季末、年末进行。盘存时,按批清点库存数量,以实存数对卡、对账,核完作出已盘标记。

(3)重点盘存。指根据工作需要,为某种特定目的而对仓库物资进行的盘存和检查,如工作调动,意外事故和搬迁移库等进行的盘存。

定期盘存和重点盘存时均应有财务人员负责监盘,监督保管人员进行实物清点、确认,同时检查各财产物资堆放是否合理,库存是否适宜,有无过期、损坏情况存在,盘存情况登记于相应的《材料物资盘存明细表》上。盘存结束以后,编写《盘存报告》,填写处理意见并上报。

2. 盘存结果的验收及总结

对于盘存后出现的盈亏、损耗、规格串混、丢失等情况,应组织复查、落实、分析产生的原因,及时处理。

(1)储耗。对易挥发、潮解、溶化、散失、风化等物资,允许有一定的储耗。凡在合理储耗标准以内的,由保管员填报"合理储耗单",经批准后,即可转财务部门核销。储耗的计算,一般一个季度进行一次,计算公式如下:

$$合理储耗量 = 保管期平均库存量 \times 合理储耗率$$
$$实际储耗量 = 账存数量 - 实存数量$$
$$储耗率 = 保管期内实际储耗量 / 保管期内平均库存量 \times 100\%$$

实际储耗量超过合理储耗部分作盘亏处理,凡因人为的原因造成物资丢失或损坏,不得计入储耗内。

(2)盈亏和调整。在盘存中发生盘盈或盘亏时,应反复落实,查明原因,明确责任。由保管员填制"库存物资盘盈盘亏报告单",经仓库负责人审签后,按规定报经审批。

(3)报废和削价。由于保管不善,造成霉烂、变质、锈蚀等配件;在收发、保管过程中已损坏并已失去部分或全部使用价值的配件;因技术淘汰需要报废的配件;经有关方面鉴定,确认不能使用的配件,由保管员填制"物资报废单"报经审批。由于上述原因需要削价处理的,经技术鉴定,由保管员填制"物资削价报告单",按规定报上级审批。

(4)事故。由于被盗、火灾、水灾、地震等原因及仓库有关人员失职,使配件数量和质量受到损失的,应作事故向有关部门报告。

在盘存过程中,还应清查有无本企业多余或暂时不需用的配件,以便及时把这些配件调剂给其他需用单位。

复习思考题

1. 简述汽车配件的分类及其类型。

2. 简述汽车零部件编号的含义。

3. 查阅汽车配件目录时应注意哪些事项?

4. 汽车配件仓储管理的任务是什么?

5. 汽车配件仓库规划的基本要求有哪些?

6. 简述汽车配件入库验收的程序。

7. 简述汽车配件堆码的方法。

8. 汽车配件盘存的作用是什么?如何进行盘存?

第十二章　汽车维修设备管理

学习目标

1. 掌握汽车维修设备的分类、管理、使用和维修方法；
2. 掌握汽车维修设备的经济评价、事故处理和预防维修方法。

汽车维修设备是指汽车维修生产活动中所需要的机械和仪器的总称，是汽车维修企业维修生产必不可少的物质手段，也是衡量一个现代汽车维修企业维修能力的标志；维修设备管理水平的高低从一个侧面反映出一个企业管理水平的情况。汽车维修设备管理是以企业生产经营目标为依据，通过一系列技术、经济和组织措施，对生产设备的选购、安装、使用、维修、改造、更新直至报废的全过程进行管理。其目的是以最小花费、取得最佳投资效果，使汽车维修设备经常处于良好技术状况，充分发挥其效能，保证汽车维修质量和设备安全运行，促使汽车维修企业生产持续健康发展，为提高企业经济效益和社会效益服务。

第一节　汽车维修设备的分类

一、汽车维修通用设备

汽车维修通用设备是指性能基本相同、汽车维修行业通用的设备，主要有适用的钻床、电焊及气体保护焊设备、气焊设备、压力机和空气压缩机(图 12-1)等。

二、汽车维修专用设备

汽车维修专用设备是指针对各类车型维修生产的需要设计的非标准设备，按照设备的功能和作业部位的不同分为汽车清洗设备、汽车补给设备、汽车拆装整形设备、汽车加工设备、汽车举升运移设备和汽车检测设备等六类。

1. 汽车清洗设备

汽车清洗设备主要用于汽车车身、底盘外部和汽车零部件的清洗，按照用途可分为汽车外部清洗设备和汽车零件清洗设备。

汽车外部清洗设备主要用于汽车日常维护和维修前的清洗，完成汽车车头、车身和底盘的清洗工作。按照结构形式可分为固定式和移动式两种,固定式清洗设备(图 12-2)清洗效率高,劳动强度低,适用于规模大、清洗作业量大的企业,移动式清洗设备适用于规模小、清洗作业量小的企业。

图 12-1　空气压缩机

图 12-2　固定式汽车外部清洗设备

固定式汽车外部清洗设备按照清洗方式又分为喷射冲洗式和滚刷刷洗式。喷射冲洗式清洗机主要依靠高压水来清洗汽车车身和底盘污垢,其特点是出水压力高,用水量小,清洗效率高,适用于货车外部清洗作业。滚刷刷洗式清洗设备一般是由滚刷、驱动装置、门架、电动机、水泵和控制系统等组成的全自动汽车外部清洗机,其特点是清洗效果好、自动化程度高,适用于轿车和客车外部清洗。

汽车零件清洗设备利用清洗剂对零件表面进行喷洗,达到清除油污的目的。汽车零件清洗设备已实现了机械化和自动化,按照清洗室的结构分为通过式和封闭式,通过式主要用于维修量较大的一类维修企业,二类维修企业一般使用封闭式汽车零件清洗设备,零件在清洗室内旋转,喷嘴从各方向向零件喷射清洗剂,达到清除油污和脏物的目的。清洗剂也可自动加热,升温后清洗效果更好。

2. 汽车补给设备

汽车补给设备按照用途可分为加油设备、充电设备和充气设备等三类。在汽车维修作业中,需要给各润滑部位加注润滑油或润滑脂,给轮胎补充压缩空气,给蓄电池补充电力等。为提高添加剂量的准确性,改善维修人员的劳动条件,往往采用补给设备进行此项工作。

汽车加油设备按照加注油料的种类可分为汽油、柴油加油泵,润滑脂加注器,润滑油加注器。按动力方式可分为手动、电动和气动等。

汽车充电设备根据用途和完成充电的时间可分为普通充电器、快速充电器和多用充电器,主要用于汽车蓄电池充电。

汽车充气设备主要用于汽车轮胎的定压充气,包括空气压缩机和轮胎气压检测设备等。

3. 汽车拆装整形设备

汽车拆装整形设备主要用于汽车总成、零部件的拆装和车身(架)变形后的恢复,可以减轻维修人员劳动强度,保证维修质量,提高劳动生产率。汽车拆装整形设备主要包括电动扳手、气动扳手、轮胎螺母拆装机、U 形螺栓螺母拆装机、液压机、半轴套管拉压器、车身校正器、齿轮轴承拉器和专用零件拆装工具等。

汽车维修企业常用的国产拆装设备有轮胎螺母拆装机（图12-3）、半轴套管拆装机（图12-4）、手动液压专用拉器和差速器轴承专用拉器等。进口设备有意大利产轮胎拆装机（图12-5）、日本产气动冲击扳手、适合轿车车身校正的意大利产 SPANESI 校正系统等。

4.汽车维修专用加工设备

对零件进行加工是汽车维修过程中恢复零部件技术状况的一种方法。零件的加工设备种类很多，通用加工设备已成为国家的定型产品，如车床、刨床和磨床等。专用加工设备中，少部分是国家定型产品，大部分是非标准产品，如缸体加工设备，曲轴、连杆及轴承加工设备，配气机构加工设备，制动系统加工设备等。

图12-3　轮胎螺母拆装机

图12-4　半轴套管拆装机　　　　　　　图12-5　轮胎拆装机

镗缸和磨缸设备分为固定式和移动式两种，移动式镗缸机适合于野外流动作业，既能镗缸，又能磨缸。

曲轴、连杆及轴瓦加工设备用于发动机曲轴、连杆及轴瓦的加工整形，常见的有曲轴磨床、缸体轴瓦镗床、连杆衬套铰压机等。

配气机构加工设备主要是对配气机构的气门、气门座、气门挺杆进行加工，使其达到技术标准。如磨气门机、气门座镗床、气门研磨器和气门挺杆球面磨床等。

常用的制动系统加工设备有镗制动鼓机、制动蹄片镗削机、制动蹄片修磨机等。

5.汽车举升运移设备

汽车举升运移设备，主要用于汽车维修生产中整车或零部件的垂直、水平位移，以便进行拆装、修理和存放。其主要设备有龙门吊、单臂液压吊、二柱举升器、四柱举升器、埋入式液压举升机、液压千斤顶、前桥作业小车、后桥作业小车、变速器拆装小车和发动机翻转架等。

6.汽车检测设备

汽车检测设备的作用主要有汽车维修前的故障诊断，维修检测设备过程中零部件的检验,修竣后的性能检测和汽车使用中的定期技术状况检测。汽车检测设备种类很多,一般分为发动机检测设备、底盘检测设备和零部件检测设备。

发动机检测设备用于发动机性能和故障的检测诊断;底盘检测设备用于底盘性能和工作状况的检测诊断;零部件检测设备则用于单一零件的检测诊断,如喷油泵试验台和汽车电气万能试验台等。

第二节　汽车维修设备管理概述

汽车维修设备管理是指通过一系列技术、经济和组织活动,使设备在整个寿命周期中费用最小。既对设备的选购、进厂验收、安装调试、使用、维护修理、更新改造和报废等的全过程进行技术管理,还对设备的最初投资,维修费用的支出以及折旧、更新、改造资金的筹措、积累和支出等进行经济管理。

在设备的管理中,应树立现代化的科学管理思想,明确设备管理在企业生产经营中的重要地位,完善科学的设备管理组织和管理制度,并采用先进的设备管理方法,这样才能取得良好的经济效益。

一、汽车维修设备管理的意义

1.汽车维修设备管理的内容

(1)对设备全过程的管理。从选购设备或自行设计制造设备到设备在生产领域内使用、维护、修理,直至报废退出生产领域,要求设备进行全过程管理。根据企业的长期战略目标制订设备管理长期计划,根据企业的年、月生产目标制订设备管理的中期计划,以及制订更为具体的短期计划。另外,还要进行技术经济方面的综合平衡,与资金计划、利润计划、能源计划相协调,保证与企业生产计划相适应的技术先进、经济合理的设备管理措施。

(2)及时引进先进的技术装备。随着社会主义市场经济的发展和科技的进步,企业生产服务均需及时提供适用、先进的技术装备。加快设备的更新改造,是提升企业装备水平,不断提高企业的经济效益的重要手段。

(3)追求设备寿命周期费用最优化。设备的寿命周期费用是设备一生的总费用,在设备规划决策的方案论证中,应追求设备寿命周期费用最经济,而不是只考虑购买或使用某一阶段的经济性。当然,还要考虑设备的综合效率,完善设备的资产管理。设备的资产管理包括资产登记、闲置设备处理、封存保管、转让调剂、报废和相应的资金管理等。

2.设备管理的意义

(1)保证维修生产的连续性。搞好设备日常维护、检修工作,才能保证生产的正常性、连续性,维修工人才能选择经济合理、便于操作的维修方式,提高维修质量。

(2)保证企业生产的现代化。通过实行设备管理,可及时做好设备的技术革新和技术改造及设备的更新换代。只有使用自动化程度比较高的设备,才能加速实现企业生产的现代化。

(3)保证企业取得良好的经济效益。社会化大生产促使机械化程度的提高,设备的数量、投资、动力、油脂、配件的消耗不断增加,与设备有关的费用如折旧费、维修费、电费在产品成本中的比重也不断提高。设备的运行技术状况直接影响企业的产量和劳动效率，因此，也直接影响着企业的经济效益。

（4）保证操作人员的生命安全。在设备管理中除了保障设备高效运转外，还要有预见性，采取措施保证安全生产。如在设备外围加设护栏，在转动部件上加防护罩；教育操作人员遵守操作规范，保证设备安全、高效运转等；认真贯彻设备管理"安全、可靠、经济、合理"的八字方针，加强岗位责任制，认真执行操作规范、规程，保证设备安全正常运行。

二、汽车维修设备使用技术经济分析

1. 考核指标

在设备使用管理中，提高设备的利用率、反映设备的利用程度的主要指标有：

$$设备台数利用率 = \frac{设备使用台数}{设备在册台数} \times 100\% \tag{12-1}$$

$$设备工时利用率 = \frac{设备实际工作台时数}{日历台时数} \times 100\% \tag{12-2}$$

$$生产能力利用率 = \frac{单位台时的时间产量}{单位台时的额定产量} \times 100\% \tag{12-3}$$

其中，设备使用台数包括运行的、备用的、维修的设备台数；设备在册台数为使用台数加上已列入固定资产账目，但不包括尚未安装的设备及闲置的、待报废的设备。

为避免设备维修人员吃"大锅饭"现象，提高作业效率，可有以下考核指标：

$$设备开动率 = \frac{实际作业时间}{制度开动时间} \times 100\% \tag{12-4}$$

$$设备完好率 = \frac{完好设备数}{已安装使用数} \times 100\% \tag{12-5}$$

$$故障停机率 = \frac{故障停机时间}{制度工作台时} \times 100\% \tag{12-6}$$

$$维修费用率 = \frac{维修费用}{生产总值} \times 100\% \tag{12-7}$$

$$设备新度 = \frac{设备的净值}{设备的原值} \times 100\% \tag{12-8}$$

维修设备在维修生产中使用的年限称为设备役龄，一般为 10 ~ 14 年。

2. 经济评价方法

（1）投资回收期比较法。一般在其他条件相同的情况下，投资回收期最短的设备方案，就是经济上最优的方案。

$$设备投资回收期 = \frac{设备投资费用总额(元)}{采用该设备方案后年使用费用总额(元/年)} \tag{12-9}$$

其中，设备投资费用总额由设备原始费用和使用费用组成。原始费用包括外购设备原价、设备及材料运费、成套设备业务费、备品备件购置费和安装调试费等；对于自制设备，包括研究、设计、制造和安装调试费等。使用费用是指设备在整个寿命周期内所支付的能源消耗费、维修费、操作工人工资、固定资产占用费和保险费等。

（2）年费用比较法。年费用比较法是从设备的寿命周期角度来评价和选择设备。采用这种方法是把不同方案的设备购置费用,根据设备的寿命周期,按一定的利率换算成相当于每年的平均费用支出,然后再加上每年的平均使用费用而得出各方案设备寿命周期内平均每年支出的总费用,年平均总费用最低的方案为最优投资方案。计算式表示如下:

　设备的年度总费用 = 最初投资费 × 资金还原系数 + 年维持费 – 设备残值 × 资金存储系数

(12-10)

（3）现值比较法。现值比较法是把设备寿命周期平均每年支付的维持费,按现值系数换算成相当于设备初期费用,再和设备初期购置费相加,进行总现值比较。

现值比较法与年费用比较法相反,后者是把投资成本化为年值后与每年维持费相加组成设备的年度总费用,再进行比较;而前者则是在每年的维持费转化后与当初的投资费相加,组成总现值,再进行比较。现值比较法与年度比较法可以互相验证。

第三节　汽车维修设备的合理使用和维修

一、汽车维修设备的合理使用

设备的合理使用是设备管理的重要内容,直接影响着设备的使用寿命和精度、性能的保持,进而影响设备产出的数量、质量、成本和企业的经济效益。正确、合理地使用设备,可以减轻设备的磨损,较长时间内保持设备应有的性能和精度,并能充分发挥其应有的效率。

1.设备使用前的准备工作

（1）设备投入使用前应编制技术资料,这些技术资料是设备使用的依据和指导文件,它包括设备操作维护规程、设备润滑卡片、设备日常检查和定期检查卡片。

（2）全面检查设备的安装、精度、性能及安全装置,向操作者点交设备附件。配备必需的各种检查及维护仪器工具。

（3）对操作工人进行技术培训,帮助操作者掌握设备的结构性能、使用维护的常规检查内容,安全操作等方面的知识,并明确各自的岗位技术经济责任,达到应知应会。

2.设备使用中的管理工作

设备使用中的管理主要是对操作工人的管理,严格执行设备操作五项纪律和设备维护四项要求。

1）设备操作五项纪律

（1）实行定人定机,凭操作证操作设备。

（2）经常保持设备整洁,按规定加（换）润滑油。

（3）遵守安全操作规程和交接班制度。

（4）管好工具和附件,不损坏、不丢失。

（5）发现故障应停机检查,自己不能处理的应通知检查人员。

2）设备维护四项要求

（1）整齐。工具、工件、附件放置整齐,安全防护装置齐全,线路管道完整。

（2）清洁。设备内外清洁，各滑动面、丝杆、齿轮、齿条无油污和碰伤，无泄漏，渣物除净。

（3）润滑。按时加（换）油，油质正确，油具、油杯、油毡、油线清洁齐全，油标明亮。

（4）安全。实行定人定机和交接班制度，熟悉设备结构，遵守操作规程，精心维护，防止事故。

对于大型、精密设备，还应"四定"，即定使用人、定检修人、定操作规程和定维护细则。

3.设备事故处理

1）设备故障与事故

设备故障是指设备或零件失去原有精度性能，不能正常运行，技术性能降低，造成停产或经济损失者；设备故障造成停产时间或管理费用达到下列规定数额者即为设备事故。

（1）一般事故。修复费用一般设备在 500 ~ 1000 元，关键设备在 1000 ~ 3000 元，或因设备事故造成全厂供电中断 10 ~ 30min。

（2）重大事故。修复费用一般设备达 1000 元以上，关键设备达 3000 元以上，或因设备事故而使全厂电力供应中断 30min 以上。

（3）特大事故。修复费用达 50 万元以上，或由于设备事故使全厂停产 2 天以上，车间停产 1 周以上。

2）设备事故处理

事故发生后应尽力保护好现场，并根据"三不放过"的原则（事故原因分析不清不放过，事故责任者与群众未受教育不放过，没有防范措施不放过），认真调查分析、严肃处理，从中吸取经验教训。所有事故都要查清原因和责任，按情节轻重和责任大小，分别给予责任者行政处分或经济处罚，触犯法律者要依法制裁。对修复费用低于 500 元或全厂供电中断 10min 以下的设备故障，也要查明原因，分清责任。

发生事故的单位，应在事故发生后 3 天内认真填写事故报告单，报送设备管理部门。一般事故报告单由设备管理部门签署意见，重大事故及特大事故则由厂主管领导批示，特大事故发生后，应报告上级主管部门。对设备事故隐瞒不报或弄虚作假的单位和个人应加重处罚，并追究领导责任。

二、汽车维修设备的维修

设备维修是为了保持或恢复设备完成规定功能而采取的技术和管理措施，措施包括检查、维护与修理。维修的目的是以最经济合理的费用（包括修理费、运行费和停产损失费等）使设备处于良好的技术状态，保证生产上有效地使用设备，提高设备的利用率。

1.设备维修制度

设备维修制度是指在设备的维护、检查、修理中，为贯彻预防为主而采取的一系列技术组织措施的总称。因习惯和国情不同，世界各国甚至各企业的设备维修制度也各不相同。我国目前实行的设备维修制度主要是计划预修制和计划保修制两种。此外，起源于美国的预防维修制也得到我国不少企业的重视与应用。

1）计划预修制

计划预修制是我国工业企业从 20 世纪 50 年代开始由苏联引进并普遍推行的一种制

度。这种制度是根据设备的一般磨损规律和技术状态,按预定修理周期及其结构,对设备进行维护、检查和修理,以保证设备经常处于最好技术状态的设备维修制度。

计划预修制的主要内容有以下 3 个方面:

(1)日常维护。

(2)定期检查,通过定期外部观察、试运转或拆卸部分部件来确定设备精度、零部件磨损情况,并进行设备调整和消除小的缺陷。

(3)计划修理,按修理后设备性能的恢复程度可分为小修、中修和大修三种。

2)计划保修制

计划保修制是我国 20 世纪 60 年代在总结经验和教训的基础上建立的一种以防为主、防修结合、专群结合的设备维修制度,取得了较好的效果,但是这种制度尚不够成熟,还有待总结和提高。

所谓计划保修制,就是有计划地进行设备三级维护和大修理的体制和方法,即在搞好三级维护的同时有计划地进行大修。大修时拆卸全部设备,修理基准零件,更换与修复磨损的零件及部件,恢复机器设备应有的精度、性能和生产效率,同时设备的大修还应与革新改造尽可能结合起来。大修后,由设备部门、设备所在车间的设备员、机修车间设备检查员,按国家规定的质量标准逐项进行验收。

实行计划保修制,对计划预修制中的修理周期结构,包括大修、中修和小修的界限和规定,进行了重大的突破,使小修的全部内容和中修的部分内容,在三级维护中得到解决,把一部分中修内容并入大修;同时,又突破了大修和革新改造的界限,强调"修中有改"和"修中有创",特别是对老设备,要把大修的重点转移到改造上来,这是适合我国具体情况的重要经验。

3)预防维修制

预防维修制是以设备故障理论和规律为基础,将预防维修和生产维修相结合的综合维修制度。预防维修是从预防医学的观点出发,对设备的异常进行早期发现和早期诊断。预防维修制是提高设备生产效能最经济的维修方法,预防维修制可减少故障次数,缩短修理时间。预防维修制主要有以下七种设备维修方式:

(1)日常维修:即设备的检查、清扫、调整、润滑、更换和整理等作业。

(2)事后维修:包括非重点设备实行故障发生后的维修和对事先无法预测的突发故障的修理,事后维修属于非计划维修。

(3)预防维修:对重点设备和一般设备中的重点部位进行的预防性维修作业。

(4)生产维修:事后维修与预防维修相结合,即对重点设备进行预防维修,对一般设备进行事后维修,达到既节约维修费用,又保证正常生产的目的。

(5)改善维修:在设备修理的同时进行设备的改装和改造,达到提高设备的性能、效率、精度和节能等目的。

(6)维修预防:在进行新设备设计和制造时,考虑到提高设备的可靠性、维修性和经济性。

(7)预知维修:建立在设备监测技术基础上的新型设备维修方式,这种维修方式与预防维修的区别见表 12-1。

预防维修与预知维修的区别　　　　　　　　　　　　　表 12-1

项　　目	预 防 维 修	预 知 维 修
分析方法	根据设备修理历史记录,估计零件使用期限	根据仪表指示,对设备进行全面评价,绘制零件的标准工作曲线图
异常现象的测定方法	定期检查,直观检查有关零件的情况,发生故障前很少有警报	用仪表在设备运行中连续监测,能早期测出即将发生的故障,故障发生前有警报信号
维修费用	更换零件数量大、费用多,但不用购置监测仪表	只对损坏零件进行更换,费用少;但要购置自动监测仪,投资多,一般在化工装置、自动流水线等情况下才安装

2. 设备维护

设备维护是指对设备进行清扫、检查、清洗、紧固、调整和防腐等工作的总称,目的是减缓设备的磨损,及时发现和处理设备运行中出现的异常现象。设备维护按照维护工作的深度和广度,分为日常维护、一级维护和二级维护等三级。

1)日常维护

日常维护是设备维护的基础,是操作工人每天必须进行的例行维护,包括每班维护和周末维护两种。日常维护的项目较少,大多涉及设备外部,作业内容概括如下。

(1)润滑:按润滑图表加油,并检查油标油位。

(2)清洁:擦拭设备的外表面与滑动位。

(3)紧固:拧紧松动的螺栓螺母。

(4)调整:如手把的调整、活动部位的调整、保险装置的调整、皮带松紧的调整等。

(5)检查:如检查操作手柄、电气开关手柄、安全装置、搭铁线和紧固线的位置;检查操作是否灵活、低速空转声音是否正常、显示器是否灵敏等。

2)一级维护

一级维护通常是在设备开动 500～700h 后进行一次。维护时,平均停机台时为 4～8h,高、大、精、尖设备的停机台时可适当延长。一级维护完成后要做记录,由车间机械员验收。一级维护以操作工人为主,维修工人为辅,对设备进行定期维护,主要作业内容为:

(1)根据设备的使用情况,对部分零部件进行拆卸、清洗。

(2)对设备某些配合间隙做适当的调整。

(3)消除设备表面锈迹和油污。

(4)检查润滑油路,保持畅通不泄漏。

(5)清洗电器箱、电动机、电气装置、做到固定整齐,安全防护装置牢靠。

(6)清洗附件和冷却装置。

3)二级维护

二级维护是以维修工人为主,操作工人为辅的维护,主要工作内容为:

(1)根据设备使用情况,对设备进行部分解体检查、清洗。

(2)对各传动部分、液压系统、冷却系统清洗换油,油质量要符合要求,保证正常润滑。

（3）修复或更换损坏的零件,部分摩擦面要研刮。

（4）检查电器箱,修整线路,清洗电动机。

（5）检查、调整、修复精度、校正水平。

3.设备维修

设备修理指当设备由于磨损、断裂、老化或腐蚀出现故障或技术状况劣化到某一临界状态时,为恢复其功能而进行的技术活动。设备修理分为恢复性修理和改善性修理两种类型。改善性修理是结合修理对设备中故障率高的部位进行改进或改装,使设备故障发生率降低或不再发生,提高设备的技术寿命和使用效能;恢复性修理是通过更换或修复已经磨损、腐蚀或老化的零件,使设备的功能恢复,并延长其物质寿命。通常所说的设备修理,大多是指恢复性修理,是恢复设备性能、保证设备正常运行的主要手段。按修理后设备性能的恢复程度可分为小修、中修和大修三种。

（1）小修。只对设备的局部实行解体、修复或更新少数零件,保证设备能正常运转到下一次计划修理时即可。

（2）中修。对设备进行部分解体,但修复或更新零件较多。要求恢复设备的精度并校正设备基准坐标,对于个别难恢复精度的项目,在尚能满足产品质量的条件下,允许延至大修时解决。

（3）大修。即对设备全部解体修理,争取全面恢复到设备出厂时规定的精度和性能。设备经历数次大修,其质量和可靠性都难以恢复到设备出厂时的水平。

小、中、大修都由专业修理人员进行,修前进行检查,修后要组织验收。由于设备修理往往要以设备的检查结果为依据,而且在实际工作中又常与检查相结合,因此,又称为设备检修。

4.设备检查

事先由设备技术人员根据设备图样与类似设备的使用经验,制定各种设备的检查规程,作为执行检查工作的技术依据。规程中应详细规定检查部位、检查项目、周期、方法、检查工具、判断标准和处理方式等。

1）检查方式

（1）人工检查:是指用目视、耳听、嗅味、触摸等感官检查和用简单工具进行人工检查。

（2）状态监测:是指在设备的特定部位安装仪器仪表,对运行情况自动监测或记录,以便能全面、准确地把握设备的磨损、老化、劣化程度和其他情况。在此基础上进行早期预报和跟踪,有利于把设备的定期维护修理制度改变为有针对性的、比较经济的预防维修制度。它不仅可以避免因不了解设备磨损情况而盲目拆卸所带来的损伤和过剩维修,而且可以减少设备因停产而造成的经济损失。这对于大型、复杂、精密设备尤为有益。

设备状态监测技术是在设备检查的基础上发展起来的一种动态检查方法,是设备维护和管理的新技术,是设备检查改进的方向。

2）检查周期

（1）日常检查:由操作工人和维修工人每天执行的例行工作,是预防维修的基础工作之一。实践证明约80%的故障是可以在日常检查中发现的。

首先给每台设备规定必要的检查项目,绘制日常点检卡。由操作工人负责(对于重点设备,还要责成专职的检修工人执行点检),每日或每个工作班按卡逐项检查,并用规定的判断标准符号将检查结果记入点检卡。事先规定好点检部位的顺序,以免交叉寻找,一般日常检查不要列入难度大、费时间的检查项目。日常检查发现的问题随时解决,疑难复杂问题应及时报告维修处理。

(2)定期检查:这主要由专业的维修工人负责,操作工人参与检查。一般按计划规定的时间(3个月或6个月),全面地检查设备的性能和实际磨损程度,以便正确地确定修理时间和修理的种类。在检查中,可以对设备进行清洗和换油。

(3)修前检查:即在临修之前进行的检查,小修前对重点部位的检查和中、大修前的全面检查,都应按规定的检查表做好记录。

3)检查内容

(1)功能检查是对设备的各项功能进行检查和测定,如检查设备的漏油、漏水、漏气、防尘密封情况,以及检查和测定设备零件的耐高温、高速、高压的性能等状况。

(2)精度检查是对设备的精度指数进行检查和测定,它可以为设备的验收、修理和更新提供较为科学的依据。

三、汽车维修设备的更新和报废

1.汽车维修设备更新

设备更新是指用技术先进或性能优良的新设备代替原有设备;汽车维修设备在使用中损耗,随时间延长,性能下降,虽经修理但仍满足不了工艺要求;随着汽车业发展,陈旧落后的汽车维修设备已不适应现实生产的需要,必须对汽车维修设备进行更新。

设备更新是对设备损耗的完全补偿。设备凡有下列情况之一者,均可更新:

(1)经过大修已不能达到维修生产工艺要求的汽车维修设备。

(2)技术性能落后,经济效益很差的汽车维修设备。

(3)耗能大或严重污染环境、危害人身安全与健康,进行技术改造又不经济的汽车维修设备。

设备更新应选择最佳时期进行,即确定设备最佳更新期。确定设备的最佳更新期主要依据设备的经济寿命。

2.汽车维修设备报废

汽车维修设备的报废有两种情况:一是在正常使用中受到磨损,年久而丧失使用价值;二是自然和意外事故造成无法修复的毁损。维修企业对汽车维修设备的报废,要严格掌握,谨慎处理。因技术进步或维修车型的改变,有些维修设备在本企业被淘汰不用了,但在其他维修企业尚可使用,就不应报废,而应作价转让。

汽车维修设备有下列情况之一者,可以申请报废:

(1)已超过使用年限,其主要结构和主要部件损坏无法修复或经济上不宜修复的。

(2)因灾害和意外事故,设备受到严重损坏,已无法修复和改造的。

(3)严重污染环境,已超过法定标准而又无法改造治理的。

（4）自制非标准的汽车维修设备，经维修生产验证和技术鉴定，确认已不能使用或无法使用，也无法修复、改装的。

（5）型号过于陈旧，性能达不到最低使用要求，又失去修理与改造价值的。

汽车维修设备报废，须经设备管理部门检定，主管领导签字，上级主管部门批准。待批准报废已停止使用的设备，不允许在未批准之前拆卸零部件，以保持设备完整。

第四节　汽车维修设备的寿命

一、汽车维修设备寿命的分类

设备的寿命按照其性质可分为物质寿命、经济寿命和技术寿命三种。

1. 物质寿命

设备的物质寿命是根据设备的物质损耗确定的使用寿命，即从设备投入使用到因损耗、老化而改造、更新直到报废为止的时间，物质寿命也称为自然寿命。

2. 技术寿命

由于科学技术的发展，不断出现技术上更先进、经济上更合理的替代设备，使现有设备在物质寿命或经济寿命尚未结束之前就已达到报废条件。这种从设备投入使用到因技术进步而使其丧失使用价值所经历的时间称为设备的技术寿命。技术寿命的长短决定于设备无形损耗的速度。

3. 经济寿命

根据设备的使用费（包括维持费和折旧费）来确定的设备使用寿命，通常取设备总成本的平均值最低的使用年份，即经济寿命。经济寿命用于确定设备的最佳折旧年限和最佳更新时机。在设备物质寿命的后期，因设备故障频繁而引起的损耗急剧增加。设备的使用年数越多，每年分摊的投资越少，但是设备的维修和使用费用越多。因此，经济寿命也称为费用寿命。

二、汽车维修设备的磨损

设备在使用或闲置的过程中都会发生磨损，必须研究机器设备的磨损规律，然后根据规律进行合理地设计、购买、维护、淘汰设备。设备的磨损分为物质形态上和价值形态上损耗两种形式，即有形磨损与无形磨损。

1. 有形磨损

有形磨损又称为物质磨损。机器设备在使用过程中，在外力的作用下零部件会发生摩擦、振动和疲劳，以致机器设备的实体发生磨损，这种磨损叫做第Ⅰ种有形磨损。机器设备在闲置或封存中，由于自然力的作用而发生诸如金属件生锈、腐蚀，橡胶件和塑料件老化等，也会使机器设备发生实体磨损，这称为第Ⅱ种有形磨损。不论哪一种有形磨损，都会造成机器设备物质技术状态的劣化。

从磨损的补偿角度看，设备的有形磨损可分为消除性的有形磨损与不可消除性的有形磨损两种。

2. 无形磨损

无形磨损是指由于出现性能更加完善、生产效率更高的设备,而使原有设备价值贬值的现象。设备的无形磨损分为两种形式:

一种是由于设备生产厂劳动生产效率大幅度提高,原材料、动力消耗减少,生产相同结构设备的再生产价值降低,因而使原有设备价格低,这种形式的磨损对于设备生产厂更为突出。

第二种形式是由于不断出现性能更加完善、生产效率更高的设备,而使原有设备无形中变得陈旧、落后,要提前报废。一般说来,技术进步越快,无形磨损也就越快。

3. 磨损的规律

机器设备在使用过程中,由于摩擦、应力和化学反应的作用,各相对运动零件总会逐渐磨损。机器零件磨损过程大致分为以下三个阶段,其磨损曲线见图 12-6。

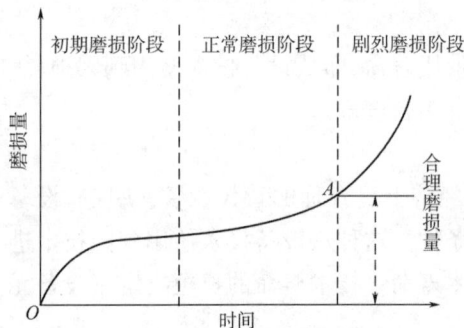

图 12-6　设备零件磨损曲线

初期磨损阶段,磨损速度虽快,但时间较短,故又称为磨合阶段。正常磨损阶段,如果零件的工作条件不变或变化很小,零件的磨损速度稳定,零件磨损非常缓慢,这一阶段的时间,就是机械零件的使用寿命;剧烈磨损阶段,当机器零件磨损到这个阶段,正常磨损关系就遭到了破坏,磨损急剧增加,从而使设备的精度、性能和生产效率明显降低。一般采用正常磨损阶段的终点 A 作为合理磨损极限,这时要求停止使用,及时进行修理,否则,会造成生产事故和设备事故。因此,需要掌握好时机,在设备进入急剧磨损阶段以前,就应进行修理。

由零件的三个磨损阶段及磨损曲线不难得出以下结论:

(1)在设备使用过程中,零件总是有磨损的,磨损达到一定程度,就会降低生产效率和产品质量。例如,机床的某些零件磨损后,不能采用较高的切削用量工作,否则产品质量就不能保证;基础零件磨损后,会使工件几何形状改变,尺寸分布扩散。要使设备经常处于良好状态,必须做好维护和修理工作。

(2)如果设备管理得好,合理使用,经常维护,就会延长零件的正常磨损阶段,减少故障,提高生产率,延长设备的使用寿命。

(3)机器零件在正常磨损阶段的磨损是与时间成正比的。因此,在正常生产情况下,可通过试验和统计分析等办法,计算出机器的易损件在正常条件下的磨损率和期限,以便有效地组织技术措施,保证设备处于良好的技术状态,从而达到提高企业经济效益的目的。

三、汽车维修设备寿命的延长

1. 设备故障规律

所谓设备故障规律,是指设备从投入使用直到报废为止的设备寿命周期内故障的发生、发展的变化规律。

设备是由许多零件构成的,要掌握机器设备的故障规律,应首先研究零件的故障率与时间的关系。设备零件的故障发生形式比较简单,其故障率的类型一般属于图 12-7 所示中的一种。

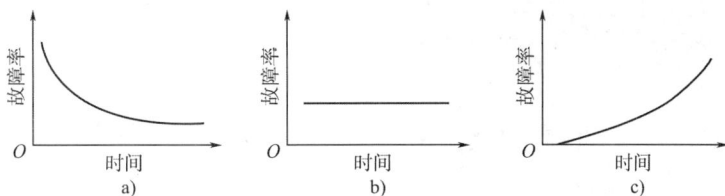

图 12-7　设备零件故障率类型

图 12-7a)表明故障率随时间增加而减少,特点是开始使用时故障容易发生,越到后来故障就越不易发生。图 12-7b)表明故障发生的形式是随机的,故障率是常数,故障不能预测,即便更换零件,故障仍是按同样概率发生。图 12-7c)表明故障率随时间增加而增加,对于这一类型故障的零件,在故障即将发生前把这些零件更换掉,就可避免故障。

设备是由许多零件构成的,设备故障常常由某个或某些关键机件失效引起。设备的典型故障率曲线如图 12-8 所示。曲线的形状似浴盆,故又称为浴盆曲线。

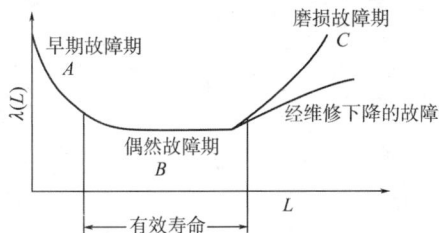

图 12-8　设备的典型故障率曲线(浴盆曲线)

浴盆曲线可以划分三个不同阶段:

第一阶段叫做早期故障期。这个阶段的故障率较高,发生故障的原因一般是由于设备设计上的疏忽、制造质量欠佳和操作不习惯引起的。

第二阶段叫做偶然故障期(稳定阶段),在这个阶段内设备已进入正常运转阶段,故障率较低,基本上为一常数,一般情况下大部分故障属于维护不好和操作失误而引起的偶发故障。

第三阶段叫做磨损故障期(磨损阶段)。在此阶段,设备的某些零件已经老化,因而故障率剧增,若能事先知道或能事先预测到劣化开始的时间,在这个时间开始之前进行更换这些零件,就可以把故障率降下来,延长设备的有效寿命。

2.设备磨损补偿

设备磨损形式不同,所采取补偿的方式也就不同,一般设备磨损补偿可分为局部补偿和完全补偿。设备有形磨损的局部补偿是修理,设备无形磨损的局部补偿是现代技术改造,有形磨损和无形磨损的完全补偿则是更新。设备的磨损经过补偿,才能保持良好的技术状态。

根据以上理论,设备设计与使用的最佳方案应该是使设备的有形磨损期与无形磨损期相互接近,最好是相等,这样当设备到大修期时恰是设备要更换的时刻。这是一种无维修设计,显然具有重要的意义。

复习思考题

1. 汽车维修专用设备有哪几大类?
2. 什么是设备全过程管理?
3. 简述设备预防维修制的主要维修方法。
4. 计划预修制和计划保修制有什么区别?
5. 什么是设备磨损?设备磨损有什么规律?

参 考 文 献

[1] 陈焕江.汽车运用基础[M].3 版.北京:机械工业出版社,2013.

[2] 姜立标,张黎骅.汽车运用工程基础[M].北京:北京大学出版社,2008.

[3] 潘浩,张强.汽车使用性能评价与选购[M].北京:机械工业出版社,2016.

[4] 余志生.汽车理论[M].4 版.北京:机械工业出版社,2008.

[5] 吴光强.汽车理论[M].2 版.北京:人民交通出版社,2014.

[6] 张文春.汽车理论[M].北京:机械工业出版社,2014.

[7] 万军海.汽车使用性能与检测[M].北京:中国劳动社会保障出版社,2008.

[8] 李金燕,张红英.汽车保险与理赔[M].北京:机械工业出版社,2016.

[9] 胡少勇.保险理论与实务精讲精练[M].北京:机械工业出版社,2016.

[10] 丁舒平,相象文.汽车保险与理赔实务[M].合肥:合肥工业大学出版社,2014.

[11] 袁家旺.汽车维护与保养[M].北京:北京理工大学出版社,2017.

[12] 戴良鸿.汽车使用与日常养护[M].上海:复旦大学出版社,2007.

[13] 姜邵忠.汽车维护与保养[M].西安:西安交通大学出版社,2015.

[14] 刘东亚.汽车维护[M].北京:机械工业出版社,2013.

[15] 戴汝泉.汽车运行材料[M].北京:机械工业出版社,2005.

[16] 姚志良.机动车能源消耗及污染物排放与控制[M].北京:化学工业出版社,2012.

[17] 王建昕,傅立新,黎维彬.汽车排气污染治理及催化转化器[M].北京:化学工业出版社,2000.

[18] 陈曙红.汽车环境污染与控制[M].北京:人民交通出版社,2005.

[19] 高谋荣.汽车性能检测技术[M].北京:机械工业出版社,2015.

[20] 朱福根.汽车性能与检测技术[M].北京:人民交通出版社,2013.

[21] 谈丽华,祁先来.汽车维修质量检验[M].杭州:浙江大学出版社,2016.

[22] 杨智勇.二手车鉴定评估交易一本通[M].北京:化学工业出版社,2016.

[23] 庞昌乐,上官文斌.二手车评估与交易实务[M].北京:北京理工大学出版社,2007.

[24] 韦焕典.现代汽车配件基础知识[M].2 版.北京:化学工业出版社,2017.

[25] 孙凤英.汽车配件与营销[M].2 版.北京:机械工业出版社,2016.

人民交通出版社汽车类高职教材部分书目

书 号	书 名	作 者	定价（元）	出版时间	课件
一、全国交通运输职业教育教学指导委员会规划教材　新能源汽车运用与维修专业					
978-7-114-14405-9	新能源汽车储能装置与管理系统	钱锦武	23.00	2018.02	有
978-7-114-14402-8	新能源汽车高压安全及防护	官海兵	19.00	2018.02	有
978-7-114-14499-8	新能源汽车电子电力辅助系统	李丕毅	15.00	2018.03	有
978-7-114-14490-5	新能源汽车驱动电机与控制技术	张利、缑庆伟	28.00	2018.03	有
978-7-114-14465-3	新能源汽车维护与检测诊断	夏令伟	28.00	2018.03	有
978-7-114-14442-4	纯电动汽车结构与检修	侯涛	30.00	2018.03	有
978-7-114-14487-5	混合动力汽车结构与检修	朱学军	26.00	2018.03	有
二、高职汽车检测与维修技术专业立体化教材					
978-7-114-14826-2	汽车文化	贾东明、梅丽鸽	39.00	2018.08	有
978-7-114-14744-9	汽车维修服务实务	杨朝、李洪亮	22.00	2018.07	有
978-7-114-14808-8	汽车检测技术	李军、黄志永	29.00	2018.07	有
978-7-114-14777-7	旧机动车鉴定与评估	吴丹、吴飞	33.00	2018.07	有
978-7-114-14792-0	汽车底盘故障诊断与修复	侯红宾、缑庆伟	43.00	2018.07	有
978-7-114-13154-7	汽车保险与理赔	吴冬梅	32.00	2018.05	有
978-7-114-13155-4	汽车维护技术	蔺宏良、黄晓鹏	33.00	2018.05	有
978-7-114-14731-9	汽车电气故障诊断与修复	张光磊、周羽皓	45.00	2018.07	有
978-7-114-14765-4	汽车发动机故障诊断与修复	赵宏、刘新宇	45.00	2018.07	有
三、交通运输职业教育教学指导委员会推荐教材、高等职业教育规划教材					
1. 汽车运用与维修技术专业					
978-7-114-11263-8	■汽车电工与电子基础（第三版）	任成尧	46.00	2017.06	有
978-7-114-11218-8	■汽车机械基础（第三版）	凤勇	46.00	2018.05	有
978-7-114-11495-3	汽车发动机构造与维修（第三版）	汤定国、左适够	39.00	2018.05	有
978-7-114-11245-4	■汽车底盘构造与维修（第三版）	周林福	59.00	2018.05	有
978-7-114-11422-9	■汽车电气设备构造与维修（第三版）	周建平	59.00	2018.05	有
978-7-114-11216-4	■汽车典型电控系统构造与维修（第三版）	解福泉	45.00	2016.1	有
978-7-114-11580-6	汽车运用基础（第三版）	杨宏进	28.00	2018.03	有
978-7-114-11239-3	■汽车实用英语（第二版）	马林才	38.00	2018.08	有
978-7-114-05790-3	汽车及配件营销	陈文华	33.00	2015.08	有
978-7-114-05690-7	汽车车损与定损	程玉光	30.00	2013.06	有
978-7-114-13916-1	汽车专业资料检索（第二版）	张琴友	32.00	2017.08	有
978-7-114-11215-7	■汽车文化（第三版）	屠卫星	48.00	2016.09	有
978-7-114-11349-9	■汽车维修业务管理（第三版）	鲍贤俊	27.00	2016.12	有
978-7-114-11238-6	■汽车故障诊断技术（第三版）	崔选盟	30.00	2017.11	有
978-7-114-14078-5	汽车维修技术（第二版）	刘振楼	25.00	2017.08	有
978-7-114-14098-3	汽车检测诊断技术（第二版）	官海兵	27.00	2017.09	有
978-7-114-14077-8	汽车运行材料（第二版）	崔选盟	25.00	2017.09	有
978-7-114-05662-1	汽车检测设备与维修	杨益明	26.00	2018.05	有
978-7-114-13496-8	汽车单片机及局域网技术（第二版）	方文	20.00	2018.05	有
978-7-114-05655-9	汽车车身电气及附属电气设备维修	郭远辉	26.00	2013.08	有
978-7-114-10520-3	汽车概论	巩航军	29.00	2016.12	有
978-7-114-10722-1	发动机原理与汽车理论（第三版）	张西振	29.00	2017.08	有
978-7-114-10333-9	汽车维修企业管理（第三版）	沈树盛	36.00	2016.05	有
978-7-114-13831-7	汽车空调构造与维修（第二版）	杨柳青	30.00	2017.08	有
978-7-114-12421-1	汽车柴油机电控技术（第二版）	沈仲贤	26.00	2018.05	有
978-7-114-11428-1	汽车使用与技术管理（第二版）	雷琼红	33.00	2016.01	有
978-7-114-14091-4	汽车使用性能与检测技术（第二版）	巩航军	30.00	2017.09	有
978-7-114-11729-9	汽车保险与理赔（第四版）	梁军	32.00	2018.02	有

书　号	书　名	作　者	定价（元）	出版时间	课件
978-7-114-14306-9	汽车装潢与美容技术（第二版）	全华科友	33.00	2018.05	有
	2. 汽车营销与服务专业				
978-7-114-11217-1	■旧机动车鉴定与评估（第二版）	屠卫星	33.00	2018.05	有
978-7-114-14102-7	汽车保险与公估（第二版）	荆叶平	36.00	2017.09	有
978-7-114-08196-5	汽车备件管理	彭朝晖、倪红	22.00	2018.07	
978-7-114-11220-1	■汽车结构与拆装（第二版）	潘伟荣	59.00	2016.04	有
978-7-114-07952-8	汽车使用与维修	秦兴顺	40.00	2017.08	
978-7-114-08084-5	汽车维修服务	戚叔林、刘焰	23.00	2015.08	
978-7-114-11247-8	■汽车营销（第二版）	叶志斌	35.00	2018.03	
978-7-114-11741-1	汽车使用与维护	王福忠	38.00	2018.05	有
978-7-114-14028-0	汽车保险与理赔（第二版）	陈文均、刘资媛	22.00	2017.08	有
978-7-114-14869-9	汽车维修服务接待（第2版）	王彦峰、杨柳青	28.00	2018.08	有
978-7-114-14015-0	客户沟通技巧与投诉处理（第二版）	韦峰、罗双	24.00	2017.09	有
978-7-114-13667-2	服务礼仪（第二版）	刘建伟	24.00	2017.05	有
978-7-114-14438-7	汽车电子商务（第三版）	张露	29.00	2018.02	有
978-7-114-07593-3	汽车租赁	张一兵	26.00	2016.06	
	3. 汽车车身维修技术专业				
978-7-114-11377-2	■汽车材料（第二版）	周燕	40.00	2016.04	有
978-7-114-12544-7	汽车钣金工艺	郭建明	22.00	2015.11	有
978-7-114-12311-5	汽车涂装技术（第二版）	陈纪民、李扬	33.00	2016.11	有
978-7-114-09094-3	汽车车身测量与校正	郭建明、李占峰	22.00	2018.05	
978-7-114-11595-0	汽车车身焊接技术（第二版）	李远军、李建明	28.00	2018.03	有
978-7-114-13885-0	汽车车身修复技术（第二版）	韩星、陈勇	29.00	2017.08	有
978-7-114-09603-7	汽车车身构造与修复	李远军、陈建宏	38.00	2016.12	有
978-7-114-12143-2	车身结构及附属设备（第二版）	袁杰	27.00	2017.06	有
978-7-114-13363-3	汽车涂料调色技术	王亚平	25.00	2016.11	有
	4. 汽车制造与装配技术专业				
978-7-114-12154-8	汽车装配与调试技术	刘敬忠	38.00	2018.06	
978-7-114-12734-2	车身焊接技术	宋金虎	39.00	2016.03	有
978-7-114-12794-6	汽车制造工艺	马志民	28.00	2016.04	有
978-7-114-12913-1	汽车 AutoCAD	于宁、李敬辉	22.00	2016.06	有
	四、新能源汽车技术专业职业教育创新规划教材				
978-7-114-13806-5	新能源汽车概论	吴晓斌、刘海峰	28.00	2018.08	有
978-7-114-13778-5	新能源汽车高压安全与防护	赵金国、李治国	30.00	2018.03	有
978-7-114-13813-3	新能源汽车动力电池与驱动电机	曾鑫、刘涛	39.00	2018.05	有
978-7-114-13822-5	新能源汽车电气技术	唐勇、王亮	35.00	2017.06	有
978-7-114-13814-0	新能源汽车维护与故障诊断	包科杰、徐利强	33.00	2018.05	有
	五、职业院校潍柴博世校企合作项目教材				
978-7-114-14700-5	柴油机构造与维修	李清民、栾玉俊	39.00	2018.07	
978-7-114-14682-4	商用车底盘构造与维修	王林超、刘海峰	43.00	2018.07	
978-7-114-14709-8	商用车电气系统构造与维修	王林超、王玉刚	45.00	2018.07	
978-7-114-14852-1	柴油机电控管理系统	王文山、李秀峰	22.00	2018.08	
978-7-114-14761-6	商用车营销与服务	李景芝、王桂凤	40.00	2018.08	
	六、高等职业教育汽车车身维修技术专业教材				
978-7-114-14720-3	汽车板件加工与结合工艺	王选、赵昌涛	20.00	2018.07	有
978-7-114-14711-1	轿车车身构造与维修	李金文、高窦平	21.00	2018.07	有
978-7-114-14726-5	汽车修补涂装技术	王成贵、贺利涛	22.00	2018.07	有
978-7-114-14727-2	汽车修补涂装调色与抛光技术	肖林、廖辉湘	32.00	2018.07	有

■为"十二五"职业教育国家规划教材。咨询电话：010-85285962、85285977；咨询QQ：616507284、99735898。